지역인재
9급 수습직원

특성화고·마이스터고·종합고 및 전문대학
우수 인재 선발시험

[실전 모의고사]

지역인재 9급 수습직원
[실전 모의고사]

초판 인쇄   2022년 4월 20일
초판 발행   2022년 4월 22일

편 저 자 | 공무원시험연구소
발 행 처 | ㈜서원각
등록번호 | 1999-1A-107호
주   소 | 경기도 고양시 일산서구 덕산로 88-45(가좌동)
교재주문 | 031-923-2051
팩   스 | 031-923-3815
교재문의 | 카카오톡 플러스 친구[서원각]
영상문의 | 070-4233-2505
홈페이지 | www.goseowon.com
책임편집 | 김수진
디 자 인 | 이규희

PREFACE

취업불황의 경험으로 안정된 직장의 선호도가 높아지는 가운데 공무원 시험의 경쟁률은 여전히 치열하다. 2013년부터는 9급 공무원 시험에 고교과목이 추가되어 고교출신 인재의 공직 진출 기회가 넓어졌다. 이와 함께 학교장이 추천한 고교 및 전문대 우수 졸업(예정)자를 수습직원으로 선발하여 수습근무 후 일반직 9급으로 임용하는 지역인재 9급 수습직원에 대한 문호도 개방됐다.

본서는 공무원에 뜻이 있는 고교 및 전문대 졸업(예정)자를 위한 완벽대비 필기시험 수험서이다. 그동안 시행된 9급 공무원 시험 및 지역인재 선발시험에 대한 철저한 연구와 분석을 통해 출제가 예상되는 문제만을 엄선하여 7회분의 실전모의고사와 정답 및 해설을 수록하고, 2021년 지역인재 선발시험 기출문제를 상세한 해설과 함께 담아 실전에 완벽하게 대비할 수 있도록 하였다.

실전처럼 모의고사 문제풀이를 통해 자신의 학습달성도를 정확하게 분석·평가하여 최종 마무리 할 수 있기를 바란다.

INFORMATION

✎ **선발개요**

1. 학교의 장은 추천 요건에 맞는 우수한 인재를 인사혁신처에 추천
2. 인사혁신처는 필기시험, 서류전형, 면접시험을 통해 수습직원을 선발
3. 최종합격자는 6개월간의 수습근무 후 임용심사 결과에 따라 일반직 9급 국가공무원 이용 여부 결정

✎ **선발규모**

직군	직렬	직류	선발인원	임용예정부서(예시)
행정 (260명)	행정	일반행정	191명	전 중앙행정기관
		회계	15명	교육부
	세무	세무	45명	국세청
	관세	관세	9명	관세청
기술 (120명)	공업	일반기계	14명	중소벤처기업부 등 그 밖의 중앙행정기관
		전기	17명	우정사업본부 등 그 밖의 중앙행정기관
		화공	4명	산업통상자원부 등 그 밖의 중앙행정기관
	시설	일반토목	11명	국토교통부 등 그 밖의 중앙행정기관
		건축	16명	국가보훈처 등 그 밖의 중앙행정기관
	농업	일반농업	18명	통계청, 농림축산식품부
	임업	산림자원	5명	산림청
	보건	보건	6명	보건복지부
	식품위생	식품위생	2명	식품의약품안전처
	해양수산	선박항해	4명	해양수산부
		선박기관	2명	
	전산	전산개발	15명	행정안전부 등 그 밖의 중앙행정기관
	방송통신	전송기술	6명	과학기술정보통신부, 행정안전부
총계			380명	

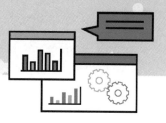

✎ 추천대상 자격요건

1. 응시가능 연령

17세 이상(2005.12.31. 이전 출생자)

2. 졸업자 또는 졸업예정자

(1) 졸업자

졸업일이 최종시험예정일을 기준으로 역산하여 1년 이내인 사람에 한해 추천 가능

(2) 졸업예정자

고등학교는 3학년 1학기까지의 학사과정 이수자 또는 조기졸업예정자, 전문대학교는 졸업 학점의 3/4 이상을 취득한 사람으로 2023년 2월까지 졸업이 가능하여야 하며, 수습시작(2023년 상반기 예정)전까지 졸업하지 못할 경우 합격 취소

3. 학과성적

(1) 고등학교

소속 학과에서 이수한 모든 전문교과 과목의 성취도 평균 B 이상, 그 중 50% 이상의 과목에서 성취도 A, 보통교과 평균석차등급 3.5 이내에 해당

(2) 전문대학교

졸업(예정) 석차비율이 소속 학과의 상위 30% 이내에 해당

4. 선발예정직렬(직류) 관련 전문교과 또는 학사

(1) 고등학교

선발예정직렬(직류) 관련 전문교과를 전문교과 총 이수단위의 50% 이상 이수

※ 졸업예정자의 경우 3학년 1학기까지 이수한 전문교과 총 이수단위 기준

(2) 전문대학교 : 선발예정직렬(직류) 관련 학과 전공

직군	직렬	직류	선발예정 직렬(직류) 관련 전문교과 또는 학과	
			고등학교	전문대학교
행정	행정	일반행정	경영 · 금융 교과(군)	해당 없음
		회계		
	세무	세무		
	관세	관세		
기술	공업	일반기계	기계 교과(군) / 재료 교과(군)	선발직류 관련 학과
		전기	전기 · 전자 교과(군)	
		화공	화학공업 교과(군)	
	시설	일반토목	건설 교과(군)	
		건축		
	농업	일반농업	농림 · 수산해양 교과(군) 중 농림 관련 과목	
	임업	산림자원		
	보건	보건	보건 · 복지 교과(군)	
	식품위생	식품위생	식품가공 교과(군)	
	해양수산 (자격증 필수)	선박항해	선박운항 교과(군) / 농림 · 수산해양 교과(군) 중 수산해양 관련 과목	
		선박기관		
	전산(자격증 필수)	전산개발	정보 · 통신 교과(군)	
	방송통신	전송기술		

① 관련 전문교과(군)에 해당하는지 여부는 초 · 중등학교 교육과정 총론을 따름

② 해양수산, 전산 직렬은 관련 전문교과 또는 학과 기준을 충족하고 자격증을 취득하여야 응시 가능

③ 선발예정직렬(직류) 관련 전문교과 또는 학과 요건을 충족하지 못한 경우에는 선발예정직렬(직류)과 관련된 자격증을 취득하여야 해당 직렬(직류)에 응시 가능

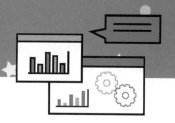

✎ 시험방법

1. 전형절차

| 필기시험 | → | 서류전형 | → | 면접시험 |

2. 시험 세부사항

(1) 필기시험

시험과목	출제유형	문항수	배점	배정시간
국어, 한국사, 영어	객관식	과목당 20문항	100점 만점 (문항당 5점)	과목당 20분

① 각 과목 만점의 40% 이상 득점한 사람 중 시험성적 및 면접시험 응시자 수 등을 고려하여 고득점자 순으로 합격자 결정

② 선발예정인원을 초과하여 동점자가 있을 때에는 그 동점자를 모두 합격자로 처리(동점자 계산은 소수점 이하 둘째자리까지 한다)

(2) 서류전형

필기시험 합격자에 한해 기준 적합 여부를 서면으로 심사하여 적격 또는 부적격 여부 결정

(3) 면접시험

직무수행에 필요한 능력과 적격성을 점증하기 위해 5개 평정요소에 대해 각각 상·중·하로 평정하여 불합격 기준에 해당하지 않는 사람 중 평정 성적이 우수한 자 순으로 합격자 결정

평정요소	• 공무원으로서의 정신자세 • 의사표현의 정확성과 논리성 • 창의력 · 의지력 및 발전가능성	• 전문지식과 그 응용능력 • 예의 · 품행 및 성실성

(4) 합격자 발표

① 합격자는 사이버국가고시센터(www.gosi.kr)를 통해 공고

② 추가 합격자 결정 : 최종합격자가 수습근무를 포기하는 등의 사정으로 선발예정인원에 미달하는 때에는 수습근무 시작 전까지 추가로 합격자 결정 가능

✎ 합격자 결정시 고려사항

지역별 균형합격, 특성화고 등 고등학교 출신 우대, 관련학과 응시자의 직렬(직류) 유관 자격증 가산점 부여

STRUCTURE

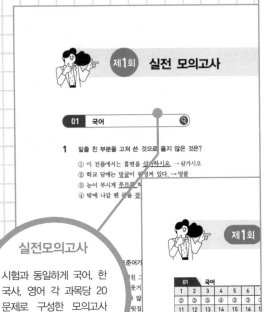

2021. 9. 11 지역인재 9급 선

최근기출문제

2021년에 치러진 시험의 문제를 수록하여 최종 마무리 테스트 및 최근 출제 경향 파악이 가능합니다.

실전모의고사

시험과 동일하게 국어, 한국사, 영어 각 과목당 20문제로 구성한 모의고사를 총 7회분 담아 실전에 완벽대비할 수 있습니다.

정답 및 해설

문제마다 상세한 해설을 첨부하여 수험생 혼자서도 효율적인 학습이 가능합니다.

CONTENTS

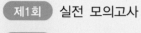

실전 모의고사

제1회 **실전 모의고사**

정답 및 해설 P. 188

01 국어

1 밑줄 친 부분을 고쳐 쓴 것으로 옳지 않은 것은?

① 이 건물에서는 흡연을 <u>삼가하시오</u>. →삼가시오
② 학교 담에는 <u>덩굴</u>이 뒤엉켜 있다. →덩쿨
③ 눈이 부시게 <u>푸르른</u> 하늘→푸른
④ 밖에 나갈 땐 문을 <u>잠궈야</u> 한다. →잠가야

2 밑줄 친 단어가 표준어가 아닌 것은?

① 고된 농사일에 지친 그는 그만 <u>짚북데기</u>에서 잠들고 말았다.
① 매일 여기저기 기웃거리며 돌아다니는 그는 이 동네에서 알아주는 <u>날파람둥</u>이다.
③ <u>부줏돈</u>이 생각보다 많이 모여 식기세척기를 살 수 있게 되었다.
④ 털이 복슬복슬한 윗집 <u>삽사리</u> 뽀삐는 사람을 참 잘 따른다.

3 밑줄 친 관용 표현이 문맥에 어울리지 않는 것은?

① <u>입추의 여지가 없을</u> 정도로 공연장에는 관람객이 많았다.
② <u>쇠털같이 하고많은</u> 날에 왜 그리 서두릅니까?
③ 그는 경기에 임하자 <u>물 건너온 범</u>처럼 맹활약을 하였다.
④ 일이 성공적으로 흘러가자 그들은 흉악한 <u>마각을 드러내기</u> 시작하였다.

4 제시된 단어의 쓰임이 옳지 <u>않은</u> 것은?

① 구별 : 공과 사는 구별할 줄 아는 사람이 되어야 한다.
　　구분 : 과일과 채소를 구분하는 기준을 알고 있는가?
② 담합 : 제과업계에서 담합을 하여 아이스크림 가격이 올랐다.
　　단합 : 직원들끼리 단합을 위해 주말에 등산을 하자고 제안하셨다.
③ 승패 : 경기의 승패보다는 최선을 다하는 것이 중요하다.
　　성패 : 이번 주 시장의 반응이 이 제품의 성패를 좌우한다.
④ 유래 : 유래를 찾아볼 수 없는 이유 없는 이 전쟁은 그만둬야 한다.
　　유례 : 이 놀이의 유례는 조선시대로 거슬러 올라간다.

5 다음 시조를 읽고 내릴 수 있는 결론으로 적절하지 <u>않은</u> 것은?

> 내해 죠타 하고 남 슬흔 일 하지 말며,
> 남이 한다 하고 義(의) 아니면 좃지 말니,
> 우리난 天性(천성)을 직희여 삼긴 대로 하리라.

① 인간은 태어날 때부터 착한 성품을 지니고 있다.
② 다른 사람의 시선을 의식하지 않고 자기의 개성을 표출해야 한다.
③ 다른 사람에게 해를 끼치지 않고 도의를 지키며 살아야 한다.
④ 비록 다른 사람들이 한다 해도 의롭지 않은 행동이면 하지 않아야 한다.

Q 다음 글을 읽고 물음에 답하시오. 【6 ~ 7】

㉠ 걱정하는 마음으로 관심어린 어머니의
대답을 뒤로 방의 문을 잠그고 무얼 하는 건지
㉡ 사춘기의 시작은 이렇게 세상에 혼자 있는 듯한
㉢ 고민과 고독으로 시작됩니다.
어느 날 달라진 자녀의 모습을 보면서 걱정만 하시는 부모님
그러나 이젠 다시 태어나는 자녀의 모습을
흐뭇한 마음으로 지켜볼 때입니다.
"그래, 지금은 괴롭고 고민스러워도 잘 이겨내 보렴!"
"그래야 어른이 되는 거란다!"
하고 자녀를 격려해 줘야 할 때입니다.
㉣ 지나친 관심, 또 지나친 무관심이 어른으로
성장하려는 자녀에게 해가 되는 것입니다.
항상 애정 어린 대화로 자녀에게 관심을 보인다면
우리 청소년은 건강하게 성장할 것입니다.
청소년에겐 올바른 관심이 필요합니다.

---

6 이 글에 대한 설명으로 옳지 않은 것은?

① 설득적인 성격이 강하다.
② 매체를 접하는 대중을 상대로 쓴 글이다.
③ 이 글의 주제는 '청소년 스스로 사춘기의 고민을 극복해야 한다.'이다.
④ 구체적인 상황을 제시하고 이에 대한 해결책을 제시하고 있다.

7 ㉠ ~ ㉣의 잘못된 표현을 고친 것이다. 옳지 않은 것은?

① ㉠ 관형화 구성이 어색하므로 '관심을 갖고 걱정해 주는'으로 고친다.
② ㉡ 의미가 같은 말이 중복되어 쓰이므로 '사춘기는'으로 바꾼다.
③ ㉢ '고민'과 '고독'은 의미가 중복되기 때문에 둘 중 하나만 쓴다.
④ ㉣ 접속어가 어색하므로 '지나친 관심, 혹은 지나친 무관심이'로 고친다.

Q 다음 작품들을 읽고 물음에 답하시오. 【8 ~ 10】

(가) 폭풍이 지나가기를 / 기다리는 일은 옳지 않다.
　　　폭풍을 두려워하며 / 폭풍을 바라보는 일은 더욱 옳지 않다.
　　　스스로 폭풍이 되어
　　　머리를 풀고 하늘을 뒤흔드는 / 저 한 그루 나무를 보라.
　　　스스로 폭풍이 되어
　　　폭풍 속을 날으는 / 저 한 마리 새를 보라.
　　　은사시나뭇잎 사이로 / 폭풍이 휘몰아치는 밤이 깊어갈지라도
　　　폭풍이 지나가기를 / 기다리는 일은 옳지 않다.
　　　폭풍이 지나간 들녘에 핀 / 한 송이 꽃이 되기를
　　　기다리는 일은 더욱 옳지 않다.

　　　　　　　　　　　　　　　　　　　　　　　　　　　　　　　　　　　－ 정호승, 폭풍(暴風) －

(나) 발돋움하는 발돋움하는 너의 자세는
　　　왜 이렇게 / 두 쪽으로 갈라져서 떨어져야 하는가.
　　　그리움으로 하여
　　　왜 너는 이렇게 / 산산이 부서져서 흩어져야 하는가.
　　　모든 것을 바치고도 / 왜 나중에는
　　　이 찢어지는 아픔만을 / 가져야 하는가.
　　　네가 네 스스로에 보내는
　　　이별의 / 이 안타까운 눈짓만을 가져야 하는가.
　　　왜 너는 / 다른 것이 되어서는 안 되는가.
　　　떨어져서 부서진 무수한 네가
　　　왜 이런 선연(鮮然)한 무지개로
　　　다시 솟아야만 하는가.

　　　　　　　　　　　　　　　　　　　　　　　　　　　　　　　　　　　－ 김춘수, 분수(噴水) －

(다) 그대 아는가 / 나의 등판을
　　　어깨에서 허리까지 길게 내리친 / 시퍼런 칼자욱을 아는가.
　　　질주하는 전율과 / 전율 끝에 단말마(斷末魔)를 꿈꾸는
　　　벼랑의 직립(直立) / 그 위에 다시 벼랑은 솟는다.
　　　그대 아는가 / 석탄기(石炭紀)의 종말을
　　　그 때 하늘 높이 날으던 / 한 마리 장수잠자리의 추락(墜落)을.
　　　나의 자랑은 자멸(自滅)이다. / 무수한 복안(複眼)들이
　　　그 무수한 수정체(水晶體)가 한꺼번에
　　　박살나는 맹목(盲目)의 눈보라.
　　　그대 아는가 / 나의 등판에 폭포처럼 쏟아지는
　　　시퍼런 빛줄기 / 2억 년 묵은 이 칼자욱을 아는가.

　　　　　　　　　　　　　　　　　　　　　　　　　　　　　　　　　　　－ 이형기, 폭포(瀑布) －

8 (나)에서 영감을 얻어 다음과 같은 시를 썼다고 가정할 때, 고려했을 사항으로 적절하지 않은 것은?

> 흔들리지 않고 피는 꽃이 어디 있으랴.
> 이 세상 그 어떤 아름다운 꽃들도
> 다 흔들리면서 피었나니
> 흔들리면서 줄기를 곧게 세웠나니
> 흔들리지 않고 가는 사랑이 어디 있으랴.
>
> 젖지 않고 피는 꽃이 어디 있으랴.
> 이 세상 그 어떤 빛나는 꽃들도
> 다 젖으며 젖으며 피었나니
> 바람과 비에 젖으며 꽃잎 따뜻하게 피웠나니
> 젖지 않고 가는 삶이 어디 있으랴.
>
> — 도종환, 흔들리며 피는 꽃 —

① 연의 수를 줄여서 시의 주제를 뚜렷하게 전달하는 것은 어떨까?
② 아픔을 통한 재탄생의 기쁨을 표현할 수 있는 다른 소재는 없을까?
③ 의문형 어미의 사용 효과가 좋으니 이를 살려 의미를 강조하면 어떨까?
④ 좀 더 친근함을 느낄 수 있도록 다정하게 호칭을 사용하는 것은 어떨까?

9 (가) ~ (다)에 대한 설명으로 가장 적절한 것은?

① (가), (나)의 화자는 선택 상황에서 심리적 갈등을 겪고 있다.
② (가), (다)의 화자는 현재의 상황을 회의적으로 바라보고 있다.
③ (가), (다)의 화자는 자신이 처한 현실을 의지적으로 극복하고 있다.
④ (나), (다)에는 존재의 비극적 상황에 대한 인식이 나타나 있다.

10 (가)와 (다)에 나타난 표현상의 공통점으로 적절한 것은?

① 시구의 반복과 변형을 통해 주제를 강화하고 있다.
② 명령형 어미를 구사하여 소망의 간절함을 드러내고 있다.
③ 과거와 현재의 상황을 대비시켜 삶의 모순을 드러내고 있다.
④ 사실에 바탕을 둔 묘사를 통해 대상의 속성을 표현하고 있다.

11 어법에 맞게 고친 것으로 적절하지 않은 것은?

① 점유자는 소유의 의사로 선의, 평온 및 공연하게 점유한 것으로 추정한다.
　→ 점유자는 소유의 의사를 가지고 선의로, 평온하게 그리고 공공연하게 물건을 점유한 것으로 추정한다.
② 식목, 채염 또는 석조, 석회조, 연와조 및 이와 유사한 건축을 목적으로 한 토지의 임대차 기간은 10년
　→ 식목, 채염 또는 건축(돌, 석회, 벽돌 등으로 된 구조의 건축)을 목적으로 한 토지의 임대차 기간은 10년
③ 사고 원인 파악 및 재발 방지 대책을 조속히 마련하라.
　→ 사고 원인 파악과 재발 방지 대책의 조속한 마련을 하라.
④ 정의감의 발로나 부당한 폭행에 대항하는 과정에서 발생한 폭력 사범
　→ 정의감에서 발생한 폭력 사범이나 부당한 폭행에 대항하는 과정에서 발생한 폭력 사범

12 밑줄 친 단어와 품사가 같은 것은?

> 이번에는 <u>가급적</u> 빠른 시일 안에 일을 끝내도록 해라.

① 서해의 <u>장엄한</u> 낙조의 감동은 동해 일출의 감동에 못지않다.
② 요즘의 청소년들은 <u>헌</u> 옷을 거의 입지 않는다.
③ 시간이 급하니 <u>어서</u> 다녀오너라.
④ <u>춤</u>을 추는 것은 정신 건강에 매우 좋다.

13 로마자 표기법이 옳지 않은 것은?

① 삼죽면 : Samjuk-myeon

② 제주도 : Jejudo

③ 여의도 : Yeouido

④ 광희문 : Gwanghuimun

Q 다음 글을 읽고 물음에 답하시오. 【14 ~ 15】

(개) 자연에 인공이 끼여서는 자연이 아니다. 자연은 미추(美醜)를 초월한, 미 이전의 세계다. 사람의 꾀에서 생겨나는 인공의 미가 여기에는 있을 수 없다. 자연에는 오직 자연의 미가 있을 따름이며, 자연의 ⊙攝理에 입각한 만유존재(萬有存在) 그 자체의 미가 있을 뿐이다. 미추(美醜)를 인식하기 이전, 미추의 세계를 완전 이탈한 미가 자연의 미다.

(내) 나는 언제나, 우리 민족 ⓒ更生의 도(道)가 생기(生氣)를 진작(振作)함에 있음을 역설해 왔다. 이미 생기를 진작하였으면, 거기에는 반드시 진작된 생기를 인도할 이상(理想)이 있어야 한다. 만약 이 이상이 수립되지 못하였다 하면, 비록 생활의 의기(意氣)가 아무리 강렬히 진작되었다 할지라도, 그 모처럼 진작된 생기는 온전한 역량과 참된 가치를 충분히 발휘하지 못하고, 부질없이 대양에 표류하는 선박과 같이 되고 말 것이다. 그러한 즉, 우리의 민족 갱생의 원동력은 생기의 진작이요, 민족 갱생의 지남차는 이상의 수립이다.

14 (개)와 (내) 각각의 글에서 가장 핵심적인 어구를 골라 묶은 것은?

① 인공의 미, 생기의 진작

② 자연의 미, 이상의 수립

③ 추의 세계, 생기의 진작

④ 자연의 미, 생활의 의기

15 밑줄 친 ⊙, ⓒ의 독음을 바르게 적은 것은?

① 섭리, 갱생

② 섭리, 경생

③ 섬리, 경생

④ 섬리, 갱생

16 밑줄 친 부분이 한글 맞춤법과 표준어 규정에 맞는 것은?

① 먼저 토의 안건을 회의에 <u>부칩시다</u>.
② <u>웬지</u> 가슴이 두근거린다?
③ <u>윗층</u>의 아이들이 너무 떠든다.
④ 조카의 <u>뒷통수</u>가 동글동글하다.

17 밑줄 친 '퇴영적(退嬰的)'의 상대어로 알맞은 것은?

> 창조라고 하면 이상하게 못마땅한 것처럼 대하는 사람도, 그 자신의 생활이 구습(舊習)의 <u>퇴영적(退嬰的)</u>인 반복이나 외래풍조의 모방에 불과하다는 평을 받는다면, 아마도 속으로는 매우 섭섭함을 느낄 것이다. 이것은 생활의 의의(意義)가 반복이나 모방에 있다기보다도 날로 새로워져가는 개척과 창조에 있음을 말하는 것이다.

① 진취적(進取的)
② 진보적(進步的)
③ 혁신적(革新的)
④ 고답적(高踏的)

18 한국어의 특성으로 맞지 않는 것은?

① 첨가어이므로 접사나 어미가 발달되어 있다.
② 주어가 잇달아 나타나는 문장 구성이 가능하다.
③ 관형어는 체언의 앞뒤에서 수식한다.
④ 관형사는 형용사처럼 활용할 수 없다.

Q 다음 글을 읽고 물음에 답하시오. 【19 ～ 20】

우리는 비극을 즐긴다. 비극적인 희곡과 소설을 즐기고, 비극적인 그림과 영화 그리고 비극적인 음악과 유행가도 즐긴다. 슬픔, 애절, 우수의 심연에 빠질 것을 알면서도 소포클레스의 '안티고네', 셰익스피어의 '햄릿'을 찾고, 베토벤의 '운명', 차이코프스키의 '비창', 피카소의 '우는 연인'을 즐긴다. 아니면 텔레비전의 멜로드라마를 보고 값싼 눈물이라도 흘린다. 이를 동정과 측은과 충격에 의한 '카타르시스', 즉 마음의 세척으로 설명한 아리스토텔레스의 주장은 유명하다. 그것은 마치 눈물로 스스로의 불안, 고민, 고통을 씻어내는 역할을 한다는 것이다.

니체는 좀 더 심각한 견해를 갖는다. 그는 "비극은 언제나 삶에 아주 긴요한 기능을 가지고 있다. 비극은 사람들에게 그들을 <u>싸고도는</u> 생명 파멸의 비운을 똑바로 인식해야 할 부담을 덜어주고, 동시에 비극 자체의 암울하고 음침한 원류에서 벗어나게 해서 그들의 삶의 흥취를 다시 돋우어 준다."라고 하였다. 그런 비운을 직접 전면적으로 목격하는 일, 또 더구나 스스로 직접 그것을 겪는 일이라는 것은 너무나 끔찍한 일이기에, 그것을 간접경험으로 희석한 비극을 봄으로써 '비운'이란 그런 것이라는 이해와 측은지심을 갖게 되고, 동시에 실제 비극이 아닌 그 가상적인 환영(幻影) 속에서 비극에 대한 어떤 안도감도 맛보게 된다.

19 윗글의 제목으로 가장 적절한 것은?

① 비극의 현대적 의의
② 비극을 즐기는 이유
③ 비극의 기원과 역사
④ 비극에 반영된 삶

20 밑줄 친 '싸고도는'과 유사한 의미로 쓰인 것은?

① 날개를 쭉 편 학이 연못을 <u>싸고도는</u> 모양이 시원스러웠다.
② 그는 내 얘기는 듣지도 않고서 친구의 말이 옳다고 <u>싸고돌았다</u>.
③ 그 회사를 <u>싸고도는</u> 나쁜 소문이 많다.
④ 할머니께서는 늘 장손만 <u>싸고도셔서</u> 다른 손자들의 불만을 사셨다.

02 한국사 🔍

1 다음 내용의 시대에 대한 설명으로 옳은 것은?

> • 유적 : 상원 검은모루 동굴, 공주 석장리   • 도구 : 뗀석기, 뼈도구
> • 생활 : 이동생활, 동굴, 강가   • 종교, 예술 : 단양 수양개

① 사냥도구로 주먹도끼, 팔매돌, 찍개를, 조리도구로 밀개, 긁개를 사용하였다.
② 빗살무늬 토기를 사용하고, 대표적인 유적은 주로 바닷가나 강가에 자리 잡고 있다.
③ 계급사회의 발생을 보여 주는 대표적인 무덤인 고인돌이 출현하였다.
④ 명도전과 반량전을 통해 중국과의 교역을, 붓을 통해 한자를 사용했음을 추측할 수 있다.

2 시대별 지방 제도에 대한 설명 중 옳은 것은?

① 백제는 22담로에 그 지역 출신들을 파견하여 다스리게 하였다.
② 고려는 수령이 파견되지 않은 주현이 속현보다 많았다.
③ 발해는 전국을 5경 15부 62주의 행정 구역으로 나누어 관리하였다.
④ 조선은 그 지역 출신 중에서 수령을 임명하여 파견하였다.

3 ㉠ ~ ㉢에 들어갈 알맞은 말은?

> 신문왕은 (㉠) 지급과 (㉡) 폐지를 통해 왕권은 강화시키고 진골 귀족들의 경제적 기반은 약화시키고자 하였으며, (㉢)을/를 설치하여 귀족 자제들에게 유학을 가르치고, 관리로 양성하고자 하였다.

	㉠	㉡	㉢
①	녹읍	관료전	국학
②	녹읍	관료전	태학
③	관료전	녹읍	국학
④	관료전	녹읍	태학

4 조선시대 향약에 대한 다음의 설명 중 옳지 않은 것은?

① 지방 사족들이 만든 향촌 자치 규약으로, 미풍양속을 계승하였다.
② 중종 때 조광조가 처음으로 보급하기 시작하였으며, 그 이후 전국으로 확산되었다.
③ 양반뿐만 아니라 농민도 구성원이 되었으며, 그 수장을 별감이라 하였다.
④ 풍속 교화와 향촌 사회의 질서 유지에 기여하였다.

5 조선 성종 시기에 있었던 일을 모두 고르면?

㉠ 「동국통감」 간행	㉡ 호패법 최초 시행
㉢ 갑인자 주조	㉣ 「경국대전」 완성
㉤ 「조선경국전」 편찬	㉥ 홍문관 설치
㉦ 관수관급제 시행	㉧ 유향소 폐지

① ㉠㉣㉥㉦   ② ㉡㉣㉤㉧
③ ㉢㉤㉥㉦   ④ ㉣㉥㉦㉧

6 흥선대원군 집권 시기에 있었던 사실로 옳지 않은 것은?

① 의정부와 삼군부의 기능을 부활시키고, 각각 정치와 군사를 담당하게 하였다.
② 「대전회통」과 「육전조례」를 편찬하여 법체계를 정비하였다.
③ 전국 47개소를 제외한 모든 서원과 만동묘를 철폐하였다.
④ 양전 사업과 지계 발급을 통해 국가 재정을 확보하려 하였다.

7 (가)～(라)를 시기가 이른 것부터 바르게 나열한 것은?

> (가) 민족자존, 통일 번영을 위해 7월 7일에 TV와 라디오 방송을 통해 발표한 특별선언
> (나) 남북한 당국이 국토분단 이후 최초로 통일과 관련하여 합의발표한 공동성명
> (다) 분단 이후 최초로 열린 남북한 정상회담 이후 6월 15일에 발표한 공동선언
> (라) 서울에서 열린 제5차 남북고위급회담에서 채택된 쌍방의 국가성을 인정한 합의서

① (가)－(나)－(다)－(라)
② (나)－(가)－(라)－(다)
③ (가)－(라)－(다)－(나)
④ (나)－(다)－(가)－(라)

8 다음의 상황을 극복하기 위해 실시한 우리 정부의 정책과 그 영향에 관한 설명으로 옳은 것은?

〈1945년 말 현재 남한의 토지 소유 상황〉

(단위 : 만 정보)

구분	답	전	계
농경지	128(100%)	104(100%)	232(100%)
소작지	89(70%)	58(56%)	147(63%)
전(前) 일본인 소유	18	5	23
조선인 지주 소유	71	53	124
자작지	39(30%)	46(44%)	85(37%)

① 유상 몰수, 무상 분배 방식이었다.
② 임야 등 비경지는 대상에서 제외하였다.
③ 신한공사를 핵심 추진 기관으로 삼았다.
④ 북한의 토지 개혁에 커다란 영향을 주었다.

9 다음 자료 이후에 벌어진 역사적 사건은?

> 새로 만든 국기를 묶고 있는 누각에 달았다. 기는 흰 바탕으로 네모졌는데 세로는 가로의 5분의 2에 미치지 못하였다. 중앙에는 태극을 그려 청색과 홍색으로 색칠을 하고 네 모서리에는 건(乾)·곤(坤)·감(坎)·이(離)의 4괘(四卦)를 그렸다.

① 김윤식 등이 근대식 무기 제조 기술과 군사 훈련법을 배웠다.
② 김홍집 등이 「조선책략」을 가져와 국제 정세의 이해에 기여하였다.
③ 김옥균 등이 일본에서 차관 교섭을 벌이고 구미 외교 사절과 접촉하였다.
④ 박정양 등이 정부 기관의 사무와 시설을 조사하고 시찰 보고서를 올렸다.

10 18세기 조선 사상계의 동향에 대한 설명으로 옳지 않은 것은?

① 북학사상은 인물성동론을 철학적 기초로 하였다.
② 낙론은 대의명분을 강조한 북벌론으로 발전되어 갔다.
③ 인물성이론은 대체로 충청도지역 노론학자들이 주장했다.
④ 송시열의 유지에 따라 만동묘를 세워 명나라 신종과 의종을 제사지냈다.

11 다음 제도가 시행되었던 왕대의 상황에 대한 설명으로 옳은 것은?

> 양인들의 군역에 대한 절목 등을 검토하고 유생의 의견을 들었으며, 개선 방향에 관한 면밀한 검토를 거친 후 담당 관청을 설치하고 본격적으로 시행하였다. 핵심 내용은 1년에 백성이 부담하는 군포 2필을 1필로 줄이는 것이었다.

① 「증보문헌비고」가 편찬, 간행되었다.
② 노론의 핵심 인물이 대거 처형당하였다.
③ 통공정책을 써서 금난전권을 폐지하였다.
④ 청계천을 준설하여 도시를 재정비하고자 하였다.

12 조선 후기의 문학과 예술의 경향에 대한 설명으로 옳지 않은 것은?

① 추사체가 창안되어 서예의 새로운 경지를 열었다.
② 양반전, 허생전 등의 한글소설을 통해 양반사회를 비판·풍자하였다.
③ 진경산수화와 풍속화가 유행하였다.
④ 미술에 서양화의 기법이 반영되어 사물을 실감나게 표현하였다.

13 다음의 현상을 촉발한 원인으로 가장 적절한 것은?

> 근래 아전의 풍속이 나날이 변하여 하찮은 아전이 길에서 양반을 만나도 절을 하지 않으려 한다. 아전의 아들, 손자로서 아전의 역을 맡지 않은 자는 고을 안의 양반을 대할 때, 맞먹듯이 너나하며 예의를 차리지 않는다.
>
> – 목민심서 –

① 북벌론이 대두하였다.
② 이양선이 출몰하여 민심이 흉흉해졌다.
③ 소수 가문의 권력 독점으로 벼슬 길이 좁아졌다.
④ 전국적으로 수해가 일어나고 전염병이 만연하였다.

14 조선시대의 교육기관에 대한 설명으로 옳지 않은 것은?

① 조선시대 최고의 교육기관은 성균관으로 입학자격이 정해져 있었다.
② 향교는 지방양반 및 향리의 자제들의 교육기관이었다.
③ 기술교육은 해당 관청이 없어 자율적으로 학습해야 했다.
④ 서당은 초등교육기관이었다.

15 고려시대 공음전에 관한 설명으로 가장 알맞은 것은?

① 세습이 가능한 토지이다.
② 공신들에게 지급한 토지이다.
③ 자손이 없는 하급관리나 군인의 유가족에게 지급한 토지이다.
④ 관청의 경비를 조달하기 위해 지급한 토지이다.

16 다음의 내용과 관련이 적은 것은?

> 우리가 의(義)를 들어 여기에 이르렀음은 그 본의가 결코 다른 데 있지 아니하고, 창생(蒼生)을 도탄 중에서 건지고 국가를 반석 위에다 두자 함이라. 안으로는 탐학한 관리의 머리를 베고, 밖으로는 횡포한 강적(强敵)의 무리를 쫓아 내몰고자 함이라.

① 개화당과의 제휴를 통해 사회변혁을 이룩하고자 하였다.
② 전주화약 이후 정부와의 원한을 씻고 서정(庶政)에 협력하기로 하였다.
③ 신분제도 타파의식을 분명히 하였으며 민중의 지지를 받았다.
④ 항일의병운동으로 연결되었다.

17 다음은 16세기의 사실이다. 이런 사실들에 의해 만들어진 문화의 특징은?

> • 향촌에 향약과 사창의 실시 시도
> • 각 지역마다 선원을 만들어 선현을 봉사하고 자제를 교육
> • 일부 군현에서 그 지역의 읍지 편찬

① 중앙집권적
② 부국강병적
③ 지방자치적
④ 왕도정치적

18 무신집권 당시의 고려사회를 설명한 것은?

> ㉠ 무신정권의 탄압으로 승려계급이 몰락하였다.
> ㉡ 무신의 토지겸병으로 토지제도가 문란하였다.
> ㉢ 신분의 해방을 주장하는 천민의 반란이 일어났다.
> ㉣ 몰락한 문신을 중심으로 주자학의 연구가 일어났다.

① ㉠㉡
② ㉠㉢
③ ㉡㉢
④ ㉡㉣

19 고려시대의 예술에 대한 설명으로 옳은 것은?

① 부도의 설립은 교종의 유행과 함께 많이 만들어졌다.
② 월정사 8각 9층탑은 원의 영향을 받은 고려후기의 석탑이다.
③ 부석사 무량수전은 배흘림기둥과 주심포 양식의 고려후기 목조건축물이다.
④ 상정고금예문은 현존하는 세계 최초의 금속활자본으로 프랑스에 보관되어 있다.

20 발해에 대한 다음의 내용과 관련된 것은?

> 대외적으로는 중국과의 대등한 지위를 나타낸 것이며, 대내적으로는 왕권의 강대함을 표현하는 것이기도 하였다.

① 고구려계승의식을 분명히 하였다.
② 3성 6부의 중앙정치조직을 정비하였다.
③ 유학생들이 당의 빈공과에 합격하였다.
④ 인안, 대흥 등의 독자적인 연호를 사용하였다.

03 영어

1 문맥상 밑줄 친 부분에 들어갈 말로 가장 적절한 것은?

> I couldn't _____ any ideas, because I'm so tired.

① come up with ② give in to
③ catch up with ④ run out of

Q 밑줄 친 부분의 의미와 가장 가까운 것은? 【2～3】

2

> Her behavior was her own will, not <u>forced</u>.

① calculated ② suspected
③ detained ④ compelled

3

> There is a <u>argument</u> between the two countries about the border.

① perspective ② dispute
③ neglect ④ over look

Q 어법상 옳지 않은 것은? 【4 ~ 5】

4 ① It is foolish for you to do such a thing.

② He ordered that it be done at once.

③ I was really amazed when I was offered the job.

④ The heavy rain kept them from going on a picnic.

5 ① He smells badly.

② She is used to living alone.

③ She is afraid of going out at night.

④ The important thing is not what you have but what you are.

6 우리말을 영어로 가장 잘 옮긴 것은?

> 이삼십 년 동안 매일 아침 면도를 하다 보면, 누구나 무언가를 배우기 마련이다.

① All men can shave every morning for twenty or thirty years without learning something.

② All men can shave every morning for twenty or thirty years in order to learn something.

③ No man can shave every morning for twenty or thirty years in order to learn something.

④ No man can shave every morning for twenty or thirty years without learning something.

7 우리말을 영어로 잘못 옮긴 것은?

① 어떠한 경우에도 낯선 사람들을 들어오게 해서는 안 된다.

  → On no account must strangers be let in.

② 상처에 염증이 나면 즉시 나에게 전화해.

  → Should the wound be inflamed, call me at once.

③ 나는 학생들이 수업시간에 지각하도록 내버려두지 않겠다.

  → I won't have my students arriving late for class.

④ 두 명의 가수 모두 넓은 음역의 풍부한 목소리를 가지고 있다.

  → Either of the singers has a rich voice with great range.

8 어법상 옳지 않은 것을 고르시오.

> Moreover, the use of pattern books ① <u>meet</u> the criteria for literacy scaffolds by modeling reading, ② <u>by challenging</u> students' current level of linguistic competence, and ③ <u>by assisting</u> comprehension ④ <u>through</u> the repetition of a simple sentence pattern.

9 주어진 문장 뒤에 올 글들을 문맥에 맞게 올바른 순서로 연결한 것은?

> The saying for which I had to find the meaning was : "People who live in glass houses shouldn't throw stones."

(A) My first guess was that it was about a situation in which those who want to fight should first think about defending themselves from attack. Obviously, a person whose house is made of glass, which is easily broken, should be careful. If you throw a stone, the person at whom you threw the stone could throw it back and smash your house.

(B) I think this is good advice for anyone who is critical of other people.

(C) However, this saying, whose meaning I looked up in a dictionary of English idioms is not really about fighting. It means that you should not criticize others for faults similar to those you have.

① (A) − (C) − (B)　　　　　　　　② (A) − (B) − (C)

③ (B) − (C) − (A)　　　　　　　　④ (C) − (A) − (B)

10 글의 제목으로 가장 적절한 것은?

> The term home schooling or home tuition, as it is called in England, means educating children at home or in places other than a mainstream setting such as a public or private school. There are many reasons why parents choose home schooling for their children. Some parents are dissatisfied with the quality of education in the public schools. Others do not want their children to have to worry about "peer pressure," or social pressure from friends. They say it may interfere with the child's studies. These parents fear this type of pressure will lead to negative behavior such as smoking, drinking alcohol, and taking drugs.

① Types of Pressure in Schools

② Pros and Cons of Home Schooling

③ Side Effects of Home Schooling

④ Reasons for Home Schooling

11 글의 빈칸에 알맞은 것은?

> If you are too fat, you may soon have serious problems with your health. A group of doctors wrote a report about some of the effects of too much fat. One important effect is stress on the heart. If you are fat, your heart has to work harder. This may lead to a heart has to work harder. This may lead to a heart attack or to other heart problems. Extra fat can also change the amount of sugar in your blood. High blood pressure is another possible result of being fat. Even cancer can sometimes be a result. More studies are needed about all these problems, but one thing from the report is clear : _____.

① you should exercise every day

② being fat causes the heart disease

③ extra fat may make your life shorter

④ extra fat will be obtained from meat

12 글의 어조로 가장 적절한 것은?

> Those people who study animal behavior professionally must dread those times when their cover is blown at a dinner party. The unfortunate souls are sure to be seated next to someone with animal stories. The conversation will invariably be about some pet that did this or that, and nonsense is the polite word for it. The worst stories are about cats. The proud owners like to talk about their ingenuity, what they are thinking, and how they 'miss' them while they're at the party. Those cats would rub the leg of a burglar if he rattled the cans of their food.

① humorous

② instructive

③ angry

④ nostalgic

글의 밑줄 친 곳에 들어갈 가장 적절한 것을 고르시오. 【13 ~ 16】

13

Some anthropologists want to _____ the word 'race' as a classification for human groups. Their first reason is the obvious fact that human history has always involved migration and mobility, which results in interbreeding between different human groups. Therefore, there are no 'pure' races in the races in the human species. Perhaps less well known is the fact that there exist several racial stocks, such as the African Bushmen and the Polynesians of the South Pacific, that do not fit any one racial classification but have characteristics of several races. Finally, although the average person may not be aware of it, and may even prefer to think otherwise, the greatest differences among human groups are not those of biology or race, but of culture.

① use   ② drop
③ specify   ④ regard

14

Another principle, that of conservation of energy, is the most recent of all. Energy can exist in a vast variety of forms, of which the simplest is pure energy of motion —the motion of a billiard ball over a table. Newton had shown that this purely mechanical energy is 'conserved'. _____, when two billiard balls collide, the energy of each is changed, but the total energy of the two remains unaltered ; one gives energy to the other, but no energy is lost or gained in the transaction. _____, this is only true if the balls are 'perfectly elastic', an ideal condition in which the balls spring back from one another with the same speed with which they approached.

① However — As a result
② For instance — However
③ Besides — In short
④ On the other hand — On the contrary

15

There are many places people visit to get services, such as banks, public offices, etc. Depending upon how many servers are available, they stand in many lines. When they are supposed to stand in line, they are always faced with a problem of making a decision. _____ It's because a shorter line does not always lead to quicker service. Some people who come later get served earlier simply because they happen to stand in the 'lucky' line. That's why some early comers wait longer than they expect to. This is not fair for all the parties concerned, both servers and customers.

① The solution to this problem seems to be easy.

② It would be possible for us to think of a social invention.

③ That is, in which line will I be able to get my job done most quickly?

④ A fair waiting system makes it possible for us to serve and be served on a first−come−first−served basis.

16

_____ Scientists think the zebra evolved from a horselike animal with no stripes. They have different ideas about what the zebra's stripeless ancestor looked like, but many argue that it was mostly dark−colored or black. (So, to answer an old question, a zebra is probably a black animal with white stripes, rather than the other way around.) The way stripes might have evolved is this : By accidental variation, some of the dark horse foals were born with lighter−colored stripes. Since stripes were protective coloring, they were an advantage. And so striped animals often survived to have striped foals — another example of natural selection. More and more striped animals appeared as the generations passed. Eventually, there were several distinct species of an animal we call the zebra.

① What is the origin of the zebra?

② What good are zebra's stripes?

③ Where did the stripes of the zebra come from?

④ How did the zebra evolve from horses?

17 전체 글의 흐름상 다음 문장이 들어갈 수 있는 가장 적합한 곳은?

Celebrities also sacrifice their private lives.

(ⓐ) Many people dream of being celebrities, but they might change their minds if they considered all the disadvantages there are to being famous. (ⓑ) For one thing, celebrities have to look perfect all the time. (ⓒ) There's always a photographer ready to take an unflattering picture of a famous person looking dumpy in old clothes. (ⓓ) Their personal struggles, divorces, or family tragedies all end up as front-page news. Most frighteningly, celebrities are in constant danger of the wrong kind of attention. Threatening letters and even physical attacks from crazy fans are things the celebrity must contend with.

① ⓐ   ② ⓑ

③ ⓒ   ④ ⓓ

18 논리적인 흐름상 불필요한 문장은?

Laws exist to maintain safety and order in our communities. ⓐLaws are like rules that tell people what they can and cannot do. ⓑUnfortunately, not everybody obeys these rules. When a person breaks a law, or commits a crime, police officers are often called to arrest the criminal or provide other forms of assistance. ⓒIf the criminal escapes or is unknown, investigators and detectives may be called upon to find the criminal. ⓓThere are no formal education requirements for most private detective and investigator jobs.

① ⓐ   ② ⓑ

③ ⓒ   ④ ⓓ

19 빈칸에 들어갈 가장 적절한 말은?

W : You're home very early today.
M : Well, the last class was cancelled because Mrs. Simpson was sick.
W : I see. By the way, did you check out the book I asked?
M : _____

① Yes. It was published in 1995 in New York.
② Yes. I've checked it and it was in good shape.
③ I'm sorry, but the campus bookstore does not have it.
④ I'm afraid I couldn't. The only copy the library has is on reserve.

20 A와 B의 대화에서 B가 말한 의미는 무엇인가?

A : Would you like to own your own business?
B : I wouldn't mind a bit.

① B would like to have a company of his own.
② B doesn't have time for a job.
③ B has a mind of his own.
④ B couldn't make up his mind.

01 국어

1 밑줄 친 부분의 의미와 가장 거리가 먼 것은?

> 현재 텔레비전, 인터넷으로 상징되는 영상 매체와 컴퓨터 통신 매체의 급속한 발달 및 보급과 병행하여 고전적 정보 매체인 책의 발간도 양적으로 엄청난 증가를 보이고 있지만, 전자에 비해 후자의 역할은 상대적으로 위축되고 있음이 분명하다. 대부분의 사람들은 신문이나 책을 읽기보다 텔레비전 화면 앞에 앉아 더 많은 시간을 보내며, 편지를 펜으로 쓰기보다 인터넷을 통해 메일을 보내고자 한다. 이러한 경향에 비추어 볼 때, 책이라는 형식을 갖춘 정보 매체는 전자 영상 매체로 완전히 대체되어 <u>골동품으로 남게 될지도 모른다</u>는 생각이 들기도 한다.

① 사람들로부터 외면당한다.　　　　② 기성세대만의 것이 된다.
③ 무가치한 존재가 될지 모른다.　　④ 책꽂이에만 꽂혀 있게 될 것이다.

2 괄호 안에 들어갈 말로 가장 적절한 것은?

> 현대 자본주의 사회에서 대중은 예술미보다 상품미에 더 민감하다. 상품미란 이윤을 얻기 위해 대량으로 생산하는 상품이 가지는 아름다움을 의미한다. (　　)이라고, 요즈음 생산자는 상품을 많이 팔기 위해 디자인과 색상에 신경을 쓰고, 소비자는 같은 제품이라도 겉모습이 화려하거나 아름다운 것을 구입하려고 한다. 결국 우리가 주위에서 보는 거의 모든 상품은 상품미를 추구하고 있다. 그래서인지 모든 것을 다 상품으로 취급하는 자본주의 사회에서는 돈벌이를 위해서라면 모든 사물, 심지어는 인간까지도 상품미를 추구하는 대상으로 삼는다.

① 동가홍상(同價紅裳)　　　　② 다다익선(多多益善)
③ 목불식정(目不識丁)　　　　④ 선우후락(先憂後樂)

3 밑줄 친 부분과 같은 발음 현상이 생기지 않는 것은?

> 날씨가 추워지면 <u>솜이불</u>이 생각난다.

① 송별연　　　　　　　　　　② 꽃잎
③ 맨입　　　　　　　　　　　　④ 막일

4 밑줄 친 부분이 표준어가 아닌 것은?

① 맑은 시냇물에 발을 <u>담갔다</u>.
② 친구의 사연이 너무 <u>애닲구나</u>.
③ <u>허구한 날</u> 비가 온다.
④ 짐이 매우 <u>단출하다</u>.

5 문장들을 논리적 순서로 가장 적절하게 배열한 것은?

> ㉠ 이는 말레이 민족 위주의 우월적 민족주의 경향이 생기면서 문화적 다원성을 확보하는 데 뒤쳐진 경험을 갖고 있는 말레이시아의 경우와 대비되기도 한다.
>
> ㉡ 지금과 같은 세계화 시대에 다원주의적 문화 정체성은 반드시 필요한 것이기 때문에 이러한 점은 긍정적이다.
>
> ㉢ 영어 공용화 국가의 상황을 긍정적 측면에서 본다면, 영어 공용화 실시는 인종 중심적 문화로부터 탈피하여 다원주의적 문화 정체성을 수립하는 계기가 될 수 있다.
>
> ㉣ 그러나 영어 공용화 국가는 모두 다민족 다언어 국가이기 때문에 한국과 같은 단일 민족 단일 모국어 국가와는 처한 환경이 많이 다르다.
>
> ㉤ 특히, 싱가포르인들은 영어를 통해 국가적 통합을 이룰 뿐만 아니라 다양한 민족어를 수용함으로써 문화적 다원성을 일찍부터 체득할 수 있는 기회를 얻고 있다.

① ㉢㉤㉣㉠㉡　　　　　　　② ㉢㉡㉠㉤㉣
③ ㉢㉤㉡㉣㉠　　　　　　　④ ㉢㉡㉤㉠㉣

6 지문의 내용과 일치하지 않은 것은?

> 이러한 특성은 흰 옷을 더욱 희게 만드는 세제에도 이용된다. 자외선을 흡수하여 파란색을 방출하는 형광물질을 세제에 사용하면, 세탁 후 옷감에 남아있는 형광물질이 빛의 삼원색인 빨강, 파랑, 초록 중 파란색의 가시광선을 방출함으로써 흰 색을 더욱 하얗게 보이도록 할 수 있다. 물질에 따라 방출하는 빛의 진동수가 달라지는 현상은 과학적 탐구에도 이용된다. 어떤 물질을 분석할 때 자외선을 쬐어 나오는 빛을 분석하면 물질의 구성원소를 알아낼 수 있으며 별빛을 분석하여 원소가 방출하는 고유한 빛을 통해 별을 이루고 있는 원소를 알 수 있다.

① 물질에 따라 빛의 진동수가 다르다.
② 흰 옷을 더욱 희게 만드는 세제는 자외선을 흡수하여 파란색을 방출하는 형광물질을 사용한다.
③ 어떤 물질의 빛을 분석하면 물질의 구성원소를 알 수 있다.
④ 물질에 따라 방출하는 빛의 진동수는 대부분 일정하기 때문에 과학적 탐구에도 이용된다.

7 화자의 감정이입이 드러나지 않은 것은?

> 비로봉 동쪽은 아낙네의 살결보다도 흰 자작나무의 수해(樹海)였다. 설 자리를 삼가, 구중심처(九重深處)가 아니면 살지 않는 자작나무는 무슨 수중(樹中) 공주이던가! 길이 저물어, 지친 다리를 끌며 찾아든 곳이 애화(哀話) 맺혀 있는 용마석(龍馬石) – 마의 태자의 무덤이 황혼에 고독했다. 능(陵)이라기에는 너무 초라한 무덤 – 철책(鐵柵)도 상석(床石)도 없고, 풍우에 시달려 비문조차 읽을 수 없는 화강암 비석이 오히려 처량하다.
>
> 무덤가 비에 젖은 두어 평 잔디밭 테두리에는 잡초가 우거지고, 석양이 저무는 서녘 하늘에 화석(化石)된 태자의 애기(愛騎) 용마의 고영(孤影)이 슬프다. 무심히 떠도는 구름도 여기서는 잠시 머무르는 듯, 소복(素服)한 백화(白樺)는 한결같이 슬프게 서 있고, 눈물 머금은 초저녁 달이 중천(中天)에 서럽다.
> – 정비석의 산정무한 –

① 자작나무　　　　　　　　② 무덤
③ 비석　　　　　　　　　　④ 구름

8 맞춤법이 옳게 쓰인 것으로만 묶인 것은?

① 예삿일, 할당량, 등교길
② 고기국, 북어국, 합격률
③ 댓잎, 실패율, 칼로리량
④ 경쟁률, 베갯잇, 나루터

9 중의적인 문장이 아닌 것은?

① 영수가 나보다 너를 더 좋아한다고 하였다.
② 영수는 지금 학교 운동장에서 철호와 놀고 있겠다.
③ 영수는 나를 사랑하는 그녀의 친구와 어제 만났다.
④ 영수가 넥타이를 매고 있는 친구를 조용히 바라본다.

10 표준어가 아닌 것으로만 짝지어진 것은?

① 돌잔치, 덧니, 툇마루
② 강남콩, 사흗날, 흐리멍텅
③ 사글세, 숟가락, 셋방
④ 끄나풀, 여닫이, 아무튼

Q 다음 글을 읽고 물음에 답하시오. 【11 ~ 12】

군청에서는 관 위주 행정의 관행을 없애고 군민들이 불편하지 않도록 '감동 행정'을 펼치기 위한 사전 작업이 이뤄지고 있다. ㈎특히 군정에 변화의 새 바람을 일으키기 위해 군민과 공직자를 상대로 군민 행복을 위한 ㉠참신한 의견을 ㉡수렴하고 '공직자 변화 노력 ㉢선포식'을 열기로 하는 등 변화의 바람이 감지되고 있다. ㈏김 군수는 "공무원들의 변화만이 군민들에게 희망을 줄 수 있다."면서, '공무원들의 낡은 사고, 관 위주 행정의 낡은 관행을 우선 변화시켜야 할 대상으로 규정하고 전체 공직자가 자기 계발과 의식 전환을 위해 노력하도록 할 방침'이라고 밝혔다. ㈐다음 달 정례 조회 때 있을 공직자 변화 노력 선포식에서는 전체 공직자가 결의문을 채택해 자기 개혁에 적극 나서도록 분위기를 조성한다는 방침이다. ㈑특히 음주운전자 차량에 동승하여 음주운전을 적극 만류하지 못해 음주운전에 이르게 한 공무원도 사안에 따라 ㉣문책할 방침이다.

11 밑줄 친 어휘의 한자 표기로 모두 옳은 것은?

	㉠	㉡	㉢	㉣
①	懺新	收斂	宜布	聞責
②	斬新	收斂	宣布	問責
③	斬新	受斂	宣布	聞責
④	懺新	受斂	宜布	問責

12 글의 통일성을 고려하였을 때, 삭제해야 할 문장으로 가장 적절한 것은?

① ㈎

② ㈏

③ ㈐

④ ㈑

13 밑줄 친 말이 표준어가 아닌 것은?

① 그의 표정에는 웃음기가 <u>배어</u> 있다.
② 그는 시선을 발끝에 <u>떨구고</u> 길을 걷고 있다.
③ 그는 고개를 뒤로 <u>제끼고</u> 졸고 있었다.
④ 그는 돈 많은 과부를 <u>꼬여서</u> 결혼하였다.

14 외래어 표기가 모두 맞는 것은?

① 바게트(baguette), 밸런타인데이(Valentine Day)
② 비전(Vision), 삐에로(Pierrot)
③ 바비큐(Barbecue), 스노우(Snow)
④ 컨닝(Cunning), 악세사리(Accessory)

15 〈보기〉의 ㉠과 ㉡에 들어갈 적절한 것은?

―――――――― 〈보기〉 ――――――――
'몇 해'는 '음절의 끝소리 규칙'에 의해 (㉠)가 되고, 다시 (㉡)에 의해 [며태]로 소리 난다.

	㉠	㉡
①	[며해]	축약
②	[며해]	탈락
③	[멷해]	축약
④	[멷해]	탈락

16 띄어쓰기가 바르지 않은 것은?

① 오늘은 비가 올 듯한 날씨다.
② 그 사람은 거짓말을 밥 먹듯한다.
③ 꼬마는 잘 모르겠다는 듯이 눈만 껌벅이고 있었다.
④ 그가 말했듯이 자기의 앞날은 자기가 책임져야 한다.

17 〈보기〉의 밑줄 친 단어의 의미와 가장 가까운 것은?

───── 〈보기〉 ─────

영수는 오늘 날이 너무 추워서 도서관에 갈 <u>마음</u>이 들지 않았다.

① 몸은 늙었지만 <u>마음</u>은 아직 청춘이다.
② 안 좋은 일을 <u>마음</u>에 담아 두면 병이 된다.
③ 아이가 공부에는 <u>마음</u>이 없고 노는 데만 정신이 팔렸다.
④ 많이 아는 사람보다는 <u>마음</u>이 어진 사람을 사귀어야 한다.

Q 다음 글을 읽고 물음에 답하시오. 【18 ~ 19】

나는 왜놈이 지어준 몽우리돌대로 가리라 하고 굳게 결심하고 그 표로 내 이름 김구(金龜)를 고쳐 김구(金九)라 하고 당호 연하를 버리고 백범이라고 하여 옥중 동지들에게 알렸다. 이름자를 고친 것은 왜놈의 국적에서 이탈하는 뜻이요, '백범'이라 함은 우리나라에서 가장 천하다는 백정과 무식한 범부까지 전부가 적어도 나만한 애국심을 가진 사람이 되게 하자 하는 내 원을 표하는 것이니 우리 동포의 애국심과 지식의 정도를 그만큼이라도 높이지 아니하고는 완전한 독립국을 이룰 수 없다고 생각한 것이었다.

18 다음 글이 해당하는 전기문의 종류가 가장 옳은 것은?

① 회고록   ② 열전
③ 평전   ④ 자서전

19 위 글의 목적으로 알맞은 것은?

① 지식이나 정보의 전달
② 독자의 생각과 행동의 변화촉구
③ 문학적 감동과 쾌락 제공
④ 독자에게 간접체험의 기회 제공

20 실제 발음을 고려할 때, 국어의 음절 구조에 관한 설명으로 옳은 것은?

① 종성에 위치할 수 있는 자음의 수는 8개이다.
② 자음은 모음과 결합하지 않고 독립적으로 음절을 구성할 수 있다.
③ 종성에는 2개 이상의 자음이 올 수 있다.
④ 반모음은 단독으로 음절을 구성할 수 없다.

02 한국사

1 대한민국 임시정부에 대한 설명으로 옳지 않은 것은?

① 독립운동을 위한 비밀 연락 조직망인 연통제를 시행하였다.
② 한국 최초의 민주공화정 정부이다.
③ 1919년 8월, 기관지인 〈독립신문〉을 창간하였다.
④ 농촌계몽을 위한 브나로드 운동의 주축이 되었다.

2 조선시대의 균역법에 대한 설명으로 옳은 것은?

> ㉠ 상민에게만 부과해 오던 군포를 양반에게도 징수하였다.
> ㉡ 숙종 때에 평안도와 함경도를 제외한 전국에서 시행하였다.
> ㉢ 일반 농민의 군포 부담이 반감되었다.
> ㉣ 공인이 왕실과 관청에 필요한 물품을 납부하였다.

① ㉠
② ㉡
③ ㉢
④ ㉣

3 강화도 조약(1976)과 그 부속 조규의 내용으로 옳지 않은 것은?

① 부산, 원산, 인천 항구를 개항한다.
② 일본의 최혜국 대우를 인정한다.
③ 일본 화폐를 조선에서 쓸 수 있으며, 무관세 무역을 인정한다.
④ 치외법권을 인정하여 개항장에서 일본인의 범죄는 일본의 법에 따라 처벌한다.

4 밑줄 친 '이곳'과 관련된 사실은?

> 고종 3년, 천주교 신자와 프랑스인 신부를 처형한 사건을 계기로 프랑스 함대가 <u>이곳</u>에 침범하였다. 프랑스 극동함대의 로즈 제독은 1866년 <u>이곳</u>에 상륙하여 온갖 만행을 저지르고, 철군하면서 <u>이곳</u>의 외규장각 의궤와 보물 등을 약탈하였다.

① 김종서가 '이곳'의 여진족을 몰아내고 6진을 개척하였다.
② 묘청은 풍수지리설을 내세워 '이곳'으로의 천도를 추진하였다.
③ 이성계는 '이곳'에서 군사를 돌려 개경으로 향하였다.
④ '이곳'에서 배중손의 지휘 아래 삼별초가 봉기하였다.

5 ㈎ 시기에 있었던 사실로 옳은 것은?

| 거란의 소손녕이 80만 대군을 이끌고 침략하였다. | → | ㈎ | → | 거란 침략군을 귀주에서 물리쳐 승리하였다. |

① 외교를 통해 압록강 동쪽에 강동 6주를 설치하였다.
② 별무반을 조직하여 싸우고 동북 9성을 축조하였다.
③ 비변사를 설치하여 변방의 방비를 담당하게 하였다.
④ 정방을 설치하여 군사권을 장악하였다.

6 고려시대의 제도를 시기순으로 바르게 나열한 것은?

> ㈎ 시정전시과　　　　　　㈏ 과전법
> ㈐ 경정전시과　　　　　　㈑ 역분전

① ㈏－㈎－㈐－㈑
② ㈏－㈐－㈎－㈑
③ ㈑－㈎－㈐－㈏
④ ㈑－㈐－㈎－㈏

7 발해에 대한 설명으로 옳지 않은 것은?

① 대조영이 세운 국가로, 해동성국이라고 불렸다.
② 천통, 대흥 등 독자적인 연호를 사용하였다.
③ 중앙 통치 체제를 3성 6부로 정리하였다.
④ 청해진을 설치하여 중계 무역 요충지 역할을 하였다.

8 해방 후의 역사적 상황에 대한 설명으로 적절하지 않은 것은?

① 1948년 남북일부 정치세력은 평양에서 남북 제정당 사회단체 연석회의를 개최하였다.
② 미군정은 일본인의 토지를 접수하여 신한공사를 통해 관리하였다.
③ 1949년 6월 조선 노동당이 탄생했으며 남한 좌익 대부분이 북으로 이동하였다.
④ 1948년 7월 17일 제헌헌법에서는 국회를 양원제로 하였다.

9 다음에서 공통적으로 추출할 수 있는 사실은?

• 신라 – 우역(郵驛)의 설치   • 고려 – 이문소(理問所)의 혁파
• 조선 – 도호부(都護府)의 설치   • 조선 – 의흥삼군부(義興三軍府)의 설치

① 지방 도시의 육성
② 피지배층의 생활 안정
③ 최고 권력자의 통치권 강화
④ 지방에 대한 통제 장치 확대

10 다음 내용을 담고 있는 것은?

> • 남과 북은 서로 상대방의 체제를 인정하고 존중한다.
> • 남과 북은 흩어진 가족과 친지의 자유로운 서신거래와 왕래, 상봉 및 방문을 실시하고 자유의사에 의한
>   재결합을 실현하며, 기타 인도적으로 해결할 문제에 대한 대책을 강구한다.

① 7 · 4 남북공동성명   ② 6 · 23 평화통일선언
③ 남북기본합의서   ④ 6 · 15 남북공동선언

11 아래의 인물은 누구인가?

> • 선비의 자각을 강조하였으며 한전론을 주장하였다.
> • 영농방법의 혁신과 상업적 농업을 장려하였으며 수리시설의 확충 등을 통하여 농업생산력을 높이는데
>   관심을 기울였다.
> • 상공업의 진흥을 강조하면서 수레와 선박을 이용하였다.

① 홍대용   ② 박제가
③ 박지원   ④ 이수광

12 다음 인물들이 주장하였을 정치적 구호로 가장 적절한 것은?

> 이들은 우리나라를 이미 유교문화에 의해 개화된 상태로 보았으며 우리 고유의 사상과 전통문화를 유
> 지하고 서양의 기술과학문명을 받아들이는 것을 주장하였다. 양무운동을 본받아서 개화를 점진적으로 진
> 행시켰다. 대표적 인물로는 김홍집, 어윤중, 김윤식 등이 있다.

① 청과 우호관계 유지로 부국강병 추구하자.
② 청과의 사대관계를 청산하고 자주국가를 수립하자.
③ 근대적 정치사상을 수용하여 입헌국가를 수립하자.
④ 옛 것을 근본으로 새로운 근대국가를 수립하자.

13 일제하 항일민족운동에 대한 설명으로 옳지 않은 것은?

① 1920년대 홍범도의 대한독립군과 김좌진의 북로군정서군이 봉오동과 청산리에서 일본군에게 대승을 거두었다.

② 1920년대 후반 폭력투쟁을 벌여서 민족의 독립의지를 국내외에 고취하였던 대표적 인물은 이봉창과 윤봉길이었다.

③ 1930년대 만주지역에서는 일부 조선인들이 중국 공산당군과 연합하여 동북항일연군의 일원으로 항일 유격활동을 하였다.

④ 1940년대 대한민국임시정부가 창설한 한국광복군은 중국 국민당정부와 미국의 지원 하에 활동하였다.

14 다음 자료를 집필한 인물과 관련이 있는 것은?

> 독립군아 일제히 봉기하라!
> 독립군은 천지를 휩쓸라!
> 한번 죽음은 인간의 면할 수 없는 바이니 개돼지와 같은 일생을 누가 구차히 도모하겠는가?
> 살신성인하면 2천만 동포는 마음과 몸을 부활하니 어찌 일신을 아끼며, 집을 기울여 나라에 갚으면 3천리 옥토는 자가의 소유이니 어찌 일가를 아끼랴. 우리 같은 마음, 같은 덕망의 2천만 형제자매여! 국민의 본령을 자각한 독립임을 기억하고 동양의 평화를 보장하고 인류의 평등을 실시하기 위한 자립임을 명심하여 황천의 명명을 받들고 일체의 못된 굴레에서 해탈하는 건국임을 확신하여 육탄혈전으로 독립을 완성하자.

① 의열단   ② 청산리 전투
③ 혁신의회   ④ 대한민국 건국강령

15 다음 사실들의 결과로 옳은 것은?

> • 유향소 복립운동
> • 현량과 실시
> • 사창제 도입
> • 향약 보급, 서원 설립

① 신분제의 동요
② 사림의 지위 강화
③ 중앙집권의 강화
④ 과학기술의 진흥

16 근대국가 수립을 목표로 했던 갑신정변의 주도세력과 관계가 먼 것은?

① 입헌군주제로의 정치적 개혁을 시도하였다.
② 당시 세계대세를 파악함으로써 근대적 개혁을 절감한 세력이었다.
③ 역사발전에 합치되는 근대화운동의 선구자들이었다.
④ 양무운동을 본받은 급진적 개혁세력이었다.

17 다음 글이 제시하는 시대의 경제 상황에 대한 설명으로 옳은 것은?

> 보통 백정이라고 불렸던 농민들은 조상 대대로 물려받은 토지를 경작하며 생계를 유지하였다.

① 수리시설의 확충으로 수전농업이 발전하였다.
② 관리들을 18등급으로 나누어 전지와 시지를 차등 있게 주었다.
③ 상품화폐경제가 발달하여 토지를 잃은 농민들이 농촌을 떠나게 되었다.
④ 관리들에게 녹읍을 지급하고 백성들에게 정전을 지급하였다.

18 조선후기의 사회변동과 관련된 다음 설명 중 옳은 것은?

① 탕평책의 실시로 양반계층의 특권이 줄어들었다.
② 수취체제의 개편으로 농민의 생활수준이 크게 향상되었다.
③ 경영형 부농은 경제력을 바탕으로 신분상승을 도모하였다.
④ 공명첩의 시행은 신분질서를 강화하고자 하는 것이었다.

19 일제 시기의 경제정책에 관한 설명으로 옳지 않은 것은?

① 일제는 산미증산계획을 이루기 위해 지주제를 철폐하였다.
② 일제는 1930년대 이후에 조선의 공업구조를 군수공업체제로 바꾸었다.
③ 일제의 토지조사사업으로 많은 양의 토지가 총독부 소유지로 편입되었다.
④ 일제는 1910년에 회사령을 공포하여 조선인의 회사 설립을 통제하였다.

20 다음의 사건을 일어난 순서대로 바르게 묶은 것은?

㉠ 한국전쟁 발발	㉡ 모스크바 3국 외상회의 개최
㉢ 대한민국정부 수립	㉣ 한·미상호방위조약 체결

① ㉡ - ㉣ - ㉠ - ㉢
② ㉡ - ㉢ - ㉠ - ㉣
③ ㉢ - ㉠ - ㉣ - ㉡
④ ㉣ - ㉡ - ㉢ - ㉠

03 영어

밑줄 친 부분의 의미와 가장 가까운 것은? 【1 ~ 3】

1

Beans can be <u>processed</u> to taste like meat.

① treated
② formatted
③ secured
④ dispersed

2

I couldn't hide my <u>amazement</u> when I saw it on TV.

① agreement
② correspondence
③ astonishment
④ promotion

3

You had better <u>buckle down</u> if you want to graduate.

① turn down
② set to work
③ sort out
④ play it by ear

4 어법상 옳지 않은 표현이 있는 문장은?

① I'll soon be finished with this job.

② More doctors were urgently required to tend sick and wounded.

③ My husband insisted that the new baby be named after his mother.

④ He was firing questions at the politician.

5 어법상 옳은 문장은?

① If a man you met the night before and made the worst impression on you loses no time in telephoning you the very next morning, be as busy as possible.

② When I take into consideration all the factors involved, I have neither the inclination nor the insensitivity to interfere.

③ There are usually more men in your life whom you would like to get rid of as those whom you are dying to meet.

④ If you don't mind impolite, you can even say that you have to write a letter or take the dog for a walk.

6 영어를 우리말로 잘못 옮긴 것은?

① He is second to none in describing human character.
→ 인물의 성격묘사에 있어서 그는 제일이다.

② The more you get, the more you want.
→ 가진 게 많으면 많을수록 더 갖고 싶어진다.

③ I've had it with my car breaking down all the time.
→ 나는 내 차가 항상 고장나는 것을 감수해 왔다.

④ I know better than to mistake the means for the end.
→ 나는 본말전도를 하지 않을 정도의 분별력은 있다.

7 밑줄 친 부분 중 어법상 가장 어색한 것은?

> ① As decision‒making reached higher levels, half the harvests of the world ② was bought and sold in political and financial ③ deals which ignored the fact ④ that food was grown to be eaten.

8 ( ) 안에 알맞은 표현을 차례대로 고르면?

> According to the following article, doctors in a couple of prominent hospitals are trying to say (ⓐ) before (ⓑ). For decades, malpractice lawyers and insurers have counseled doctors and hospitals to "deny and defend." Many still warn clients that any admission of fault, or even expression of regret, is likely to invite litigation and imperil careers. But with providers choking on malpractice costs and consumers demanding action against medical errors, a handful of prominent academic medical centers, like Johns Hopkins and Standford, are trying a disarming approach. By promptly disclosing medical errors and offering earnest apologies and fair compensation, they hope to restore integrity to dealings with patients, make it easier to learn from mistakes and dilute anger that often fuels lawsuits. Malpractice lawyers say that what often transforms a reasonable patient into an indignant plaintiff is less an error than its concealment, and the victim's concern that it will happen again. Despite some projections that disclosure would prompt a flood of lawsuits, hospitals are reporting decreases in their caseloads and savings in legal costs. Malpractice premiums have declined in some instances, though market forces may be partly responsible.

	ⓐ	ⓑ
①	I'm sorry	they see you in court
②	they see you in court	I don't know
③	I'd like to help	they see you in court
④	none of my business	I don't know

9 밑줄 친 부분에 공통으로 들어갈 말로 가장 적절한 것을 고르면?

• He set _____ on foot early the next morning for Paris.
• I cannot figure _____ what the man is trying to say.

---

① of   ② in
③ out   ④ for

10 빈칸에 들어갈 말로 알맞은 것은?

문방구점은 학교에서 코 닿을 곳에 있다.
→ The stationery shop stands _____ from the school.

---

① of stone's throw   ② in stone's throw
③ at a stone's throw   ④ within stone's throw

11 밑줄 친 부분 중 성격이 나머지 셋과 다른 것은?

Many people who want to stay young–looking ask their doctors for Retin–A. ①This is an ointment that was originally made to help people with pimple, but researchers found that ②it also reduces the number of fine wrinkles and makes the skin look smoother and healthier. Unfortunately, the effects from ③the ointment do not come immediately. The results of dermabrasion can be seen quickly, usually within a week or so. This is a minor surgical technique that some antiagers have had done. ④It involves peeling off a layer or so of skin. The result is that the skin looks younger and smoother, subtracting fifteen or more years from someone's appearance.

---

12 글의 바로 다음에 올 내용으로 가장 자연스러운 것은?

> A young moth once set his heart on a certain star. He told his mother about this and she counselled him to set his heart on a bridge lamp instead. "Stars aren't the thing to hang around," she said, "lamps are the thing to hang around." "You get somewhere that way," said the moth's father. "You don't get anywhere chasing stars." But the moth would not heed the words of either parents.

① 어린 나방은 별을 쫓아다녔다.
② 어린 나방은 엄마 나방의 충고를 받아들였다.
③ 어린 나방은 아빠 나방의 충고를 받아들였다.
④ 어린 나방은 가족들과 헤어져 살았다.

13 밑줄 친 부분에 가장 알맞은 것은?

> Even when Americans are not moving from one home to another, they are constantly traveling. Many people travel by train, but airplane travel is increasingly popular. However travel _____ is by far the most common, the car is used for social engagement and business purpose.

① by automobile
② by automobiles
③ by airplane
④ by airplanes

14 다음 글이 나타내고자 하는 가장 적절한 주제는?

Communication can be in the form of words, pictures, or actions. Words are the most commonly used : we speak or write to communicate ideas. Pictures are useful. Businesses use them successfully in posters, charts, and blueprints. Action is an important communication medium : actions speak louder than words. A frown, a handshake, a wink, and even silence have meaning ; people will attach significance to these actions.

① Marketing
② Communication
③ Actions
④ Businesses

15 두 글의 공통된 제목으로 알맞은 것은?

(A) A society need not try to do for people what they should do for themselves. It is foolish and wicked to take money away from hard-working, thrifty citizens and give it to those who are idle. If our society is ever to improve, people must learn to be responsible.

(B) In any society, there are always people who are too weak, or too unlucky to be able to take care of themselves and their families. In ancient times, such people were allowed to suffer and even to die. Let's hope that in these days the country, that is to say society as a whole, will continue to look after its weaker members.

① Saving Money
② Building Hospitals
③ Making a Good Society
④ Becoming Hard-working Citizens

Q 다음 글을 읽고 물음에 답하시오. 【16 ~ 17】

Some people believe that if they have much money, they will be happy. They believe that if they are wealthy, they will be able to do everything they want, and so they will be happy. _____ some people value their religion, or their intelligence, or their health ; these make them happy. For me, happiness is closely tied to my family. I am happy if my wife and children live in harmony. When all members of my family share good and sad times, and communicate with each other, I am happy.

16 윗글의 빈칸에 알맞은 것은?

① and

② for example

③ on the other hand

④ in addition

17 윗글에서 주장하는 것은?

① 행복은 가족의 화목에서 비롯된다.

② 건강은 행복의 조건이다.

③ 지성은 가치판단의 기준이다.

④ 재물은 모든 것을 가능하게 한다.

18 다음 문장 뒤에 이어질 글의 순서로 가장 알맞은 것은?

Scientists put flowers in a laboratory in constant darkness to know why flowers open and close at different times.

(A) But in fact they continued to open as if they were in a normal garden.
(B) One might predict that these flowers, not having any information about the time of day, would not open as they usually do.
(C) This suggests that they have some mysterious way of keeping time ; that they have, in other words, a kind of "biological clock."

① (A) — (B) — (C)
② (B) — (A) — (C)
③ (B) — (C) — (A)
④ (C) — (B) — (A)

19 밑줄 친 toot his own horn이 의미하는 것으로 가장 적절한 것은?

I used to be a huge fan of one certain movie/TV star/rapper. I thought he was extremely talented, and I enjoyed his work very much. As of late, however, every time I see him on TV or read about him in magazines he is very cocky and makes statements to the effect that he is the greatest performer alive. It has really disappointed me so much and made me avoid paying to see anything that he is involved with. The shame is, everyone knows he is talented ; there is no need for him to toot his own horn.

① 자신감이 결여되다.
② 소란을 피우다.
③ 자기자랑을 하다.
④ 자기만의 일을 즐기다.

20 글의 내용을 가장 적절하게 표현한 것은?

> Mr. Smith was driving his wife to the airport.
>
> "I'm, terrified we might not get there in time," she said anxiously. "Suppose the car breaks down or we skid into a ramp ……?"
>
> "For heaven's sake, stop worrying!," he replied. "We're all right so far, aren't we?"
>
> "Yes, but ……."
>
> "Then keep quiet and let me get on with the driving."
>
> Mrs. Smith caught the plane.

① All that glitters is not gold.

② Better late than never.

③ Never judge by appearances.

④ Don't cry before you are hurt.

---

01 국어 🔍

1 다음 글이 설명하고 있는 민간 풍속과 관련이 깊은 것은?

> 그때 귀신이 모습을 나타내고, 처용 앞에 꿇어앉아 말했다. 제가 그대의 아내를 사모해 오늘 범했는데, 그대는 노한 모습을 보이지 않으니, 감동해서 그것을 찬미합니다. 맹세컨대 이다음에는 그대의 모습을 그린 그림만 보아도 그쪽엔 얼씬도 하지 않겠습니다." 하고 물러났다. 신라 사람들은 이후부터 처용의 얼굴을 그려 문에 걸어 두었다.

① 벽사진경(辟邪進慶)
② 견강부회(牽强附會)
③ 비육지탄(髀肉之嘆)
④ 사필귀정(事必歸正)

2 국어의 단어가 둘 이상의 품사로 쓰이는 것을 '품사의 통용'이라고 한다. '품사의 통용'의 예로 잘못 제시된 것은?

① 집에서뿐만 아니라 회사에서도 칭찬을 들었다.(조사) / 칼만 안 들었다 뿐이지 순 날강도다.(의존명사)
② 올해는 꽃이 늦게 핀다.(형용사) / 그는 약속 시간에 항상 늦는다.(동사)
③ 친구와 같이 영화관에 갔다.(부사) / 아버지는 항상 소같이 일만 하신다.(조사)
④ 선생님도 많이 늙으셨네요.(형용사) / 사람은 나이가 들면 늙는다.(동사)

3 글의 앞뒤 문맥을 고려하여 ㉠, ㉡에 들어갈 접속어를 고르면?

> 희곡은 대사와 몸짓에 의하여 직접 표현된 행동, 또는 서로 밀접하게 연결된 행동의 제시이기 때문에, 그 나름대로 어떤 개연성과 필연성, 그리고 일관성을 지녀야 한다. (㉠) 희곡 속에서는 모든 것이 어떤 목적을 위해 형성되고 방향이 설정되기 때문이다. 희곡은 우리의 삶을 생동감 있게 보여 주는 것이기 때문에 행동이 없으면 희곡도 함께 없어진다. 바로 여기서 희곡의 행동이 무엇을 모방한 것이냐의 문제가 제기된다. 그것은 두말할 것도 없이, 우리들 실제 인생의 모방이다. 모방된 삶에 대해서 착각하기도 하지만, 그것은 어디까지나 극작가의 상상 속에서 탄생한 허구적 삶이고 환각적인 예술세계에 불과하다. (㉡) 허구적인 삶 자체는 실제 인생 이상의 질서와 진실을 지녀야 한다. 이것이 희곡이 존재하는 이유이다.

① 그러므로, 그런데　　　　　　② 그리고, 그러나
③ 왜냐하면, 그러나　　　　　　④ 그런데, 따라서

4 밑줄 친 단어가 적절하지 않은 것은?

① 나는 그와 서로 <u>알음</u>이 있는 사이다.
② 그거 얼마나 한다고 너 참 <u>째째하다</u>.
③ 운동 후에는 <u>으레</u> 단백질 셰이크를 먹었다.
④ 쓸데없이 남의 일에 함부로 <u>알은체하지</u> 마라.

5 글에 대한 설명으로 옳은 것은?

> 길은 지금 긴 산허리에 걸려 있다. 밤중을 지난 무렵인지 죽은 듯이 고요한 속에서 짐승 같은 달의 숨소리가 손에 잡힐 듯이 들리며 콩포기와 옥수수 잎새가 한층 달에 푸르게 젖었다. 산허리는 온통 메밀밭이어서 피기 시작한 꽃이 소금을 뿌린 듯이 흐붓한 달빛에 숨이 막힐 지경이었다.

① 풍경묘사에 있어 시적 서정성이 돋보인다.
② 인물의 내면심리가 잘 드러난다.
③ 갈등해소의 실마리를 제공하고 있다.
④ 작품의 주제가 암시되어 있다.

Q 다음 시를 읽고 물음에 답하시오. 【6～8】

(가) 머언 산 청운사(靑雲寺) / 낡은 기와집
산은 자하산(紫霞山) / 봄눈 녹으면
느릅나무 / 속잎 피어나는 열두 굽이를
청노루 / 맑은 눈에
㉠ <u>도는 / 구름</u>

(나) 쫓아오던 햇빛인데 / 지금 교회당(敎會堂) 꼭대기
㉡ <u>십자가</u>에 걸리었습니다.
첨탑(尖塔)이 저렇게도 높은데 / 어떻게 올라갈 수 있을까요.

(다) 내 마음은 호수(湖水)요 / 그대 노 저어 오오. / 나는 그대의
㉢ <u>흰 그림자를 안고,</u> / 옥(玉)같이 그대의 뱃전에 부서지리다.

(라) 남(南)으로 창(窓)을 내겠소. / 밭이 한참갈이
괭이로 파고 / 호미론 김을 매지요.
㉣ <u>구름이 꼬인다 갈 리 있소.</u> / 새 노래는 공으로 들으랴오.
강냉이가 익걸랑 / 함께 와 자셔도 좋소.
왜 사냐건 / 웃지요.

---

6 (가)～(라) 중 시각적 심상이 두드러진 작품으로 짝지어진 것은?

① (가), (다) 　　　　　　② (가), (라)
③ (나), (다) 　　　　　　④ (나), (라)

---

7 (가)～(라) 중 시대적 상황을 염두에 두고 감상해야 할 작품은?

① (가) 　　　　　　② (나)
③ (다) 　　　　　　④ (라)

---

8 ㉠~㉢에 대한 설명으로 옳지 않은 것은?

① ㉠ 2·3조의 변조를 통한 동적(動的) 이미지 제시
② ㉡ 종교적 또는 도덕적 생활의 목표를 상징
③ ㉢ 역설법을 통해 임의 순결성 제시
④ ㉣ 자연의 낭만성을 대변하는 매개체

9 밑줄 친 부분의 발음이 옳지 않은 것은?

① 그의 방은 장정 10명이 누워도 될 만큼 널따랗다[널따라타].
② 내가 먹은 감 중에서 떫지[떨찌] 않은 감이 없었다.
③ 그 사람은 넓죽한[널쭈칸] 얼굴에 오뚝한 코가 매력적이다.
④ 주스는 유리잔[유리잔]에 따라 마시는 게 더 시원한 기분이다.

10 글에서 사용된 서술 기법이 아닌 것은?

아리랑이란 민요는 지방에 따라 여러 가지가 있는데, 지금까지 발굴된 것은 약 30종 가까이 된다. 그 중 대표적인 것으로는 서울의 본조 아리랑을 비롯하여 강원도 아리랑, 정선 아리랑, 밀양 아리랑, 진도 아리랑, 해주 아리랑, 원산 아리랑 등을 들 수 있다. 거의 각 도마다 대표적인 아리랑이 있으나 평안도와 제주도가 없을 뿐인데, 그것은 발굴하지 못했기 때문이고, 최근에는 울릉도 아리랑까지 발견하였을 정도 이니 실제로 더 있었던 것으로 보인다.

그런데 이들 민요는 가락과 가사의 차이는 물론 후렴의 차이까지 있는데, 그중 정선 아리랑이 느리고 구성진 데 비해, 밀양 아리랑은 흥겹고 힘차며, 진도 아리랑은 서글프면서도 해학적인 멋이 있다. 서울 아리랑은 이들의 공통점이 응집되어 구성지거나 서글프지 않으며, 또한 흥겹지도 않은 중간적인 은근한 느낌을 주는 것이 특징이다. 그러므로 서울 아리랑은 그 형성 시기도 지방의 어느 것보다도 늦게 이루어 진 것으로 짐작된다.

① 대상을 분류하여 설명한다.
② 대상의 특성을 파악하여 비교 설명한다.
③ 대상의 개념을 명확하게 정의한다.
④ 구체적인 예시를 통해서 설명한다.

11 다음 설명과 관계있는 작품은?

> • 현실 도피적(現實逃避的)인 노장적 퇴폐 사상을 주조(主潮)로 한다.
> • 고려 후기 신흥 사대부들의 활기찬 감정과 의식세계를 노래하였다.
> • 사물이나 경치를 나열함으로써 신흥 사대부들의 호탕한 기상을 드러내고 있다.

① 성산별곡 ② 면앙정가
③ 한림별곡 ④ 서경별곡

12 해당 나이와 그를 지칭하는 말이 바르게 짝지어 진 것은?

① 20세 – 과년(瓜年)
② 30세 – 이립(而立)
③ 50세 – 지학(志學)
④ 80세 – 망팔(望八)

13 다음의 속담에서 공통적으로 내포하고 있는 것은?

> ㉠ 초록은 동색(同色)이라
> ㉡ 바늘 가는데 실 간다.
> ㉢ 도둑질도 손발이 맞아야 한다.
> ㉣ 열 길 물 속은 알아도 한 길 사람의 속은 모른다.
> ㉤ 며느리가 미우면 발뒤축이 달걀 같다고 나무란다.

① 사람사이의 관계 ② 사람의 능력
③ 신중한 말과 행동 ④ 예의 바른 행동

14 다음 중 높임 표현이 바르게 쓰인 것은?

① 할아버지, 아버지가 지금 막 집에 왔습니다.
② 그 분은 다섯 살 된 따님이 계시다.
③ 영수야, 선생님이 빨리 오시래.
④ 할머니께서는 이빨이 참 좋으십니다.

15 ㉠～㉣ 중 지시 대상이 같은 것끼리 묶인 것은?

철호 : 지난번 빌려갔던 ㉠의 책은 별로 재미가 없어. ㉡그 책은 어때?
영희 : 응. ㉢의 책은 꽤 재미있던데, 철호야 ㉣저 책 읽어봤니?
철호 : 아니, 저 책은 안 봤는데.

① ㉠, ㉢
② ㉠, ㉣
③ ㉡, ㉢
④ ㉡, ㉣

16 〈보기〉 뒤에 이어질 ㈎ ~ ㈐의 순서로 가장 자연스러운 것은?

───── 〈보기〉 ─────

우리는 왜 글을 쓰는가? 우리의 경험이나 사고를 기록해 두거나 타인에게 더욱 확실히 전달하기 위해서이다. 글을 쓰는 목적을 이렇게 규정하면, 경험이나 사고는 시간적으로나 논리적으로 언어에 선행하며 그것들은 언어와 서로 분리가 가능한 독립적인 존재처럼 보이기 쉽다.

㈎ 글로 쓰이기 이전의 경험이나 사고는 의식 활동인 만큼 불확실하고 막연할 수밖에 없으며, 오래 지속되기도 어렵다. 의식 활동에 속하는 경험이나 사고는 언어로 기록될 때 비로소 그 내용이 더 확실해지고 섬세하며 복잡한 차원으로 발전될 수 있다. 우리가 글을 쓰는 것은 고차원의 경험과 사고를 위해서이다.

㈏ 글을 쓰는 근본적인 이유는 이와 같은 고차원의 경험과 사고 과정에서 인생과 세계에 대해 더 잘 생각하고 더 정확히 인식해 보자는 데 있다. 우리는 글을 씀으로써 자신을 포함해 인간의 삶과 세계를 더욱 투명하게 파악하고자 하는 것이다.

㈐ 그러나 경험이나 사고는 언어와 분리될 수 없다. 경험이나 사고는 언어에 의해 기록과 전달이 이루어진다는 점에서 그것은 곧 언어활동이다. 이렇게 보면 글을 쓰는 이유는 경험이나 사고의 기록과 전달에만 있지 않다. 경험이나 사고를 복잡한 차원으로 발전시키기 위해서도 필요하다.

① ㈎ - ㈏ - ㈐
② ㈎ - ㈐ - ㈏
③ ㈐ - ㈎ - ㈏
④ ㈐ - ㈏ - ㈎

Q 다음 글을 읽고 물음에 답하시오. 【17 ~ 18】

(가) 겨울이 오니 땔나무가 있을 리 만무하다. 동지 설상(雪上) 삼척 냉돌에 변변치도 못한 이부자리를 깔고 누웠으니, 사뭇 뼈가 저려 올라오고 다리 팔 마디에서 오도독 소리가 나도록 온몸이 곱아 오는 판에, 사지를 웅크릴 대로 웅크리고, 안간힘을 꽁꽁 쓰면서 이를 악물다 못해 박박 갈면서 하는 말이,

"요놈, 요 괘씸한 추위란 놈 같으니, 네가 지금은 이렇게 기승을 부리지마는, 어디 내년 봄에 두고 보자."

하고 벼르더란 이야기가 전하지마는, 이것이 옛날 남산골 '딸깍발이'의 성격을 단적으로 가장 잘 표현한 이야기다. 사실로 졌지마는, 마음으로 안 졌다는 앙큼한 자존심, 꼬장꼬장한 고지식, 양반은 얼어 죽어도 겻불은 쬐지 않는다는 지조, 이 몇 가지들이 그들의 생활 신조였다.

(나) 그런데, 이 남산골 샌님이 마른 날 나막신 소리를 내는 것은 그다지 얘깃거리가 될 것도 없다. 그 소리와 아울러 그 모양이 퍽 초라하고 궁상(窮狀)이 다다다닥 달려 있는 것이 문제인 것이다.

인생으로서 한 고비가 <u>겨워서</u> 머리가 희끗희끗할 지경에 이르기까지, 변변하지 못한 벼슬이나마 한 자리 얻어 하지 못하고(그 시대에는 소위 양반으로서 벼슬 하나 얻어 하는 것이 유일한 욕망이요, 영광이요, 사업이요, 목적이었던 것이다.), 다른 일, 특히 생업에는 아주 손방이어서, 아예 손을 댈 생각조차 아니하였기 때문에, 경제적으로는 극도로 궁핍한 구렁텅이에 빠져서, 글자 그대로 삼순구식(三旬九食)의 비참한 생활을 해 가는 것이다. 그 꼬락서니라든지 차림차림이 여간 장관(壯觀)이 아니다.

17 (가)에서 두드러지게 나타나는 수필의 특성은?

① 냉철한 비판 의식
② 개성적인 자기 표현
③ 해학(諧謔)과 기지(奇智)
④ 생활에서 우러나온 산문

18 (나)의 밑줄 친 '겨워서'의 문맥적인 의미와 유사한 것은?

① 요즘엔 그나마 철이 겨워 소출이 하나도 없다.
② 세파를 헤쳐 나가기에는 아직 힘에 겨운 나이다.
③ 아들의 합격 소식을 듣자, 흥에 겨워 만세를 불렀다.
④ 나는 그대의 이름을 부르노라. 설움에 겹도록 부르노라.

19 단락의 통일성을 고려하여 다음의 글을 퇴고하려 할 때 삭제해야 할 문장은?

> 친한 친구간일수록 돈거래를 삼가야 한다. ㉠사소한 금전문제로 친구 사이의 관계가 멀어지는 경우를 주변에서 종종 보았기 때문이다. ㉡그래서 나는 어지간해서는 친구에게 돈을 빌리지 않을 뿐더러 빌려 주지도 않는다. ㉢물론 돈이 친구와의 관계를 돈독하게 할 수도 있다. ㉣그래서 친한 친구가 돈을 꾸어달라고 할 때는 난처하기 짝이 없다.

① ㉠

② ㉡

③ ㉢

④ ㉣

20 밑줄 친 부분의 쓰임이 적절하지 않은 것은?

① 식당에 사람들이 <u>많던</u>?

② 가족들은 어디에 <u>사는데</u>?

③ 형이 조용히 하라고 <u>했는대</u>.

④ 아무리 봐도 이 그림은 참 잘 <u>그렸거든</u>.

02 **한국사**

1 광복 이후 발생한 다음의 사건을 시기순으로 바르게 나열한 것은?

> (가) 좌우합작 7원칙 발표
> (나) 모스크바 3국 외상 회의 개최
> (다) 남한의 단독 총선거 실시

① (가)→(나)→(다)
② (가)→(다)→(나)
③ (나)→(가)→(다)
④ (다)→(나)→(가)

2 밑줄 친 '개혁안'의 내용으로 옳지 않은 것은?

> 독립협회가 10월 28일, 종로에서 개최한 관민공동회에는 정부대신과 각계각층의 백성이 모였고, 이곳에서 6가지 개혁안을 결의하였다.

① 국가의 재정은 탁지부에서 관리할 것
② 탐관오리를 근절하고 궁민을 구제할 것
③ 칙임관 임명 시에는 다수의 의견에 따를 것
④ 조약은 각 대신과 중추원 의장이 합동 날인하여 시행할 것

3 일제의 경제 정책에 대한 설명 중 옳은 것을 모두 고르면?

> ㉠ 1910년대 : 식민지적 토지제도를 확립하기 위해 토지조사사업을 전개하였다.
> ㉡ 1920년대 : 조선을 식량공급지로 만들고자 산미증식계획을 실시하였다.
> ㉢ 1930년대 : 조선인 기업의 발전을 억압하기 위해 「회사령」과 「어업령」을 공포하였다.
> ㉣ 1940년대 : 「국가총동원법」으로 인적 · 물적 자원의 공출을 강제하였다.

① ㉠㉡㉢
② ㉠㉡㉣
③ ㉡㉢㉣
④ ㉠㉡㉢㉣

4 고려시대 사원에 대한 설명으로 옳은 것은?

① 개성 경천사 : 송나라의 영향을 받은 십층 석탑이 세워졌다.
② 안동 봉정사 : 고려 전기에 지어져 현존하는 가장 오래된 주심포 양식의 건물이 있다.
③ 순천 송광사 : 지눌의 수선사 결사운동 중심 사찰이다.
④ 청주 흥덕사 : 최초의 금속활자 인쇄물인 「상정고금예문」이 간행되었다.

5 고구려 광개토대왕의 업적으로 옳은 것은?

① 태학 설립, 율령 반포, 불교 수용을 하였다.
② 낙랑군을 축출하고 대외 진출의 발판을 마련하였다.
③ 도읍을 평양성으로 옮기고 남진 정책을 추진하였다.
④ 후연을 격퇴하고 거란을 정복하여 영토를 확장하였다.

6 다음은 신라 왕호의 변천 과정이다. ㈎ 시기에 해당하는 것은?

| 차차웅 | → | 이사금 | → | ㈎ | → | 왕 |

① 나제동맹 결성
③ 우산국 복속

② 대가야 정복
④ 김씨의 왕위 독점 세습

7 우리나라 역사를 단군조선부터 서술한 것끼리 짝지어진 것은?

① 「동사강목」, 「제왕운기」
② 「해동제국기」, 「동사강목」
③ 「동명왕편」, 「해동제국기」
④ 「제왕운기」, 「동명왕편」

8 다음의 주장과 관련된 설명으로 옳은 것은?

> 양이의 화가 금일에 이르러서는 비록 홍수나 맹수의 해로움일지라도 이보다 심할 수 없겠사옵니다. 전하께서는 부지런히 힘쓰시고 경계하시어 안으로는 관리로 하여금 사학의 무리를 잡아 베이시고 밖으로는 장병으로 하여금 바다를 건너오는 적을 정벌케 하옵소서. 사람 노릇을 하느냐 짐승이 되느냐 하는 고비와, 존속하느냐 멸망하느냐 하는 기틀이 잠깐 사이에 결정되오니 정말 조금이라도 지체해서는 아니 되옵니다.

> ㉠ 개항 이후 서양세력의 경제적 침투를 경계하고 있다.
> ㉡ 서양문물을 제한적으로 수용할 것으로 주장하고 있다.
> ㉢ 흥선대원군의 통상수교부정책과 동일한 맥락에 있다.
> ㉣ 성리학적 정통에 입각하여 크리스트교를 이단시하고 있다.

① ㉠㉡
③ ㉡㉢

② ㉠㉣
④ ㉢㉣

9 신라하대의 사회상을 맞게 설명한 것만으로 짝지어진 것은?

> ㉠ 사원전의 증가로 국가경제가 큰 지장을 받았다.
> ㉡ 해상세력의 성장은 왕권강화에 큰 도움이 되었다.
> ㉢ 선종은 호족과 일반 민중의 지원을 받아 크게 유행하였다.
> ㉣ 진골귀족들은 도당유학생들의 개혁안을 적극 수용하였다.

① ㉠㉢   ② ㉠㉣

③ ㉡㉢   ④ ㉢㉣

10 조선시대 사림에 대한 설명으로 옳지 않은 것은?

① 삼사에서 주로 언론과 문필직을 담당하였다.
② 중앙집권체제보다 향촌자치를 주장하였다.
③ 성리학을 중요시하였으나 다른 학문도 포용하였다.
④ 도덕과 의리를 중시하고 왕도정치를 추구하였다.

11 조선초기 국가시책과 관련하여 편찬된 다음 서적들의 의도로 옳은 것은?

• 효행록	• 삼강행실도	• 국조오례의

① 가부장권의 확립
② 부국강병의 추구
③ 중앙집권의 강화
④ 유교적 질서의 확립

12 고려가 거란의 침입을 물리친 이후 나타난 것끼리 묶은 것은?

> ㉠ 여진족의 대두
> ㉡ 광군사의 설치
> ㉢ 천리장성과 나성의 축조
> ㉣ 고려 · 송 · 거란이 정립하는 국제관계의 안정

① ㉠㉡   ② ㉠㉢
③ ㉡㉢   ④ ㉢㉣

13 초기국가에 대한 설명이 바르게 된 것은?

① 고구려 – 민중과 노비는 농경, 목축 등 생산에 종사하였다.
② 옥저 – 영흥, 덕원, 안변 등지를 중심으로 성장하였다.
③ 삼한 – 수전농업이 발달함에 따라 우경이 실시되었다.
④ 부여 – 왕은 전국을 5부로 나누고 자신의 관리를 파견하여 이를 직접 통치하였다.

14 조선조의 법전 편찬순서가 바르게 연결된 것은?

> ㉠ 조선경국전   ㉡ 육전조례
> ㉢ 대전통편   ㉣ 경국대전

① ㉠→㉡→㉢→㉣
② ㉠→㉣→㉢→㉡
③ ㉡→㉢→㉣→㉠
④ ㉢→㉠→㉣→㉡

15 다음의 진술을 입증할 수 있는 사실을 아래에서 가장 적절하게 고른 것은?

> 백제는 고구려와 치열한 경쟁을 하면서 성장했으나, 그 기원은 고구려계의 유이민 집단이었음이 밝혀졌다.

> ㉠ 한강 유역에서 고구려 초기 고분과 유사한 돌무지무덤이 발견되었다.
> ㉡ 백제에서는 시조신으로서 동명성왕에게 제사를 지냈다.
> ㉢ 6세기에 신라에 대항하여 여·제동맹을 결성하였다.
> ㉣ 고구려는 수·당의 침입을 격퇴하여 백제, 신라를 보호하였다.
> ㉤ 백제인뿐만 아니라 고구려인도 일본에 건너가서 문화를 전파하였다.

① ㉠㉡ ② ㉠㉢
③ ㉡㉣ ④ ㉢㉤

16 각 시대의 지방제도에 대한 특징을 시대순으로 배열한 것은?

> ㉠ 태수·현령이 지방관으로 파견되었다
> ㉡ 전국의 지방을 다섯 구역으로 나누었다.
> ㉢ 지방관이 파견되지 않은 군·현이 많았다.
> ㉣ 지방행정단위로서 군사방어체제를 전국적으로 조직했다.

① ㉠ - ㉡ - ㉢ - ㉣
② ㉠ - ㉢ - ㉡ - ㉣
③ ㉡ - ㉠ - ㉢ - ㉣
④ ㉡ - ㉣ - ㉢ - ㉠

17 일본에 사신을 보내면서 스스로를 '고려국왕 대흠무'라고 불렀던 발해 국왕대에 있었던 통일신라의 상황으로 옳은 것은?

① 귀족세력의 반발로 녹읍이 부활되었다.
② 9주 5소경 체제의 지방행정조직을 완비하였다.
③ 의상은 당에서 귀국하여 영주에 부석사를 창건하였다.
④ 장보고는 청해진을 설치하고 남해와 황해의 해상무역권을 장악하였다.

18 조선후기의 다음과 같은 조치들이 가져온 공통적인 결과를 바르게 파악한 것은?

> • 17세기 광산개발에 설점수세제를 도입하였다.
> • 18세기 말 장인의 등록제를 폐지하였다.
> • 18세기 말 육의전을 제외한 시전상인의 금난전권을 폐지하였다.

① 경제발전에 국가의 주도력이 강화되었다.
② 정부의 민간경제활동에 대한 통제력이 약화되었다.
③ 경제발전에 있어서 사익보다 공익의 추구가 우선시되었다.
④ 국가의 피지배층에 대한 인신적 지배가 점차 강화되었다.

19 다음은 고구려의 발전과정을 나타낸 것이다. 시대순으로 세 번째인 것은?

① 계루부의 고씨가 왕위를 세습하게 되었다.
② 중원지방을 점령하고 고구려비를 세웠다.
③ 당의 침략에 대비하여 천리장성을 쌓았다.
④ 신라에 침범한 왜구를 5만의 군사로 물리쳤다.

20 3 · 1운동의 발생배경을 바르게 고른 것은?

> ㉠ 일제가 민족이간책인 소위 '문화통치'로 식민지 지배방식을 바꾸었다.
> ㉡ 상하이에서 수립된 대한민국 임시정부로 국내 민족운동이 조직화 · 체계화되었다.
> ㉢ 일본에 유학하고 있던 우리 유학생들이 도쿄에 모여 독립을 요구하는 선언서를 선포하였다.
> ㉣ 제 1 차 세계대전 후 파리강화회의에서 윌슨의 세계평화안 등을 논의하였다.

① ㉠㉡

② ㉠㉢

③ ㉡㉢

④ ㉢㉣

03 영어

1 대화가 이루어지는 장소로 가장 적절한 것은?

> A : How can I help you?
> B : I'd like to open a savings account.

① at the bank
② at the airport
③ at the restaurant
④ at the park

2 대화의 빈칸에 들어가기에 가장 적절한 표현은?

> A : What great muscles you have! How often do you work out in a gym?
> B : Every day after work. You're in pretty good shape, too.
> A : Thanks. I take an aerobic class twice a week.
> B : _____ Hey! Race you to McDonald's for a coke!
> A: OK!

① Don't mention it!
② How embarrassing!
③ Good for you!
④ Well, I'll think about it!

Q 밑줄 친 부분에 들어갈 가장 적절한 단어를 고르시오. 【3~4】

3

> Tim and Joy _____ a subway station looking for a suspect.

① break into

③ break down

② break out

④ break off

4

> By reading books about the inhabitants of other countries, we are led to the view the people everywhere are much more alike than they are _____.

① foreign

③ different

② disliked

④ same

5 밑줄 친 부분과 의미가 가장 비슷한 것은?

> Could you make out what he was saying?

① remember

③ publish

② recite

④ comprehend

6 밑줄 친 단어와 반대의 뜻을 갖는 것은?

> The millionaire keeps a <u>fierce</u> dog in his house.

① faithful   ② wild

③ hungry   ④ tame

7 다음 대화에서 어법상 가장 옳지 않은 것은?

> Ann : Your hair ① <u>looks nice</u>.
> Tori : I ② <u>had it cut by</u> the tall hairdresser in the new hair salon next to the cafeteria.
> Ann : Not that place where I ③ <u>got my head to stick</u> in the drier?
> Tori : ④ <u>Must be</u>, I suppose. Yes, that one.
> Ann : Huh, and they still let them open.

8 어법상 옳지 않은 것은?

① You might think that just eating a lot of vegetables will keep you perfectly healthy.

② Academic knowledge isn't always that leads you to make right decisions.

③ The fear of getting hurt didn't prevent him from engaging in reckless behaviors.

④ Julie's doctor told her to stop eating so many processed foods.

9 주어진 문장의 밑줄 친 말과 같은 뜻으로 쓰인 것은?

> Going up the slop, we came to <u>even</u> ground.

① Take all <u>even</u> numbers.
② <u>Even</u> a child can lift it.
③ The surface of the lake was <u>even</u>.
④ Though he tried to amuse us, his story was dull and <u>even</u>.

10 우리말을 영어로 옳게 옮긴 것은?

> 그녀를 보면 나는 언제나 내 친구가 생각난다.

① I never see her but I remind of my friend.
② I never see her but I am not reminded of my friend.
③ I never see her but I am thought of my friend.
④ I never see her without being reminded of friend.

11 빈칸에 들어갈 가장 알맞은 것은?

> Andrew : How soon will the package arrive at its destination?
> Postal clerk : It will go out this afternoon and arrive tomorrow morning.
> Andrew : Fine, Here's a twenty-dollar bill.
> Postal clerk : And _____. eight dollars and seventy-five cents.

① that will be five dollars more.　　② it's to a local address.
③ here's your change.　　④ I'd better do that.

12 글의 요지로 알맞은 것은?

> I believe that only one person in a thousand knows the trick of really living in the present. Most of us spend 59 minutes an hour living in the past with regret for lost joys, or shame for things badly done or in a future which we either long for or dread. The only way to live is to accept each minute as unrepeatable miracle.

① Few people know how to really live in the present.
② The present is unrepeatable.
③ There is neither the past nor the future for man.
④ One should not regret for lost joy.

13 글의 주제로 가장 적절한 것은?

> Have you ever wondered why some highways in the United States have names like Mohawk trail? These highways are no longer trails but they started out as such. Animals may pass to and from watering places and feeding grounds. Later prehistoric Indian hunters followed the animals and widened the trails. Early settlers then used the same paths, first on foot, later on horseback. Next wagons were taken over the same trails, widening them even more. Then railroad engineers found that often these same gently graded wagon roads provided the best routes for the railroads. Finally, when automobile roads were needed, engineers often made use of some of the grades that the Indians had first discovered so long ago. For this reason, many highways now have Indian names in addition to their state or national designations.

① Indian settlements
② Wagon trails
③ Highway names
④ Road construction

14 글의 목적으로 가장 적절한 것은?

Dear Principal,

My daughter Mary loves attending your school, and she is doing well in class. However, I can't help but think she could be performing even better. The problem is that mary is too exhausted after running around at recess to concentrate in her afternoon classes. I realize we have discussed this issue before, but I would just like to repeat my opinion that it would be better to schedule recess before lunch. I think eating later in the day would give students more energy for their afternoon classes. I'm sure that Mary and many other students would benefit greatly from this minor adjustment in the schedule.

Sincerely,

Ann Smith

① 학교 시간표 조정을 건의하려고
② 교사의 교수법에 대해 건의하려고
③ 자녀의 과잉 행동에 대해 사과하려고
④ 일일 시간표 변경에 대한 불만을 제기하려고

15 밑줄 친 반응을 듣고 필자가 느낄 감정으로 가장 알맞은 것은?

My father, an announcer for television commercials, works in Seattle, and it's always a treat to hear his voice when I visit other parts of the country. My job once took me to Pennsylvania. I was at a pub with friends when an ad for athletic equipment came on the lounge TV. As a shapely blonde dressed in a leotard worked out on an exercise device, a very familiar voice delivered the sale pitch. Without thinking, I said, "Hey, you guys, that's my dad!" My friends turned to look at me. "Geoff!" They replied in unison. "He's beautiful."

① anger
② excitement
③ elation
④ embarrassment

16 전체 글의 흐름상 다음 문장이 들어가기에 가장 알맞은 곳은?

> Interestingly enough, even if the unpleasantness is auditory, we tend to shut it out by closing our eyes.

> We frequently avoid eye contact when a couple argues on a bus, as if to say, "We don't mean to intrude ; we respect your privacy." (ⓐ) Eye avoidance can signal disinterest in a person, a conversation, or some visual stimulus. (ⓑ) At times, like the ostrich, we hide our eyes in an attempt to cut off unpleasant stimuli. (ⓒ) Notice, for example, how quickly people close their eyes in the face of some extreme unpleasantness. (ⓓ) Sometimes we close our eyes to block out visual stimuli and thus heighten our other senses ; we often listen to music with our eyes closed.

① ⓐ ② ⓑ
③ ⓒ ④ ⓓ

17 주어진 문장 뒤에 이어질 글의 순서로 가장 적합한 것은?

> While I was walking in the library I saw two kinds of users : serious users and not so serious—social users.

(A) They spend their time on reading and writing.
(B) The other kinds of students are social students.
(C) The serious students are the most number in the library. They always seem busy.
(D) They seem the opposite of the first kind of students.

① (A) − (B) − (C) − (D)
② (B) − (A) − (C) − (D)
③ (C) − (A) − (B) − (D)
④ (C) − (A) − (D) − (B)

18 밑줄 친 곳에 들어갈 속담으로 알맞은 것은?

The saying _____ suggests the importance to a writer of thinking by examples. By putting the right examples in a paragraph or composition, a writer can tell his or her idea to a reader. But the art of using the right examples calls for imagination. Using examples well calls for both reasoning and control. Examples must make abstract ideas more concrete. At the same time, examples must not lead a reader away from a writers central purpose.

① do bodily what you do at all

② don't put the cart before the horse

③ one picture is worth 1,000 words

④ the best advice may come too late

19 문맥상 밑줄 친 곳에 들어갈 가장 알맞은 것은?

Size, color, and light can influence the _____ of a classroom.

① atmosphere

② windows

③ furniture

④ temperature

20 다음 문장이 의도하는 바와 같은 것은?

> He was at his wit's end.

① He lost his way.

② He was short of money.

③ He was never wise.

④ He did not know what to do.

정답 및 해설 P. 217

01 국어

1 글을 고쳐 쓰기 위한 방안으로 적절하지 않은 것은?

주관을 완전히 배제하고 역사를 객관적인 관점에서 바라보는 것은 ㉠반드시 가능하지 않다. 역사가의 의무는, 자신의 이론이 잠정적이며 불완전하다는 사실을 겸허하게 받아들이고 주어진 가능성 내에서 최대한 진리를 추구하기 위해 ㉡노력한다. ㉢프라이가 말한 것처럼 역사가는 문학과 철학을 역사적으로 다룬다. 만약 역사가가 자신의 부족함을 감추려고 한다면 역사는 기만적인 것이 될 수 있다. ㉣따라서 양심 있는 역사가라면 자기의 이론적 원칙을 확실히 밝히고 자기가 소홀히 취급한 자료들도 존재했음을 밝히는 것이 중요하다.

① ㉠은 꾸밈을 받는 서술어가 부정의 의미를 나타내므로 '결코'로 고쳐 쓴다.
② ㉡은 주어와 서술어 간의 호응 관계를 고려하여 '노력하는 것이다.'로 고쳐 쓴다.
③ ㉢은 문단의 주제와 관련이 없는 불필요한 문장이므로 삭제한다.
④ ㉣은 글의 흐름을 자연스럽게 하기 위해 '비록'으로 고쳐 쓴다.

2 ㉠~㉣ 중 문맥상 표현이 적절하지 않은 것은?

우리의 상은 제상을 제외하고는 판 둘레에 최소 ㉠숟가락총 폭만큼의 ㉡운두가 둘려 있다. 그것은 첫째 그릇이 미끄러져 떨어지지 않게 함이요, 둘째는 거기에 걸쳐 놓은 수저를 신경 안 쓰고 집어 올려 쓸 수 있게 하려 하는 배려에서이다. 둘레가 ㉢도두룩하게 ㉣내둘리지 않고 막 끊긴 식탁은 그릇이 미끄러져 떨어지기가 일쑤고, 수저 꾐을 따로 놓아야 수저를 편하게 집을 수 있다.

① ㉠
② ㉡
③ ㉢
④ ㉣

3 밑줄 친 외국어에 대한 국어 순화가 바르지 않은 것은?

① <u>제로 베이스</u>로 시작하여 주식 대부호가 되었다. → 백지상태
② 이것이 사회 지도층에게 요구되는 진정한 <u>노블레스 오블리주</u>이다. → 도덕적 의무
③ 9월 모의고사는 그 해 수능의 <u>바로미터</u>가 될 수 있다. → 지표
④ 이제는 우리도 인터넷에 대한 <u>마스터 플랜</u>이 필요하다. → 세부 계획

4 어법에 맞는 것은?

① 말과 글은 우리 후손에 물려 줄 귀중한 문화유산이다.
② 오늘날 로봇이 산업체의 생산 현장에서 널리 활용되고 있다는 것은 사실이다.
③ 민영화로 인해 요금 인상 등 서민 부담이 늘어나는 결과를 빚어서는 안 된다.
④ 무엇보다도 중요한 것은 한번 오염된 환경이 다시 깨끗해지려면 많은 비용과 노력, 그리고 시간이 든다는 것이다.

5 맞춤법과 표현이 옳은 것은?

① 시간에 얽매어 사는 현대인이 많다.
② 그는 다른 차 앞으로 끼여드는 나쁜 습관이 있다.
③ 가는 길에 문구점에 꼭 들려라.
④ 그 옷에서 안감을 흰색으로 받쳐야 색이 제대로 살아난다.

6 밑줄 친 단어의 쓰임이 옳지 않은 것은?

① 그 배는 많은 승객을 <u>싣고</u> 가는 중이다.
② 혼이 <u>나든 말든</u> 내 알 바 아니다.
③ 그가 <u>가르친</u> 제자만 수십이다.
④ 산에 오르는데 칡덩굴이 발에 <u>거친다</u>.

7 밑줄 친 부분의 한자가 나머지 셋과 다른 하나는?

① 설문에 참여하시면 <u>소</u>정의 상품을 드립니다.
② 학교 운동장에서 한바탕 <u>소</u>동이 일어났다.
③ 출석을 인정받기 위해 <u>소</u>견서가 필요하다.
④ 본인의 <u>소</u>임을 다 하는 사람이 되어야 한다.

8 ㉠~㉣에 대한 예로 적당한 것은?

> 글의 내용을 효과적으로 표현하기 위해서는 적절한 단어의 선택뿐 아니라, 적절한 문장구조의 선택도 필요하다. 문장은 구조에 따라 크게 ㉠<u>홑문장</u>과 겹문장으로 나눌 수 있는데, 겹문장은 다시 ㉡<u>이어진 문장</u>과 ㉢<u>안은 문장</u>으로 나눌 수 있다. 하나의 문장은 여러가지 방식으로 확장될 수 있다. 홑문장에 꾸미는 말을 덧붙이거나, 하나의 문장에 다른 문장을 이어 주거나, 다른 문장을 하나의 문장 속에 안기게 함으로써 문장은 확장될 수 있으며, 여러 가지 문장구조를 취할 수 있게 된다. 이와 같은 여러 가지 문장구조들 가운데에서 어떠한 구조를 선택하느냐에 따라 표현의 효과가 달라지게 된다. 따라서 적절한 문장구조의 선택은 효과적인 문체를 결정짓는 데 기여하게 된다. 표현의 과정에서 ㉣<u>기본문형</u>으로 된 단순문장구조를 사용하면 비교적 강렬한 인상을 주며, 글의 내용에 간결성과 명료성을 부여하게 된다. 한편 이러한 문장구조를 반복적으로 사용하는 것은 때로는 필자의 미숙성에 기인하기도 한다.

① ㉠ 철수는 아파서 결석했다.
② ㉡ 나는 우리 편이 이기기를 바랐다.
③ ㉢ 철수가 돈이 많다.
④ ㉣ 철수가 좋은 책을 많이 샀다.

9 지문의 논지 전개상 특징으로 가장 적절한 것은?

인간은 성장 과정에서 자기 문화에 익숙해지기 때문에 어떤 제도나 관념을 아주 오래 전부터 지속되어 온 것으로 여긴다. 나아가 그것을 전통이라는 이름 아래 자기 문화의 본질적인 특성으로 믿기도 한다. 그러나 이런 생각은 전통의 시대적 배경 및 사회 문화적 의미를 제대로 파악하지 못하게 하는 결과를 초래한다. 여기에서 과거의 문화를 오늘날과는 또 다른 문화로 보아야 할 필요성이 생긴다.

홉스봄과 레인저는 오래된 것이라고 믿고 있는 전통의 대부분이 그리 멀지 않은 과거에 '발명'되었다고 주장한다. 예컨대 스코틀랜드 사람들을 킬트(kilt)를 입고 전통 의식을 치르며, 이를 대표적인 전통 문화라고 믿는다. 그러나 킬트는 1707년에 스코틀랜드가 잉글랜드에 합병된 후, 이곳에 온 한 잉글랜드 사업가에 의해 불편한 기존의 의상을 대신하여 작업복으로 만들어진 것이다. 이후 킬트는 하층민을 중심으로 유행하였지만, 1745년의 반란 전까지만 해도 전통 의상으로 여겨지지 않았다. 반란 후, 영국 정부는 킬트를 입지 못하도록 했다. 그런데 일부가 몰래 집에서 킬트를 입기 시작했고, 킬트는 점차 전통 의상으로 여겨지게 되었다. 킬트의 독특한 체크무늬가 각 씨족의 상징으로 자리 잡은 것은, 1822년에 영국 왕이 방문했을 때 성대한 환영 행사를 마련하면서 각 씨족장들에게 다른 무늬의 킬트를 입도록 종용하면서부터이다. 이때 채택된 독특한 체크무늬가 각 씨족을 대표하는 의상으로 자리를 잡게 되었다.

킬트의 사례는 전통이 특정 시기에 정착·사회적 목적을 달성하기 위해 만들어지기도 한다는 것을 보여 준다. 특히 근대 국가의 출현 이후 국가에 의한 '전통의 발명'은 체제를 확립하는 데 큰 역할을 담당하기도 하였다. 이 과정에서 전통은 그 전통이 생성되었던 시기를 넘어 아주 오래 전부터 지속되어 온 것이라는 신화가 형성되었다. 그러나 전통은 특정한 시공간에 위치하는 사람들에 의해 생성되어 공유되는 것으로, 정치·사회·경제 등과 밀접한 관련을 맺으면서 시대마다 다양한 의미를 지니게 된다. 그러므로 전통을 특정한 사회 문화적 맥락으로부터 분리하여 신화화(神話化)하면 당시의 사회 문화를 총체적으로 이해할 수 없게 된다.

낯선 타(他) 문화를 통해 자기 문화를 점 더 객관적으로 바라볼 수 있듯이, 과거의 문화를 또 다른 낯선 문화로 봄으로써 전통의 실체를 올바로 인식할 수 있게 된다. 이러한 관점은 신화화된 전통의 실체를 폭로하려는 데에 궁극적 목적이 있는 것이 아니다. 오히려 과거의 문화를 타 문화로 인식함으로써 신화 속에 묻혀 버린 당시의 사람들을 문화와 역사의 주체로 복원하여, 그들의 입장에서 전통의 사회 문화적 맥락과 의미를 새롭게 조명하려는 것이다. 더 나아가 이러한 관점을 통해 우리는 현대 사회에서 전통이 지니는 현재적 의미를 제대로 이해할 수 있을 것이다.

① 연관된 개념들의 상호 관계를 밝혀 문제의 성격을 규명하고 있다.
② 사례를 통해 사회적 통념의 역사적 변화 과정을 추적하고 있다.
③ 상반된 주장을 대비한 후 절충적인 견해를 제시하고 있다.
④ 논지를 제시하고 사례를 통하여 그것을 뒷받침하고 있다.

10 시적 화자의 태도로 옳은 것은?

> 관이 내렸다.
> 깊은 가슴 안에 밧줄로 달아내리듯.
> 주여,
> 용납하옵소서.
> 머리맡에 성경을 얹어 주고
> 나는 옷자락에 흙을 받아
> 좌르륵 하직(下直)했다.

① 감상에 젖어 자신을 책망하고 있다.
② 감정을 토로하면서 슬픔을 극복하고 있다.
③ 절망적인 마음으로 대상을 원망하고 있다.
④ 담담한 어조로 상황을 수용하고 있다.

11 낱말 '받치다'의 사용이 적절한 것은?

① 아가씨들이 양산을 <u>받쳐</u> 들고 길을 걸어간다.
② 고추 백 근을 시장 상인에게 <u>받쳐도</u> 옷 한 벌 사기가 힘들다.
③ 마을 이장이 소에게 <u>받쳐서</u> 꼼짝도
④ 휠체어를 탄 여학생이 길을 건너다 승용차에 <u>받쳐</u> 다쳤다.

12 밑줄 친 부분의 띄어쓰기가 바른 문장은?

① 강아지가 집을 나간 지 <u>사흘만에</u> 돌아왔다.
② 마을 사람들은 어느 말을 믿어야 <u>옳은 지</u> 몰랐다.
③ 듣고 보니 어린이들이 정말 <u>좋아할만 한</u> 이야기이다.
④ 이 물건을 <u>쓸 만은</u> 하지만 꽤 비싸다.

13 글의 주장과 같이 만들어진 광고 카피가 아닌 것은?

> 러시아 형식주의자인 야콥슨은 문학을 "일상 언어에 가해진 조직적인 폭력"이라 말한다. 즉 문학은 일상 언어를 변형하여 강도 있게 하며 일상적인 말로부터 계획적으로 일탈한다는 것이다. 낯설게 하기는 문학 언어를 일상 언어와 구별시켜 주는 근본이다. 우리는 일상 언어를 사용하고 있으나 그 상투성으로 인해 우리의 의식은 고여 있는 물처럼 새롭게 생성되지 못하고 스테레오 타입으로 고정되고 자동화된다. 광고 카피에서 기존의 식상한 표현을 벗어나 놀라움을 준다는 것, 그렇게 하기 위해선 도식적인 공식, 즉 법칙을 파괴하는 창조적 행위가 수반되어야 하는데 그것이 바로 문학에서 말한 이것과 같은 의미이다.

① 난 샐러드를 마신다!(○○유업 – 요구르트 광고)

② 이젠, 빛으로 요리하세요!(○○전자 – 전자레인지 광고)

③ 차도 이 맛을 안다.(○○정유 – 기름 광고)

④ 우리는 젊음의 모든 것을 사랑한다.(○○그룹 – 기업 광고)

14 글에서 중심이 되는 표현법은?

> 므쇠로 텰릭을 몰아 나는 / 므쇠로 텰릭을 몰아 나는
> 텰사(鐵絲)로 주롬 바고이다. / 그 오시 다 헐어시아
> 그 오시 다 헐어시아 / 유덕(有德)ᄒ신 님 여희ᄋ와지이다.

① 과장법

② 은유법

③ 점층법

④ 역설법

15 정철의 「관동별곡」이다. 이 부분에 나타난 작자의 심리상태로 옳은 것은?

> 毗비盧로峰봉 上샹上샹頭두의 올라 보니 긔 뉘신고. 東동山산 泰태山산이 어느야 놉돗던고. 魯노國국 조븐 줄도 우리는 모르거든, 넙거나 넙은 天텬下하 엇찌ᄒᆞ야 젹닷 말고. 어와 뎌 디위를 어이ᄒᆞ면 알 거이고. 오르디 못ᄒᆞ거니 ᄂᆞ려가미 고이ᄒᆞᆯ가.

① 安貧樂道(안빈낙도)
② 浩然之氣(호연지기)
③ 羽化登仙(우화등선)
④ 樂山樂水(요산요수)

16 아래의 전개 방식과 같은 방법으로 글쓰기에 적당한 소재는?

> 사람은 무엇을 위하여 사는가? 이상(理想)을 위하여 산다. 이상을 위하여 산다는 것은 오직 인간만이 누릴 수 있는 특권(特權)이다. 여타의 동물은 이상이라는 것이 없다. 다만, 현실(現實)만을 위하여 산다. 즉, 먹기 위하여 살고, 살기 위하여 먹는다. 그러나 인생(人生)은 그렇지가 않다. 먹기도 해야 하겠지만, 먹는 것만으로는 만족지를 않는다. 그리하여 사람은 빵만으로 사는 동물이 아니라고 하였다.

① 시나리오와 희곡
② 내장산의 가을풍경
③ 아버지의 일생
④ 환경오염의 실태

Q 다음 글을 읽고 물음에 답하시오. 【17 ~ 18】

> 이야기를 다 마치고 외할머니는 불씨가 담긴 그릇을 헤집었다. 그 위에 할머니의 흰 머리를 올려놓자 지글지글 끓는 소리를 내면서 타오르기 시작했다. 단백질을 태우는 노린내가 멀리까지 진동했다. 그러자 눈 앞에서 벌어지는, 그야말로 희한한 광경에 놀라 사람들은 저마다 탄성을 올렸다. 외할머니가 아무리 타일러도 그 때까지 움쩍도 하지 않고 그토록 오랜 시간을 버티던 그것이 서서히 움직이기 시작한 것이다. 감나무 가지를 친친 감았던 몸뚱이가 스르르 풀리면서 <u>구렁이</u>는 땅바닥으로 툭 떨어졌다. 떨어진 자리에서 잠시 머뭇거린 다음 구렁이는 꿈틀꿈틀 기어 외할머니 앞으로 다가왔다. 외할머니가 한쪽으로 비켜 서면서 길을 터 주었다. 이리저리 움직이는 대로 뒤를 따라가며 외할머니는 연신 소리를 질렀다. 새막에서 참새 떼를 쫓을 때처럼
>
> "쉬이! 쉬이!"
>
> 하고 소리를 지르면서 손뼉까지 쳤다. 누런 비늘가죽을 번들번들 뒤틀면서 그것은 소리 없이 땅바닥을 기었다. 안방에 있던 식구들도 마루로 몰려나와 마당 한복판을 가로질러 오는 기다란 그것을 모두 질린 표정으로 내려다보고 있었다. 꼬리를 잔뜩 사려 가랑이 사이에 감춘 워리란 놈이 그래도 꼴값을 하느라고 마루 밑에서 다 죽어 가는 소리로 짖어 대고 있었다. 몸뚱이의 움직임과는 여전히 따로 노는 꼬리 부분을 왼쪽으로 삐딱하게 흔들거리면서 그것은 방향을 바꾸어 헛간과 부엌 사이 공지를 천천히 지나갔다.

17 이 소설에 대한 설명으로 옳지 않은 것은?

① 분단과 전쟁으로 인한 아픔을 다루고 있다.

② 이념 대립으로 인한 분단의 원인을 논리적으로 분석하고 있다.

③ 좌익, 우익의 이념적 갈등을 대리인을 통하여 표현하고 있다.

④ 이 작품의 시간적 배경인 '장마'는 이념의 대립이 몰고 온 6 · 25 전쟁과 분단을 상징한다.

18 밑줄 친 '구렁이'의 함축적 의미로 알맞은 것은?

① 공포   ② 갈등

③ 전통   ④ 외세

19 밑줄 친 ㉠~㉣ 중 한자 표기가 옳지 않은 것은?

> 유리 ㉠건물(乾物)은 은폐 ㉡공간(空間)을 최소화하여 각종 ㉢사고(事故)를 예방함과 ㉣동시(同時)에 업무의 생산성도 높이고 있다.

① ㉠
② ㉡
③ ㉢
④ ㉣

20 오류가 없는 문장은?

① 물결이 바위에 부딪쳐 부서진다.
② 그는 지금 놀러갈 만한 시간적 여지가 없다.
③ 뒷수습을 하지 않은 채 뒷꽁무니를 빼면 어떡합니까?
④ 오늘이 몇 월 몇 일이지?

03 한국사

1 다음 글을 쓴 실학자에 대한 설명으로 옳은 것은?

> 오늘날 백성을 다스리는 자는 백성에게서 걷어 들이는 데만 급급하고 백성을 부양하는 방법은 알지 못한다. … '심서(心書)'라고 이름 붙인 까닭은 무엇인가? 백성을 다스릴 마음은 있지만 몸소 실행할 수 없기 때문에 그렇게 이름 붙인 것이다.

① 형법서로 「흠흠신서」를 저술하였다.
② 우리나라에서 처음으로 지전설을 주장하였다.
③ 토지는 골고루 정당하게 분배되어야 한다는 '균전론'을 주장하였다.
④ 「북학의」를 저술하고, 수레와 선박의 중요성을 강조하였다.

2 신라 법흥왕 때의 사실로 옳은 것은?

㉠ 한강 유역 차지	㉡ 연호로 '건원' 사용
㉢ 우산국 정벌	㉣ 김흠돌의 난

① ㉠
② ㉡
③ ㉢
④ ㉣

3 다음의 내용이 적힌 비석과 관련한 설명으로 옳은 것은?

> 하늘 앞에 맹서한다. 지금부터 3년 이후 충도(忠道)를 지켜 과실이 없기를 맹서한다. …… 만일 나라가 편안하지 않고, 세상이 크게 어지러워지면 모름지기 충성을 행할 것을 맹세한다. 「기경」, 「상서」, 「상서」, 「예기」, 「좌전」을 차례로 습득하기를 맹세하되 3년으로 하였다.

① 이 비석을 통해 신라 화랑도들이 유교 경전을 공부했음을 알 수 있다.
② 이와 비슷한 예로 사택지적비와 단양 적성비가 있다.
③ 이 시기에 신라는 유학 교육기관으로 국학을 설립하여 유교경전을 가르쳤다.
④ 현존하는 가장 오래된 신라의 비석이다.

4 고려 태조가 시행한 정책으로 옳지 않은 것은?

① 사성정책, 사심관제도, 기인제도를 통해 호족을 관리·통합하려 하였다.
② 훈요10조를 남겨 후대의 왕에게 정책의 기본 방향을 제시하였다.
③ 세금을 10분의 1로 줄이고, 흑창을 설치하여 민생을 안정시켰다.
④ 고려를 세우는 과정에서 공을 세운 공신에게 공음전을 지급하였다.

5 다음의 역사서 중 고려시대에 편찬된 것을 모두 고르면?

> ㉠ 해동고승전   ㉡ 동국통감
> ㉢ 삼국사기   ㉣ 삼국유사

① ㉠㉡㉢
② ㉠㉡㉣
③ ㉠㉢㉣
④ ㉡㉢㉣

6 정조의 재위 기간에 있었던 일로 옳은 것은?

① 관리를 재교육하기 위해 초계문신제를 실시하였다.
② 풍흉에 관계없이 전세를 징수하는 영정법을 시행하였다.
③ 각 궁방과 중앙 관서의 공노비를 6만여 명을 해방시켰다.
④ 「속대전」, 「동국문헌비고」, 「동국지도」 등이 편찬되었다.

7 ( )에 들어갈 내용으로 가장 거리가 먼 것은?

> 조선 후기의 상공업 발달과 농업 생산력의 증대를 배경으로 서민의 경제적·신분적 지위가 향상되었다. 이에 서당교육이 보급되고 ( )와 같은 서민 문화가 성장하였다.

① 판소리
② 탈놀이
③ 사설시조
④ 진경산수화

8 고려시대의 경제 활동에 대한 설명으로 옳지 않은 것은?

① 귀족들이 화폐 사용을 지지하여 화폐가 전국적으로 유통되었다.
② 고려 전기에 수공업의 중심을 이룬 것은 관청 수공업과 소(所) 수공업이었다.
③ 고려 후기에는 국가가 재정 수입을 늘리기 위하여 소금 전매제를 시행하기도 하였다.
④ 농민이 진전(陳田)이나 황무지를 개간하면 국가에서 일정기간 소작료나 조세를 감면해 주었다.

9 삼국 문화의 일본 전파 내용으로 옳은 것은?

> ㉠ 왕인 – 천자문과 논어 전파
> ㉡ 담징 – 종이와 먹의 제조술 전파
> ㉢ 혜자 – 호류지 금당 벽화 제작
> ㉣ 아직기 – 조선술과 제방 축조술 전파
> ㉤ 노리사치계 – 일본 쇼토쿠 태자 교육

① ㉠㉡　　　　　　　　　　　　② ㉡㉢
③ ㉢㉣　　　　　　　　　　　　④ ㉣㉤

10 다음의 묘사와 관련된 외교 사절에 대한 설명으로 옳지 않은 것은?

> 　일본 사람이 우리나라의 시문을 구하여 얻은 자는 귀천현우(貴賤賢愚)를 막론하고 우러러보기를 신선처럼 하고 보배로 여기기를 주옥처럼 하지 않음이 없어, 비록 가마를 메고 말을 모는 천한 사람이라도 조선 사람의 해서(楷書)나 초서(草書)를 두어 글자만 얻으면 모두 손으로 이마를 받치고 감사의 성의를 표시한다.

① 1811년까지 십여 차례 수행되었다.
② 일본의 정한론을 잠재우는 데 기여하였다.
③ 일본 막부가 자신의 권위를 높이려는 목적도 있었다.
④ 18세기 후반 일본에서 국학 운동이 일어나는 자극제가 되었다.

11 조선 전기의 경제 정책과 경제 활동에 대한 설명으로 옳지 않은 것은?

① 과전법에서 과전은 관리들에게 해당 토지의 소유권을 지급한 것이다.
② 양반도 간이 수리 시설을 만들고, 중국의 농업 기술을 도입하는 등 농업에 관심이 많았다.
③ 16세기에 이르러 수취 제도의 폐단과 지주전호제의 발달로 인해 몰락하는 농민이 증가하였다.
④ 평안도와 함경도에서 거두는 조세는 경창으로 수송하지 않고 그곳의 군사비와 사신 접대비로 쓰게 하였다.

12 다음의 사건이 발생한 시기의 집권 세력에 대한 설명으로 옳지 않은 것은?

> 서토(西土)에 있는 자 어찌 억울하고 원통하지 않을 자 있겠는가. 막상 급한 일을 당해서는 …… 과거에는 반드시 서로(西路)의 힘에 의지하고 서토의 문을 빌었으니 400년 동안 서로의 사람이 조정을 버린 일이 있는가. 지금 나이 어린 임금이 위에 있어서 권세 있는 간신배가 날로 치성하니 …… 흉년에 굶어 부황 든 무리가 길에 널려 늙은이와 어린이가 구렁에 빠져 산 사람이 거의 죽음에 다다르게 되었다.

① 왕실의 외척이 세도를 명분으로 정권을 잡았다.
② 호조와 선혜청의 요직을 차지하여 재정 기반을 확보하였다.
③ 의정부와 병조를 권력의 핵심 기구로 삼고 인사권을 장악하였다.
④ 과거 시험의 합격자를 남발하고 뇌물이나 연줄로 인사를 농단하였다.

13 다음은 조선건국 후 지방행정에 관한 내용이다. 이를 토대로 추론할 수 있는 사실로 적절한 것은?

> • 모든 군·현에 수령을 파견하여 속현이 소멸되고 향리의 지위가 격하되었다.
> • 향·소·부곡이 소멸되고 면·리제를 편성하여 향민 중에서 책임자를 선임, 수령의 정령을 집행하게 하였다.

① 향촌자치를 광범하게 허용하였다.
② 사림세력이 크게 성장하고 향약이 널리 보급되었다.
③ 성문화된 법전이 정비되어 법치주의 이념이 구현되었다.
④ 백성들은 지방세력가의 임의적인 지배에서 벗어나게 되었다.

14 고대에서 조선시대까지의 과학기술에 대한 설명으로 옳지 않은 것은?

① 통일신라의 성덕대왕신종은 아연이 함유된 청동으로 만들어 매우 신비한 소리가 난다.
② 13세기에 편찬된 〈향약구급방〉은 현존하는 우리나라 최고의 의학 서적이다.
③ 조선 태조 때에는 고구려의 천문도를 바탕으로 〈천상열차분야지도〉를 돌에 새겼다.
④ 조선 세종 때에는 밀랍 활자고정법을 개발하여 종전보다 2배의 인쇄 능률을 높였다.

15 왜란 중 조선 수군이 승리한 전투를 순서대로 배열한 것은?

㉠ 한산도 대첩	㉡ 행주대첩
㉢ 명량대첩	㉣ 옥포싸움

① ㉡ – ㉠ – ㉢ – ㉣　　　　　　② ㉡ – ㉣ – ㉢ – ㉠
③ ㉣ – ㉠ – ㉡ – ㉢　　　　　　④ ㉣ – ㉡ – ㉠ – ㉢

16 다음의 역사서가 편찬된 시기의 상황에 대한 설명으로 옳은 것은?

> 부여씨가 망하고 고씨(고구려)가 망한 다음 김씨(신라)가 남방을 차지하고 대씨(발해)가 북방을 차지하고는 발해라 하였으니, 이것을 남북국이라 한다. 당연히 남북국사가 있어야 하는데, 고려가 편찬하지 않은 것은 잘못이다. 저 대씨가 어떤 사람인가? 바로 고구려 사람이다. 그들이 차지하고 있던 땅은 어떤 땅인가? 바로 고구려 땅이다.

① 양명학이 수용되기 시작하였다.
② 성리학 수용을 지지하는 여론이 조성되었다.
③ 서얼 출신을 규장각 검서관으로 등용하였다.
④ 우리 역사의 통사 체계가 처음으로 확립되었다.

17 다음과 같은 사건을 계기로 전개된 민족운동에 대한 설명으로 옳은 것은?

• 명성황후 시해 사건	• 단발령
• 을사조약 체결	• 고종황제의 강제퇴위

① 반봉건적 · 반침략적 성격을 가진다.
② 민족의 실력을 양성하여 국권회복을 시도하고자 하였다.
③ 일본과의 수교를 반대하였다.
④ 반외세 자주정신을 바탕으로 항일무장투쟁을 전개하였다.

18 다음을 시대순으로 바르게 나열한 것은?

> ㉠ 카이로회담 ㉡ 포츠담선언
> ㉢ 모스크바 3국외상회의 ㉣ 미·소 공동위원회 개최

① ㉠ - ㉡ - ㉢ - ㉣ ② ㉠ - ㉢ - ㉡ - ㉣
③ ㉢ - ㉡ - ㉣ - ㉠ ④ ㉣ - ㉢ - ㉠ - ㉡

19 다음은 일제강점기에 전개된 민족운동과 관련된 구호이다. 이 민족운동과 관계가 있는 독립운동의 방략은?

> 내 살림 내 것으로, 조선사람 조선 것으로, 우리는 우리 것으로 살자.

① 외교론 ② 자치론
③ 참정론 ④ 실력양성론

20 다음의 성명이 발표된 이후 시작된 일본의 식민지 지배 정책만을 아래에서 고르면?

> 우리들은 3천만 한인 및 정부를 대표하여 삼가 중국, 영국, 미국, 소련, 캐나다, 호주 및 기타 제국의 대일 선전을 축하한다. 일본을 쳐서 무찌르고 동아시아를 재건하게 하는 가장 유효한 수단인 까닭이다. 이에 우리는 다음과 같이 성명한다.
> 1. 한국 전 인민은 이미 반침략 전선에 참가하여 한 개의 전투 단위로서 추축국(樞軸國)에 대하여 전쟁을 선포한다.
> (이하 생략)
>
> – 대한민국 임시정부 대일 선전포고 –

> ㉠ 징병 ㉡ 신사참배
> ㉢ 농촌진흥운동 ㉣ 조선여자정신대 동원

① ㉠㉡ ② ㉡㉢
③ ㉢㉣ ④ ㉠㉣

03 영어

Q 밑줄 친 부분과 의미가 가장 가까운 것을 고르시오. 【1 ~ 3】

1

The decline in sales was a pretext to <u>lay off</u> some of the employee.

① dispose
② dismiss
③ disregard
④ disclose

2

He is <u>endowed</u> with extraordinary talents.

① sacred
② intimidated
③ determined
④ provided

3

I entered a restricted area on yesterday, but I <u>got away with</u> it.

① catch up with
② go unpunished for
③ take part in
④ do without

4 어법상 옳은 문장은?

① If I had followed your advice, I would be very healthy now.

② I felt such nervous that I couldn't concentrate on my work.

③ John became great by allowing himself learn from mistakes.

④ Tom moved to Chicago, which he worked for Louis Sullivan.

5 어법상 옳지 않은 문장은?

① Columbus proved that the earth was round.

② My parents kept on encouraging me to study.

③ Please remember to put out the cat before you go to bed.

④ The hotel has been closed for many years.

6 우리말을 영어로 잘못 옮긴 것은?

① 매일 아침 공복에 한 숟갈씩 먹어라.

→ Take a spoonful on an empty stomach every morning.

② 그 그룹은 10명으로 구성되었다.

→ The group was consisted of ten people.

③ 그는 수업에 3일 연속 지각했다.

→ He has been late for the class three days in a row.

④ 그는 어렸을 때 부모님의 말씀에 늘 따랐다.

→ He obeyed his parents all the time when he was young.

7 밑줄 친 부분 중 어법상 옳지 않은 것은?

Most European countries failed ① to welcome Jewish refugees ② after the war, which caused ③ many Jewish people ④ immigrate elsewhere.

8 빈칸에 공통으로 들어갈 수 있는 것은?

- He suggested your friend _____ be more careful.
- You _____ have paid attention to his advice.
- It is quite natural that you _____ take care of your old parents.

---

① would ② must
③ could ④ should

Q 밑줄 친 부분의 의미로 가장 적절한 것을 고르시오. 【9 ～ 10】

9

In retrospect, I was <u>taken in</u> by the real estate agent who had a fancy manner of talking.

① inspected ② deceived
③ revered ④ amused

10

The substantial rise in the number of working mothers, whose costs for childcare were not <u>factored into</u> the administration's policymaking, was one of the main reasons that led to the unexpected result at the polls.

① considered in ② diminished in
③ substituted for ④ excluded by

11 글에 나오는 town의 분위기는?

It was a town of red brick. It contained several large streets all very like one another, and many small streets still more like one another, full of people equally like one another. They all went in and out at the same hours, with the same sound upon the same pavements, to do the same work. To them every was the same as yesterday and tomorrow, and every year the same as the last and the next.

① monotonous
② tranquil
③ harmonious
④ majestic

12 글의 요지로 가장 적절한 것은?

More and more people are turning away from their doctors and, instead, going to individuals who have no medical training and who sell unproven treatments. They go to quacks to get everything from treatments for colds to cures for cancer. And they are putting themselves in dangerous situations. Many people don't realize how unsafe it is to use unproven treatments. First of all, the treatments usually don't work. They may be harmless, but, if someone uses these products instead of proven treatments, he or she may be harmed. Why? Because during the time the person is using the product, his or her illness may be getting worse. This can even cause the person to die.

① Better train should be given to medical students.
② Alternative medical treatments can be a great help.
③ Don't let yourself become a victim of health fraud.
④ In any case, it is alright to hold off going to a doctor for several days.

13 밑줄 친 <u>This</u>가 구체적으로 가리키는 내용은?

Many people suffer from a cold or cough in winter. There are many popular drugs available which can give you some relief. However, they may also cause some side effects. Specifically, they may make you feel sleepy and slow down your reactions. <u>This</u> could interfere with your ability to work or drive safely. Some people complain that these medicines irritate their stomach, too. Doctors suggest that you read the directions carefully before swallowing any medicine.

① Many people suffer from a cold or cough in winter.
② You can get many popular drugs which give you some relief.
③ Popular medicines can cause some side effects.
④ You may feel sleepy and your reactions slow down due to medicines.

14 글의 내용과 일치하지 않는 것은?

A billionaire Mr. Brudney is one of the most sought-after by museums nationwide because of his private collection of some 2,000 works of modern and contemporary art. Contrary to those museums' expectations, however, he has decided to retain permanent control of his works in an independent foundation that makes loans to museums rather than give any of the art away. He said he did not view his decision as a vote of no confidence in the museum. Rather, he said, it represents no less than a new paradigm for the way museums in general collect art and interact with one another. It is clear that no museum would commit to placing a large percentage of the works on permanent exhibit. "I don't want it to end up in storage, in either our basement or somebody else's basement. So I, as the collector, am saying, 'If you're not willing to commit to show it, why don't we just make it available to you when you want it, as opposed to giving it to you, and then our being unhappy that it's only up 10 percent or 20 percent of the time or not being shown at all?'"

① Many museums desire to have Mr. Brudney's collection.
② Mr. Brudney chooses to keep his collection rather than to give away to the museums.
③ Mr. Brudney wants his collection to be available to many people.
④ Mr. Brudney thinks museums are reliable for exhibition on a permanent basis.

15 글의 주제로 가장 알맞은 것은?

Muscles produce heat when the body is in motion, but when the body is at rest, very little heat is generated except by the metabolic activity of the internal organs.

In fact, the internal organs are the source of most body heat. The temperature of an organ such as the liver, for example, is much higher than the overall body temperature. The blood carries heat away from the internal organs to the lung and skin and heat is then released by the lungs through respiration and by the skin through contact with the air.

① Ways of relaxing the body
② Instability of internal organs
③ Source of body heat
④ Paths of the circulatory system

16 주어진 문장이 들어가기에 가장 적절한 곳은?

To solve this problem, standard units were developed, which are always the same and do not vary.

Units of money, distance, weight, and time were used by very ancient civilizations. (ⓐ) These units began in various ways. (ⓑ) In England, an inch was measured as the length of three barley grains, and a foot was the length of the king's foot. (ⓒ) But some barley grains and some kings' feet were longer than others. (ⓓ) The National Bureau of Standards keeps extremely accurate units of measure with which scientists and manufacturers can check their measuring instruments.

① ⓐ   ② ⓑ
③ ⓒ   ④ ⓓ

17 본문 전체의 흐름과 맞지 않는 문장은?

Sometimes there comes to me a beautiful vision of a period of happiness, when Manhattan will go slow, and an American will become an Oriental loafer. ① Every American adult is planning his life on the pattern of the schoolboy. ② Policeman will exchange a word of greeting with you at the crossings. ③ And drivers will stop and speak to each other and talk about the number of passing wild geese in the sky. ④ Lunch counters will disappear, and people will have learned the art of killing a whole afternoon in some cafe.

18 주어진 글 다음에 이어질 글의 순서로 가장 적절한 것은?

Democracy is a system of government based on the assumption that all citizens have the right to participate in shaping the face of the society in which they live.

(A) Besides, since the poor and disadvantaged are far less likely to vote than any other socioeconomic group, they can safely be ignored by mainstream politicians.
(B) Therefore, the only way to break this cycle, I believe, is compulsory voting.
(C) In this system, low participation rates are dangerous because they mean our politicians are not representative of the population as a whole.

① (B) — (A) — (C)
② (B) — (C) — (A)
③ (C) — (B) — (A)
④ (C) — (A) — (B)

19 대화의 빈칸에 들어갈 알맞은 것을 고르면?

A : Can I help you find something?

B : _____

---

① No, I'm just browsing.

② I'm not being helped here.

③ Do me a favor, will you?

④ You will find me something, won't you?

20 빈칸에 들어갈 문장으로 가장 적합한 것은?

A : Kate, I am too tired. It's only 7:30 in the morning!
   Let's take a rest for a few minutes.

B : Don't quit yet. Push yourself a little more. When I started jogging, it was so hard for me, too.

A : Have pity on me then. This is my first time.

B : Come on, Mary. After you jog another three months or so, you will be ready for the marathon.

A : Marathon! How many miles is the marathon?

B : It's about thirty miles. If I jog everyday, I'll be able to enter it in a couple of months.

A : _____ I am exhausted now after only half a mile. I am going to stop.

---

① Count me out!

② Why shouldn't I enter the marathon?

③ Why didn't I think of that?

④ I don't believe so.

01 국어

1 〈보기〉에서 제시한 두 단어의 관계와 같지 않은 것은?

> ─── 〈보기〉 ───
>
> 밝다 : 어둡다

① 부자 : 거지 ② 참 : 거짓
③ 길다 : 짧다 ④ 빠르다 : 느리다

2 밑줄 친 부분에 들어갈 말로 가장 적절한 것은?

> 기업의 경쟁력을 _____하는 방법으로 노동 시간의 단축이 있다. 노동 시간이 줄어들면 근로자의 자기 계발 시간이 늘어날 수 있고, 이를 통해 얻은 지식과 경험이 근로에 영향을 미칠 수 있기 때문이다.

① 提高 ② 擴散
③ 擴充 ④ 鼓舞

3 사이시옷의 쓰임이 옳지 않은 것으로만 묶인 것은?

① 뒷편, 장맛비, 양칫물
② 장미빛, 갯수, 뒷처리
③ 세뱃돈, 수돗물, 등굣길
④ 인삿말, 북어국, 최댓값

4 문장의 높임 표현이 적절한 것은?

① 사장님 말씀이 있으시겠습니다.
② 선생님, 물어볼 것이 있습니다.
③ 내일 생신인 할머니를 보러 간다.
④ 할머니, 아버지께서 오셨어요.

5 다음은 미술전을 관람하고 난 후 쓴 감상문이다. 고쳐 쓰기 방안으로 적절하지 않은 것은?

제목 : '마티스전'을 다녀와서

　미술 수행 평가를 위해 '마티스전'을 관람하러 ㉠오랫만에 외출하였다. 그동안의 지루한 장마가 그쳤다. ㉡검은 구름 사이로 덮여 있던 새파란 하늘이 손수건만 하게 나타났다. 발걸음도 경쾌하게 미술관을 향하였다. 미술관에 도착하니 사람들로 북적거렸다. ㉢사람들이 많은 전시장을 돌아보며 그림을 관람하고 있었다.
　마티스의 그림을 책에서만 보았지 이렇게 직접 본 것은 이번이 처음이었다. 특히 마티스 예술의 진수인 단순성과 강렬함이 극대화된 「춤」은 매우 인상적인 작품이었다. 푸른 하늘과 언덕이 극도로 단순화되었으며, 서로 손을 맞잡고 돌아가는 다섯 명의 무희는 강렬한 생명력을 만들어 냈다. 이 그림은 러시아의 부호 시츄킨의 의뢰로 탄생한 걸작이라 한다. 「춤」이 너무나 마음에 든 시츄킨은 그것과 짝이 될 만한, 음악을 주제로 한 그림을 또 의뢰하였다. ㉣그리고 마티스는 「춤」과 같은 색, 같은 형태의 구성이지만 조용하고 차분한 「음악」을 그렸다고 한다. 이번 '마티스전'을 계기로 다른 작가의 작품에도 관심을 가져야겠다고 생각했다.

---

① 맞춤법에 어긋나기 때문에 ㉠을 '오랜만에'로 바꿔야겠군.
② 표현이 어색하므로 ㉡을 '덮여 있던 검은 구름 사이로 새파란 하늘이'로 바꾸면 자연스럽겠군.
③ 의미가 모호하므로 ㉢은 '많은 사람들이 전시장을 돌아보며 그림을 관람하고 있었다'로 바꿔야겠군.
④ 접속어의 사용이 적절하지 않으므로 ㉣을 '하지만'으로 바꾸면 좋겠군.

6 발음이 옳은 것은?

① 아이를 안고[앙꼬] 힘겹게 계단을 올라갔다.
② 그는 이웃을 웃기기도[우: 끼기도]하고 울리기도 했다.
③ 무엇에 홀렸는지 넋이[넉씨] 다 나간 모습이었지.
④ 무릎과[무릅과] 무릎을 맞대고 협상을 계속한다.

7 밑줄 친 어휘를 문맥에 맞지 않게 사용한 것은?

① 내 인생에 <u>관여</u>하지 마세요.
   그 사람의 감정에 내가 <u>간여</u>할 바가 아니다.
② 모두의 행운을 기원하는 것으로 인사말을 <u>갈음</u>합니다.
   나는 그녀의 나이를 <u>가늠</u>할 수가 없어.
③ 소라 <u>껍질</u>은 참 기괴하게 생겼지?
   포도 <u>껍데기</u>도 먹어야지.
④ 그는 그 건물을 <u>임차</u>하여 사업을 시작하였다.
   그 노인은 건물을 <u>임대</u>해서 생활을 꾸려나간다.

8 밑줄 친 부분의 맞춤법 표기가 바른 것은?

① 벌레 한 마리 때문에 여학생들이 <u>법썩</u>을 떨었다.
② <u>실낟같은</u> 희망을 버리지 않고 버티고 있다.
③ <u>오뚜기</u> 정신으로 위기를 헤쳐 나가야 한다.
④ 그 아이는 나이가 어리고, <u>더우기</u> 몸도 너무 약하다.

9 로마자 표기법에 맞는 표기는?

① 독도 : Dok-do
② 울릉 : Ulreung
③ 종로 : Jongno
④ 집현전 : Jipyeonjeon

10 밑줄 친 부분의 띄어쓰기가 옳지 않은 것은?

① 그가 이 마을을 <u>떠난 지</u> 5년은 지났을 것이다.
② 금방이라도 <u>올 듯이</u> 목소리를 높이더구나.
③ 가을 하늘은 <u>공활한데</u> 맑기도 참 맑구나.
④ 대체 어떻게 <u>해야할 지</u> 전혀 모르겠다.

11 괄호 안에 들어갈 한자어로 옳지 않은 것은?

현대에서 세계의 패권(①)을 장악(②)하고 있는 나라는 무엇보다도 과학이 발달한 나라다. 현대전은 과학전이라는 말도 있거니와 전시 아닌 평시에도 과학에서 경쟁(③)이 날로 얼마나 심해져 가고 있는지를 우리는 목도(④)하고 있다. 과학의 목적은 그의 실용성에 있다.

― 박종홍, 학문의 목적 ―

---

① 覇權   ② 場握
③ 競爭   ④ 目睹

12 ( ) 안에 들어갈 수 없는 표현은?

> 귀가 ( ).
> ㉠ 어떤 말을 듣고 그럴 듯하게 여겨져 마음이 쏠리다.
> ㉡ 뜻밖의 반가운 소리를 들어 막혔던 귀가 뚫리는 것 같다.
> ㉢ 남이 자기에 대한 말을 하는 것 같다.
> ㉣ 너무 자주 들어 듣기 싫다.
> ㉤ 잔소리를 늘어놓아 듣기 싫다.

① 가렵다
② 솔깃하다
③ 아프다
④ 여리다

13 단어의 표준 발음으로 옳은 것은?

① 옷한벌[오탄벌]
② 밭아래[받아래]
③ 늙찌[늘찌]
④ 피읖에[피으페]

14 문장 성분 간의 호응이 적절하지 않은 것은?

① 방송통신위원회에서 적발한 과장 광고의 사례는 올해만 벌써 300건이 훨씬 넘는다.
② 유리 건물은 은폐 공간을 최소화하여 각종 사고 예방과 업무의 생산성도 높이고 있다.
③ 어제의 하늘과 오늘의 하늘이 다르듯이 어제의 말과 오늘의 말도 다르다.
④ 한국인에게 있어서 대장암은 위암이나 폐암 등과 같이 발병률이 높은 암이다.

15 ㉠에 들어갈 적당한 표현은?

> 곰치 : 으디를 쏴댕겨?
>
> 구포댁 : (여전히 갓난애의 얼굴에 눈길을 박은 채) 모실 갔다 왔소!
>
> 곰치 : 모실? 아니 믄 청승에 모실이여?
>
> 구포댁 : (하늘을 쳐다보며) 그냥 구경하고 댕겼제 …….
>
> 곰치 : 슬슬이 년은 으디 갔어?
>
> 구포댁 : (고개를 살래살래 내젓는다.)
>
> 곰치 : (마루 위에 벌렁 드러누워 버리며) 이고, 도삼아아 ―.
>
> 구포댁 : (무표정한 얼굴)
>
> 곰치 : (드러운 채) 아무 말도 아니여! (㉠) 그래 뱃놈은 물 속에서 죽어사 쓰는 법이여 ……. 그것이 팔짜니라아 ― (열을 올려) 나는 안 죽어! 그여코 배를 부리고 말 것이여! 돛 달 때마다 만선으로 배가 터지는 때가 반다시 있고 말고!

① 처절하게
② 희망차게
③ 경쾌하게
④ 아름답게

Q 다음 글을 읽고 물음에 답하시오. 【16 ~ 18】

> (가) 한국의 미술, 이것은 이러한 한국 강산의 마음씨에서 그리고 이 강산의 몸짓 속에서 벗어날 수는 없다. 쌓이고 쌓인 조상들의 긴 옛 이야기와도 같은 것, 그리고 우리의 한숨과 웃음이 뒤섞인 한반도의 표정 같은 것, 마치 묵은 솔밭에서 송이버섯들이 예사로 돋아나듯이 이 땅 위에 예사로 돋아난 조촐한 버섯들, 한국의 미술은 이처럼 한국의 마음씨와 몸짓을 너무나 잘 닮고 있다.
>
> (나) 길고 가늘고 가냘픈, 그리고 때로는 도도스럽기도 하고 슬프기도 한, 따스하기도 하고 부드럽기도 한 곡선의 조화, 그 위에 적당히 ㉠호사스러운 무늬를 안고 푸르고 맑고 총명한 푸른빛 너울을 쓴 아가씨, 이것이 고려의 청자이다. 의젓하기도 하고 어리숭하기도 하면서 있는 대로의 양심을 털어 놓은 것, 선의와 ㉡치기(稚氣)와 소박한 천성의 아름다움, 그리고 못생기게 둥글고 솔직하고 정다운, 또 따뜻하고도 희기만한 빛, 여기에는 흰옷 입은 한국 백성들의 핏줄이 면면히 이어져 있다. 말하자면 ㉢방순한 진국 약주 맛일 수도 있고 털털한 막걸리 맛일 수도 있는 것, 이것이 조선 시대 자기의 세계이며, 조선 항아리의 예술이다.
>
> (다) 한국은 과거의 나라가 아니다. ㉣면면히 전통을 이어 온, 그리고 아직도 젊은 나라이다. 미술은 망하지도 죽지도 않았으며 과거의 미술이 아니라 아직도 씩씩한 맥박이 뛰고 있는 살아 있는 미술이다.

16 이 글의 내용과 일치하지 않는 것은?

① 한국 미술의 전통은 현대미술의 바탕이 되고 있다.

② 한국 미술의 멋은 소박함에 있다.

③ 한국 미술은 자연미에 바탕을 두고 있다.

④ 한국 미술은 과거의 그림자에서 벗어나지 못하고 있다.

17 (나)에 쓰인 글의 전개 방식과 유사한 것은?

① 고전 소설이란 일반적으로 개화기 이전에 창작된 소설을 말하며 작품에는 「홍길동전」, 「구운몽」, 「춘향전」 등이 있다.

② 박원하가 하는 짓을 유심히 살펴보았다. 그 애는 힐끔힐끔 시험 감독을 나온 딴 반 담임을 훔쳐보며 방금 말끔히 지운 곳에 얼른 이름을 다 써 넣었는데 놀랍게도 그 이름은 엄석대의 것이었다.

③ 짐승같은 달의 숨소리가 손에 잡힐 듯이 들리며, 콩 포기와 옥수수 잎새가 한층 달에 푸르게 젖었다. 산허리는 온통 메밀밭이어서, 피기 시작한 꽃이 소금을 뿌린 듯이 흐뭇한 달빛에 숨이 막힐 지경이다.

④ 영화는 스크린이라는 일정한 공간 위에 시간적으로 흐르는 예술이며, 연극 또한 무대라는 제한된 공간 위에서 시간적으로 형상화되는 예술이다. 이 두 예술이 다 함께 시간과 공간의 예술이라는 점에서 다른 부문의 예술에 비하여 보다 가까운 위치에 놓여 있음을 알겠다.

18 ㉠~㉣의 뜻으로 옳지 않은 것은?

① ㉠ 호사(豪奢)스러운 : 호화롭게 사치하는 태도가 있는
② ㉡ 치기(稚氣) : 어리고 유치한 기분이나 감정
③ ㉢ 방순(芳淳)한 : 향기롭고 아름답거나 유순하고 부드러운
④ ㉣ 면면(綿綿)히 : 여러 면 또는 각 방면으로

19 다음 소설에 대한 설명으로 옳지 않은 것은?

> 눈이 함빡 쌓인 흰 둑길이다. 오! 이 둑길 ······. 몇 사람이나 이 둑길을 걸었을거냐 ······. 훤칠히 트인 벌판 너머로 마주선 언덕, 흰 눈이다. 가슴이 탁 트이는 것 같다. 똑바로 걸어가시오. 남쪽으로 내닫는 길이오. 그처럼 가고 싶어하던 길이니 유감은 없을 거요. 걸음마다 흰눈 위에 발자국이 따른다. 한 걸음, 두 걸음 정확히 걸어야 한다. 사수(射手) 준비! 총탄 재는 소리가 바람처럼 차갑다. 눈앞엔 흰 눈 뿐, 아무 것도 없다. 인제 모든 것은 끝난다. 끝나는 그 순간까지 정확히 끝을 맺어야 한다. 끝나는 일초 일각까지 나를, 자기를 잊어서는 안 된다.
>
> — 오상원, 유예 —

① 피살자의 처지이면서도 일말의 공포나 불안 없이 죽음 자체를 당연한 운명으로 받아들이고 있다.
② 극한 상황에 처한 인물의 내면의식이 대지에 깔린 백설과 일치하고 있다.
③ 일인칭 독백형식을 취하고 있다.
④ 작가의 직접적인 설명을 통해 인물의 성격을 제시하고 있다.

20 다음 밑줄 친 부분에 적합한 속담은?

> 그 때는 어느 땐고? 팔월 대명일 추석이로구나. <u>다른 집에서는 떡을 헌다, 밥을 헌다, 자식들을 곱게곱게 입혀서 선산 성묘를 보내고 야단이 났는듸, 흥보 집에는 먹을 것이 없어, 자식들이 모다 졸라싸니까</u> 흥보 마누라가 앉아 울음을 우는 게 가난타령이 되았던가 보더라.

① 가난한 집 제사 돌아오듯 한다.
③ 풍년 거지 더 섧다.
② 수염이 석자라도 먹어야 양반이다.
④ 주인 많은 나그네 밥 굶는다.

1 다음 글과 관련이 있는 민란은?

> 홍경원을 불지르고 그곳에 있는 승려 10여 인을 죽이고, 주지승을 핍박하여 그로 하여금 글월을 가지고 서울에 가도록 했는데, 거기에 대략 이르기를, "이미 우리 시골(소)의 격을 올려서 현으로 삼고, 또 수령을 두어 그로써 안무하였는데, 돌이켜 다시 군사를 내어와서 토벌하여 내 어머니와 처를 잡아들여 얽어매니 그 뜻이 어디에 있는가…. 반드시 왕경에 이른 뒤에야 그칠 것이다."고 하였다.

① 만적의 난
② 김사미의 난
③ 조위총의 난
④ 망이 · 망소이의 난

2 조선 건국에 큰 영향을 미친 정도전에 대한 설명으로 옳지 않은 것은?

① 불교를 배척하며 「불씨잡변」을 저술하였다.
② 재상 중심의 정치를 주장하였다.
③ 대명 강경책으로 요동 정벌을 주장하였다.
④ 도교 행사 주관 관청인 소격서를 폐지하였다.

3 1920년대부터 일본이 실시한 통치 정책에 해당하는 것을 모두 고르면?

㉠ 조선태형령	㉡ 「조선일보」 · 「동아일보」 발간
㉢ 산미증식계획	㉣ 교원의 제복 · 착검
㉤ 보통 경찰제도	㉥ 토지 조사 사업

① ㉠㉡㉣
② ㉠㉡㉤
③ ㉡㉢㉤
④ ㉣㉤㉥

4 조선시대의 관청과 해당 관청이 하는 일을 모두 바르게 연결한 것은?

⑦ 왕명의 출납을 맡는 국왕의 비서기관
⑭ 중대한 범죄를 다루던 사법 기관
⑮ 역사서 편찬과 보관을 담당하는 역사편찬 기관
⑯ 궁중의 경서·사적의 관리, 문헌의 처리 및 왕의 자문에 응하는 일을 관장하는 문필기관

	⑦	⑭	⑮	⑯
①	사간원	사헌부	홍문관	춘추관
②	승정원	의금부	춘추관	홍문관
③	의정부	의금부	홍문관	한성부
④	홍문관	사헌부	춘추관	승정원

5 아래의 내용이 설명하는 조직에 대한 설명으로 옳지 않은 것은?

1940년 중국 충칭에서 중국 정부의 지원을 받아 창설되었던 대한민국 임시정부의 정규군으로, 1945년 미국전략첩보국과 국내진공작전을 추진하였다.

① 중국 관내에서 결성된 최초의 한인 무장부대이다.
② 총사령관은 지청천, 참모장은 이범석이었다.
③ 기관지 「광복」을 한국어본과 중국어본으로 발간하였다.
④ 미얀마·인도 전선에서 영국군과 공동작전을 펼쳤다.

6 우리나라 정부의 경제 정책을 시기순으로 바르게 나열한 것은?

> (가) 경제협력개발기구(OECD) 가입
> (나) 제3차 경제개발 5개년 계획 실시
> (다) 칠레와 우리나라 최초의 자유무역협정 체결
> (라) 미국 등의 원조를 받아 삼백 산업 육성

① (나)→(라)→(가)→(다)　　　　　　② (나)→(다)→(라)→(가)

③ (라)→(나)→(다)→(가)　　　　　　④ (라)→(나)→(가)→(다)

7 다음은 선사시대 우리나라의 주거지를 나타낸 것이다. ㉠에서 ㉡으로 바뀌면서 나타난 현상으로 바른 것은?

	위치	형태	출토유물
㉠	강가, 바닷가	움집(단일유적)	간석기, 토기
㉡	산간, 구릉지	지상가옥(밀집취락 형성)	반달돌칼, 동검

① 풍수지리설이 수용되어 주택과 도읍지 선정에 이용되었다.

② 농경의 비중이 높아지고, 처음으로 신분과 계급이 발생하였다.

③ 빙하기가 끝나면서 해수면이 상승되어 주거지의 변화가 나타났다.

④ 농경이 처음으로 시작되면서 이동생활에서 정착생활로 바뀌었다.

8 조선후기 농업의 변화된 모습에 대한 설명으로 옳지 않은 것은?

① 정부는 이앙법을 금지시켰으나 계속 확대되어 갔다.

② 광작의 보급으로 농민계층의 분화가 촉진되었다.

③ 도조법의 확대는 많은 농민의 토지이탈을 가져왔다.

④ 농업생산이 보다 다양해지고 전문화되었다.

9 다음은 우리나라 각 시대의 농민생활을 설명한 것이다. 시대순으로 바르게 나열한 것은?

> ㉠ 공전을 경작할 경우에는 수확량의 4분의 1을 국가에 납부하였다.
> ㉡ 국가에서 지급한 정전을 경작하고, 그 대가로 조를 납부하였다.
> ㉢ 주로 생산업에 종사하였으나, 부경을 갖고 있는 지배자에게 많은 수탈을 당하였다.
> ㉣ 살기 어려워진 농민들은 사원의 노비가 되거나 반란을 일으키기도 하였다.

① ㉢ - ㉡ - ㉣ - ㉠
② ㉢ - ㉣ - ㉡ - ㉠
③ ㉣ - ㉠ - ㉡ - ㉢
④ ㉣ - ㉠ - ㉢ - ㉡

10 고려시대의 지방행정운영을 설명한 것 중 옳은 것은?

① 지방군은 군사적 주요지역인 양계에만 주둔하였다.
② 지방관이 파견됨에 따라 향리의 역할이 점차 강화되었다.
③ 향·소·부곡 등에는 수령이 파견되어 이들이 행정을 담당하였다.
④ 성종 이전에는 지방관이 파견되지 않고 호족이 자치적으로 담당하였다.

11 삼국시대의 문화에 대한 설명으로 옳지 않은 것은?

① 불교는 왕즉불(王則佛)사상과 윤회설(輪回說) 등을 통해 기존 사회지배질서를 정당화한다는 점에서 왕과 귀족세력에 의해 적극 수용되었다.
② 백제 막고해의 언급과 을지문덕이 우중문에게 보낸 시에서 도가 및 도교 계통의 인식이 삼국에 퍼져있음을 알 수 있다.
③ 임신서기석에 나타난 시경, 서경, 예기는 신라 태학의 필수교육 과목이었다.
④ 삼국은 모두 조상들이 천제(天帝)의 후예임을 강조하였는데, 광개토왕비문과 모두루묘지명문은 고구려인의 이 같은 인식을 잘 보여준다.

12 발해역사에 대하여 바르게 설명한 것만을 골라 묶은 것은?

> ㉠ 처음에는 나라 이름을 진(震)이라고 하였다.
> ㉡ 전국의 행정구역은 5경 15부 62주로 나누었다.
> ㉢ 중앙에는 중서성, 문하성, 상서성의 3성을 두었다.
> ㉣ 수상은 대내상으로서 그 아래에 좌상, 우상을 두었다.

① ㉠㉡㉢　　　　　　　　　　　　② ㉠㉡㉣
③ ㉠㉢㉣　　　　　　　　　　　　④ ㉡㉢㉣

13 1907년 조직된 신민회의 활동과 관련 깊은 것을 고르면?

> ㉠ 고종 황제의 양위에 대한 반대운동을 주도하였다.
> ㉡ 일본의 황무지개간권 요구에 반대운동을 전개하였다.
> ㉢ 자기 회사를 설립하여 민족산업자본의 진흥에 힘썼다.
> ㉣ 간도 삼원보, 밀산부 한흥동 등 독립운동기지를 건설하였다.
> ㉤ 광주학생항일운동에 조사단을 파견하였다.

① ㉠㉡　　　　　　　　　　　　② ㉡㉣
③ ㉢㉣　　　　　　　　　　　　④ ㉢㉤

14 다음의 내용을 주장한 승려들이 공통적으로 추구했던 목표는?

> • 원효는 화쟁(和諍)사상을 주장하였다.
> • 의천은 이론과 실천의 양면을 강조하는 교관겸수(敎觀兼修)를 제창하였다.
> • 지눌은 참선과 지혜를 아울러 닦자는 정혜쌍수(定慧雙修)를 내세웠다.

① 불교의 대중화 시도　　　　　　② 불교사상의 통합 구현
③ 유교와 불교의 타협 시도　　　　④ 불교의 정치이념화 구현

15 다음을 시대순으로 바르게 나열한 것은?

> ㉠ 윤관의 동북 9성 축조 　　　　㉡ 의천의 속장경 편찬
> ㉢ 묘청의 서경천도운동 　　　　㉣ 신분해방운동인 만적의 난

① ㉠㉢㉣㉡
② ㉡㉠㉢㉣
③ ㉡㉠㉣㉢
④ ㉢㉡㉣㉠

16 다음은 갑오·을미개혁 당시에 반포된 홍범14조의 일부이다. 이를 바탕으로 갑오·을미개혁이 백성들의 지지를 받지 못한 가장 근본적인 이유를 바르게 추론한 것은?

> • 청에 의존하는 생각을 버리고 자주독립의 기초를 세운다.
> • 왕실사무와 국정사무를 나누어 서로 혼동하지 않는다.
> • 납세는 법으로 정하고, 함부로 세금을 징수하지 아니한다.
> • 장교를 교육하고 징병을 실시하여 군제의 근본을 확립한다.
> • 민법, 형법을 제정하여 인민의 생명과 재산을 보전한다.
> • 문벌을 가리지 않고 인재등용의 길을 넓힌다.

① 민권의 확립에 의한 민주주의 사회를 기약하지 못했다.
② 농민부담을 줄여 주는 조세제도의 개혁이 추진되지 못했다.
③ 신분제도가 법적으로는 철폐되었으나 현실적으로는 존재하였다.
④ 동학농민군이 요구하였던 토지개혁이 이루어지지 않았다.

17 다음은 19세기 후반에 대두한 근대 민족주의 사상에 관한 내용이다. 이 사상에 대한 설명으로 틀린 것은?

> • 서학에 대항하여 성립된 민족종교사상으로 경천(敬天)사상을 기본으로 하면서 유·불·도를 융합하려 하였다.
> • 인본주의를 기반으로 사해평등주의를 표방하였다.

① 천주교의 유포를 두려워한 집권층의 비호를 받았다.
② 보국안민을 내세워 서양과 일본의 침투를 경계하였다.
③ 신앙운동에 머무르지 않고 정치·사회운동을 전개하였다.
④ 후천개벽을 내세워서 운수가 끝난 조선왕조를 부정하였다.

18 조선시대의 사회구조와 향촌사회에 대한 설명으로 옳지 않은 것은?

① 신분제도는 양민과 천민의 두 계층으로 나뉘었고 상민은 법제적으로 교육과 정치적 출세가 허용되었다.
② 유교적 질서에 의해 가부장적 가족제도가 엄격하게 지켜졌다.
③ 노비는 양인과의 결혼이 금지되었다.
④ 농민에 비해 공장과 상인은 사회적으로 높은 지위를 가졌다.

19 다음의 조세제도를 통해 알 수 있는 조선후기 조세제도의 개편방향으로 타당하지 않은 것은?

> ㉠ 가호를 기준으로 농산물·수산물·광산물·공산물 등 현물로 수납하던 조세제도를 개편하여 토지 보유 결수를 기준으로 쌀, 베, 돈으로 내게 하였다.
> ㉡ 양인 장정들이 1년에 2필씩 내던 군포를 1년에 1필로 줄여 주는 대신, 일부 상류 신분층에게 선무군관포를 부담시키거나 토지 1결당 결작 2두 또는 돈 5전을 지주들로부터 거두어들임으로써 그 부족분을 보충하였다.

① 조세의 전세화 　　　　　　　　　② 농민부담의 경감
③ 국가재정의 확보 　　　　　　　　④ 신분적 차별의 폐지

20 다음은 강화도조약의 일부이다. 그 의미를 잘못 연결한 것은?

> ㉠ 조선국은 자주의 나라이며, 일본국과 평등한 권리를 갖는다.
> ㉡ 조선국은 부산 이외의 두 곳을 개항하고, 일본인이 왕래 통상함을 허가한다.
> ㉢ 일본국의 항해자가 자유로이 해안을 측량하도록 한다.
> ㉣ 일본국민이 조선국 각 항구에 머무르는 동안 저지른 범죄는 모두 일본관원이 심판한다.

① ㉠ 청의 조선에 대한 종주권을 부인하여 일본의 침략의도를 나타낸 것이다.
② ㉡ 통상교역의 목적을 넘어 정치적·군사적 거점을 마련하려는 의도를 드러낸 것이다.
③ ㉢ 조선의 자주권에 대한 명백한 침해로 볼 수 있다.
④ ㉣ 최혜국 대우를 규정한 것으로 불평등한 내용이다.

03 영어

Q 밑줄 친 부분의 의미와 가장 가까운 것을 고르시오. 【1 ~ 4】

1

She never <u>disappoints</u> those who support her.

① get over
② put off
③ let down
④ take after

2

Our contract that was concluded on yesterday is <u>tenable</u> for a period of five years.

① maintained
② tentative
③ reliant
④ favorable

3

This is the performance that everyone wants to see. And they <u>nourish</u> the dream of watching it over and over again.

① finish
② perish
③ vanish
④ cherish

4

His illness <u>stems from</u> a traffic accident.

① comes from
② results in
③ runs for
④ stands for

5 문법적으로 틀리거나 어색한 것은?

①<u>There are hundreds of studies</u> showing that how parents treat their children has deep and lasting consequences for the child's emotional life. ②<u>Only recently there have been</u> hard data showing that having emotionally intelligent parents is itself of enormous benefit to a child. ③<u>The ways a couple handles their own feelings</u> give powerful lessons to their children, who are astute learners, attuned to the subtlest emotional exchanges in the family. Those couples ④<u>who are more emotionally competent</u> in the marriage are also the most effective in helping their children with their emotional ups and downs.

6 어법상 옳지 않은 것은?

① While working at a hospital, she saw her first air show.
② However weary you may be, you must do the project.
③ One of the exciting games I saw were the World Cup final in 2010.
④ It was the main entrance for which she was looking.

7 우리말을 영어로 잘못 옮긴 것은?

① 그는 마치 자신이 미국 사람인 것처럼 유창하게 영어로 말한다.
→ He speaks English fluently as if he were an American.

② 우리 실패하면 어떻게 하지?
→ What if we should fail?

③ 만일 내일 비가 온다면, 나는 그냥 집에 있겠다.
→ If it rains tomorrow, I'll just stay at home.

④ 뉴턴이 없었다면 중력법칙은 발견되지 않았을 것이다.
→ If it was not for Newton, the law of gravitation would not be discovered.

8 ( ) 안에 들어갈 적당한 말은?

> Life is like onion : You peel off layer after layer and then you find ( ).

① yourself lost   ② yourself in trouble

③ you are in danger   ④ there is nothing

9 밑줄 친 <u>these 'portables'</u>가 가리키는 것은?

> The so-called 'portable' computers of just a few years ago were heavy machines. They weighed about 15 pounds and were really designed to stay in one place. The idea of traveling with an old 'portable' was out of the question. It would not even fit under an airline seat. Present-day laptop computers, however, are totally different. <u>These 'portables'</u> are really meant to be carried around. They are sometimes even called 'notebooks'. Unlike the heavy monsters of the past, the laptop computers weigh only about five pounds. They can fit easily into a briefcase. In spite of their size, they have much more memory capacity than the older computers.

① old 'portable' computers   ② laptop computers

③ the heavy monsters   ④ memory capacity

10 밑줄 친 <u>it</u>이 가리키는 것은?

Long ago, some people believed that <u>it</u> was a bridge that appeared in the sky when the gods wanted to leave heaven and come down to earth. Today, we know it is simply caused by sunlight shining on raindrops. To see it you must have the sun behind you and the rain falling in front of you.

---

① a lighting

② the Milky Way

③ a shooting star

④ a rainbow

11 본문의 내용과 일치하지 않는 것은?

Elephants are the largest land animals in the world. Whales are the largest sea animals. These two animals may, in fact, be related. Biologists now believe that the ancestors of elephants once lived in the sea.

There is plenty of evidence to support this idea. For example, the shape of an elephant's head is similar to a whale's. Also, elephants are excellent swimmers. Some have chosen to swim for food to islands up to 300 miles from shore.

Like the whale, the elephant, too, uses sounds to show anger or for other kinds of communication. Finally, in certain ways, female elephants behave much like female whales. When an elephant or a whale baby is born, a female friend stays nearby to help the mother.

---

① Whales are the largest animals in the sea, and elephants on the land.

② There is lack of evidence to believe that the ancestors of elephants once lived in the sea.

③ Elephants and whales use their sounds to communicate.

④ When a whale baby is born, a female friend whale helps the mother.

12 Louis Pasteur의 최종적인 심경은?

"Mother!" nine-year old Louis Pasteur cried. "A mad dog has bitten my friend Josheph, and now they are burning him with red-hot irons. It's terrible. Why are they hurting Josheph like that?"

"Rabies, Louis. Burning the bites is the only hope of stopping Josheph from catching the disease. If he catches it, no one will be able to save him."

Josheph did get rabies and died, in great pain, some days later. Louis Pasteur never forgot it.

"One day," he thought, "I would like to do something to help people like Josheph."

① surprised

② sorrowful

③ determined

④ confused

13 주어진 문장 뒤에 이어질 글의 순서로 가장 적절한 것은?

The sun, the largest, brightest, and hottest object in the solar system, is mostly made of a gas called hydrogen.

(A) At the center of the sun, hydrogen atoms may reach temperatures as high as 15,000,000℃.

(B) And when the hydrogen atoms change into helium, they also give off energy, which heats up the sun and makes it shine.

(C) At such a high temperature, some of the atoms move so fast that they hit each other and form a gas called helium.

① (A) − (B) − (C)

② (A) − (C) − (B)

③ (B) − (C) − (A)

④ (C) − (A) − (B)

14 본문 전체의 흐름과 맞지 않는 문장은?

①Today we depend on electricity more than we realize. ②Electricity gives us light in darkness, coolness in summer and warmth in winter. ③It cooks our food and washes our clothes and dishes. Electricity gives us movies and television to entertain us in our free time. ④Sometimes storms cut off the supply of electricity.

15 다음 글은 무엇에 관한 글인가?

When used for studies of learning and memory, the octopus is a more interesting subject than the squid. Unlike the free swimming squid, which relies exclusively on its eyes to guide it to a tasty fish or crab, the octopus often feeds off the bottom of the sea. It uses not only its eyes but its tentacles to identify a likely meal. The brain of the octopus has two separate memory storage areas one for visual memories and one for tactile memories.

① A new way of feeding fish
② Biological differences between two animals
③ How to go deep-sea fishing
④ A warning to deep-sea divers

16 바로 앞에 올 내용으로 가장 자연스러운 것은?

However, metal was much rarer than rock. Metal occasionally was found as nuggets, but generally it had to be extracted from certain not very common rocks (ores) by the use of heat. Finally, about 3,500 years ago, people found out how to extract iron from ores.

Iron is particularly common metal and is the cheapest metal even today. Iron properly treated becomes steel, which is particularly hard and tough. However, iron and steel have a tendency to rust.

① Advantages of rock over metal
② Advantages of metal over rock
③ Inconvenience of using metal
④ Metal as the chief tool making material

17 빈칸에 가장 알맞은 것은?

Dolphins also navigate by some kind of echo system, and it is almost certain that these animals communicate in some way by sound. By swinging their heads from side to side, _____, and letting out a set of ultrasonic blips, dolphins can see through twenty feet of water and tell if a fish is good for eating. The U.S. Navy, whose own apparatus is far less skilled, would give a great deal to learn how the dolphin does this.

① However
② For instance
③ On the other hand
④ Besides

Q 다음 글을 읽고 물음에 답하시오. 【18 ~ 19】

Kennedy missed being nominated for vice president by a few votes at the National Democratic Convention in Chicago in 1956. But he gained an introduction to the millions of Americans who watched the convention on television, and when he decided to run for president in 1960, his name was widely known. Many people thought that his religion and his youthful appearance would handicap him. Kennedy faced the religion issue frankly, declaring his firm belief in the separation of church and state. He drew some criticism for his family's wealth, which enabled him to assemble a large staff and to get around the country in a private plane. But he attracted many doubting Democratic politicians to his side by winning delegate contests in every state primary he entered. On gaining his party's nomination, Kennedy amazed nearly everybody by choosing Lyndon B. Johnson, who had opposed him for the nomination, as his vice-presidential running mate. Again, he used his considerable political skills to convince doubting friends that this was the practical course. Kennedy's four television debates with the Republican candidate, Richard M. Nixon, were a highlight of the 1960 campaign. In the opinion of one television network president, they were "the most significant innovation in Presidential campaigns since popular elections began." The debates were important in Kennedy's victory in the election. The popular vote was breathtakingly close : Kennedy's winning margin was a fraction of one percent of the total vote.

18 Kennedy의 승리에 중요한 기여를 한 것은?

① His youthful appearance
② His political skills on religion
③ His large staff
④ His television debates

19 Kennedy에 대한 설명으로 옳지 않은 것은?

① Kennedy's victory in delegate contests in every state primary enabled him to attract many doubting politicians to his side.

② Kennedy won a landslide victory in the presidential election.

③ Kennedy ran for president four years after he failed to be nominated for vice president.

④ Kennedy's failure to be nominated for vice president was ultimately a case of turning a misfortune into a blessing.

20 A, B 대화의 연결이 자연스럽지 않은 것은?

① A : Is it okay if I use your computer?

B : Not at the moment.

② A : This is the doctor's office, isn't it?

B : I'm afraid not. The doctor's office is next door.

③ A : Oh, my God! Is that you, Barbara?

B : Yes, it is. Good to see you again, Danny.

④ A : What about some dessert? We have ice cream.

B : Sure, give some more. I'm stuffed.

01 국어

1 다음 내용을 바탕으로 글을 쓸 때 그 주제로 알맞은 것은?

> ㉠ 경찰청은 고속도로 갓길 운행을 막기 위해 갓길로 운행하다 적발되면 30일 간의 면허 정지 처분을 내리기로 결정했다.
> ㉡ 교통사고 사망률 세계 1위라는 불명예는 작년에 이어 올해에도 계속되었다.
> ㉢ 교통사고의 원인으로는 운전자의 부주의와 교통 법규 위반의 비율이 가장 높다.
> ㉣ 교통 법규 위반자는 자신의 과실로 다른 사람에게 피해를 준다는 점에서 문제가 더욱 심각하다.
> ㉤ 우리나라는 과속 운전, 난폭 운전이 성행하고 있다. 이를 근절하기 위한 엄격한 법이 필요하다.

① 교통사고로 인한 사망률은 교통 문화 수준을 반영한다.
② 올바른 교통 문화 정착을 위한 운전자들의 의식변화가 필요하다.
③ 교통사고를 줄이기 위해서는 엄격한 법규체제가 필요하다.
④ 교통사고로 인한 사회적 손실이 막대하다.

2 밑줄 친 한자의 독음이 서로 다른 것은?

① 投降, 降等
② 貿易, 易學
③ 著名, 著述
④ 規則, 原則

3 식순으로 볼 때, 이 행사의 형식에 해당되는 것은?

〈식순〉

• 개회사 – 회장
• 축사 – 전라남도 지사
• 주제발표
- 주제 : 영산강, 경제개발이냐 환경보존이냐
- 발표자
  김복동(환경청) – 영산강 개발이 환경에 미치는 영향
  김철수(○○박물관) – 영산강 유역 개발과 문화유산
  홍길동(상공회) – 영산강 개발이 지역경제에 미치는 영향

※ 참고사항
  1. 청중의 질문을 생략합니다.
  2. 발표자간 토의의 시간은 없습니다.

① 공청회   ② 토론회
③ 배심토의   ④ 심포지엄

4 다음 글의 구조에 대한 분석으로 바르지 않은 것은?

㉠오늘날 21세기의 문화적 정체성 즉 문화적 전용 양상이 각별한 문제로 제기되는 이유는 무엇인가? ㉡그것은 오늘날 생긴 정체성, 즉 문화적 전용 양식의 새삼스러운 질적 변화가 아니라 그 변화의 속도와 폭의 양적 변화가 몰고 온 사회적 및 심리적 혼란에서 찾을 수 있다. ㉢문화는 우리가 생각하고 있었던 것과는 달리 정체성이라는 이름으로 착각되는 영원불변한 실체가 아니다. 그것은 부단한 변화와 변질의 과정에서 드러나는 양상 그 자체이다. ㉣그럼에도 불구하고, 과거 지구 각처의 여러 사회집단들이 각계 각층에서 체험했던 문화적 변화의 속도와 그 폭은 느낄 수도 볼 수도 없을 만큼 적었다. 이런 이유로 얼마 전까지만 해도 한 문화적 집단 속에서 그것에만 고유하게 존재한다고 착각되는 일정한 삶의 패턴을 읽을 수 있었다. 과거에 이러한 상태가 유지될 수 있었던 것은 지역 간의 인적, 정보적 접촉, 상호 침투 등 문화적 전용의 폭과 속도가 적고 느렸기 때문이다.

① ㉠은 문제제기에 해당한다.
② ㉡은 이 글 전체의 일반적 진술에 해당한다.
③ ㉢은 일반적 진술에 대한 구체화에 해당한다.
④ ㉣은 반론 제기 단락이다.

5 맞춤법이 모두 맞게 표기된 문장은?

① 약효가 금새 나타났다.
② 그는 오늘 웬지 기분이 우울했다.
③ 밤을 세워 추리소설을 읽었더니 피곤하다.
④ 우리는 떼려야 뗄 수 없는 사이이다.

Q 다음 글을 읽고 물음에 답하시오. 【6 ~ 8】

(가) 우리나라에도 몇몇 도입종들이 활개를 치고 있다. 예전엔 참개구리가 울던 연못에 요즘은 미국에서 건너온 황소개구리가 들어앉아 이것저것 닥치는 대로 삼키고 있다. 어찌나 먹성이 좋은지 심지어는 우리 토종 개구리들을 먹고 살던 뱀까지 잡아먹는다. 토종 물고기들 역시 미국에서 들여온 블루길에게 물길을 빼앗기고 있다. 이들이 어떻게 자기 나라보다 남의 나라에서 더 잘 살게 된 것일까?

(나) 도입종들이 모두 잘 적응하는 것은 결코 아니다. 사실, 절대 다수는 낯선 땅에 발도 제대로 붙여 보지 못하고 사라진다. 정말 아주 가끔 남의 땅에서 들풀에 붙은 불길처럼 무섭게 번져 나가는 것들이 있어 우리의 주목을 받을 뿐이다. 그렇게 남의 땅에서 의외의 성공을 거두는 종들은 대개 그 땅의 특정 서식지에 마땅히 버티고 있어야 할 종들이 쇠약해진 틈새를 비집고 들어온 것들이다. 토종이 제자리를 당당히 지키고 있는 곳에 쉽사리 뿌리내릴 수 있는 외래종은 거의 없다.

(다) 제 아무리 대원군이 살아 돌아온다 하더라도 더 이상 타 문명의 유입을 막을 길은 없다. 어떤 문명들은 서로 만났을 때 충돌을 면치 못할 것이고, 어떤 것들은 비교적 평화롭게 공존하게 될 것이다. 결코 일반화할 수 있는 문제는 아니겠지만 스스로 아끼지 못한 문명은 외래 문명에 텃밭을 빼앗기고 말 것이라는 예측을 해도 큰 무리는 없을 듯싶다. 내가 당당해야 남을 수용할 수 있다.

(라) 영어만 잘 하면 성공한다는 믿음에 온 나라가 야단법석이다. 한술 더 떠 일본을 따라 영어를 공용어로 하자는 주장이 심심찮게 들리고 있다. 영어는 배워서 나쁠 것 없고 국제 경쟁력을 키우는 차원에서 반드시 배워야 한다. 하지만 영어보다 더 중요한 것은 우리말이다. 우리말을 제대로 세우지 않고 영어를 들여오는 일은 우리 개구리들을 돌보지 않은 채 황소개구리를 들여온 우를 또다시 범하는 것이다.

(마) 영어를 자유롭게 구사하는 일은 새 시대를 살아가는 필수 조건이다. 하지만 우리말을 바로 세우는 일에도 소홀해서는 절대 안 된다. 황소개구리의 황소울음 같은 소리에 익숙해져 참개구리의 소리를 잊어서는 안 되는 것처럼.

6 이 글에서 글쓴이가 강조하고 있는 것은?

① 주체적인 태도　　　　　　　　② 민족주의적 사고
③ 세계화에 대한 적응　　　　　　④ 문화 민족으로서의 자부심

7 이 글에서 가장 두드러지게 사용된 내용 전개 방법은?

① 정의　　　　　　　　　　　　② 분류
③ 유추　　　　　　　　　　　　④ 분석

8 ㈎의 상황을 한자 성어로 나타낸 것으로 가장 알맞은 것은?

① 부화뇌동(附和雷同)　　　　　② 주객전도(主客顚倒)
③ 건곤일척(乾坤一擲)　　　　　④ 표리부동(表裏不同)

9 ㉠에 내포된 인물의 심리로 옳은 것은?

> "갔냐?"
> 　이것이 맑은 정신을 되찾고 나서 맨 처음 할머니가 꺼낸 말이었다. 고모가 말뜻을 재빨리 알아듣고 고개를 끄덕거렸다. 인제는 안심했다는 듯이 ㉠할머니는 눈을 지그시 내리깔았다. 할머니의 까무러친 후에 일어났던 일들을 고모가 조용히 설명해 주었다. 외할머니가 사람들을 내쫓고 감나무 밑에 가서 타이른 이야기, 할머니의 머리카락을 태워 감나무에서 내려오게 한 이야기, 대밭 속으로 사라질 때까지 시종일관 행동을 같이하면서 바래다준 이야기 ……, 간혹 가다 한 대목씩 빠지거나 약간 모자란다 싶은 이야기는 어머니가 옆에서 상세히 설명을 보충해 놓았다. 할머니는 소리 없이 울고 있었다. 두 눈에서 하염없이 솟는 눈물방울이 홀쭉한 볼 고랑을 타고 베갯잇으로 줄줄 흘러내렸다.

① 비애감　　　　　　　　　　　② 안도감
③ 기대감　　　　　　　　　　　④ 조바심

10 시조에 나타난 화자의 처지를 가장 적절하게 표현한 것은?

> 창(窓) 내고쟈 창(窓)을 내고쟈 이 내 가슴에 창(窓) 내고쟈.
> 고모장지 세살장지 들장지 열장지 암돌져귀 수돌져귀 빈목걸새 크나 큰 쟝도리로 쭝닥 바가 이 내 가슴에 창(窓) 내고쟈.
> 잇다감 하 답답홀 제면 여다져 볼가 ᄒ노라.

① 가랑잎에 불 붙듯
② 벙어리 냉가슴 앓듯
③ 대추나무에 연 걸리듯
④ 풀 방구리에 쥐 드나들 듯

11 밑줄 친 부분과 문맥적 의미가 가장 가까운 것은?

> 작문을 열심히 하여 소설가가 되<u>겠</u>다.

① 이번주는 좀 힘들고 다음주까지는 마감을 하<u>겠</u>다.
② 참 별난 사람 다 보<u>겠</u>군.
③ 오후에 출발하면 저녁에는 도착하<u>겠</u>지.
④ 어머님들 먼저 식장으로 입장하시<u>겠</u>습니다.

12 다음 글에서 알 수 있는 표기의 특징과 거리가 먼 것은?

> 유익흔 이 세 가짓 벋이오, 해로온 이 세 가짓 벋이니, 直딕흔 이를 벋ᄒ며 신실흔 이를 벋ᄒ며, 들온 것 한 이를 벋ᄒ면 유익ᄒ고, 거동만 니근 이를 벋ᄒ며, 아당ᄒ기 잘ᄒᄂ 이를 벋ᄒ며, 말솜만 니근 이를 벋ᄒ면 해로온이라.

① 연철현상이 뚜렷해졌다.
② 초성에 합용병서가 쓰였다.
③ ㆁ, ㆍ 는 그대로 쓰였다.
④ 'ㄱ' 탈락현상을 보이는 단어가 있다.

Q 다음 글을 읽고 물음에 답하시오. 【13 ~ 14】

나는 좀 구체적으로 설명할 필요를 느꼈다.

"무릇 피(血)와 기운(氣)이 있는 것은 사람으로부터 소, 말, 돼지, 양, 벌레, 개미에 이르기까지 모두가 한결같이 살기를 원하고 죽기를 싫어하는 것입니다. 어찌 큰 놈만 죽기를 싫어하고, 작은 놈만 죽기를 좋아하겠습니까? 그런 즉 개와 이의 죽음은 같은 것입니다. 그래서 예를 들어서 큰 놈과 작은 놈을 적절히 대조한 것이지, 당신을 놀리기 위해서 한 말은 아닙니다. 당신이 내 말을 믿지 못하겠으면 당신의 열 손가락을 깨물어 보십시오. 엄지손가락만이 아프고 그 나머지는 아프지 않습니까? 한 몸에 있는 큰 지절(支節)과 작은 부분이 골고루 피와 고기가 있으니, 그 아픔은 같은 것이 아니겠습니까? 하물며, 각기 기운과 숨을 받은 자로서 어찌 저 놈은 죽음을 싫어하고 이 놈은 좋아할 턱이 있겠습니까? 당신은 물러가서 눈 감고 고요히 생각해 보십시오. 그리하여 달팽이의 뿔을 쇠뿔과 같이 보고, 메추리를 대붕(大鵬)과 동일시하도록 해보십시오. 연후에 나는 당신과 함께 도(道)를 이야기하겠습니다."라고 했다.

13 이 글에 쓰인 논증의 유형은?

① 귀납적   ② 연역적
③ 변증적   ④ 유추적

14 이 글의 내용과 관계깊은 것은?

① 의(義)   ② 인(仁)
③ 예(禮)   ④ 지(智)

15 다음은 '직장인의 자세'라는 신문 기사 표제어의 일부분이다. 어법에 맞게 고쳐야 할 것은?

① 항상 노력하라.   ② 성실하게 임하라.
③ 밝게 웃으며 인사하라. ④ 열심히 실력을 쌓아라.

16 밑줄 친 부분의 활용이 옳지 않은 것은?

① 다시 생각해 보니 내 생각과 달리 네 말이 <u>맞는다</u>.
② 유달리 <u>가문</u> 그해 봄에는 황사도 많이 왔다고 한다.
③ 나는 <u>저린</u> 어깨 때문에 가방을 제대로 들 수가 없다.
④ 그 모임의 분위기에 <u>걸맞는</u> 옷 좀 골라 주세요.

17 다음 글의 주제는?

> 되들에 동난지이 사오. 져 쟝스야. 네 황후 긔 무서시라 웨는다, 사쟈.
> 外骨內肉, 兩目이 上天, 前行後行, 小아리 八足, 大아리 二足, 淸醬의 ᄋ스슥ᄒᆞᄂᆞᆫ 동난지이 사오.
> 쟝스야, 거복이 웨지 말고 게젓이라 ᄒᆞ렴은.

① 교언영색(巧言令色)　　　　　② 주마간산(走馬看山)
③ 허장성세(虛張聲勢)　　　　　④ 면종복배(面從腹背)

Q 다음 시를 읽고 물음에 답하시오. 【18 ~ 19】

> 매운 계절(季節)의 채찍에 갈겨
> 마침내 북방(北方)으로 휩쓸려오다.
>
> 하늘도 그만 지쳐 끝난 고원(高原)
> 서릿발 칼날진 그 위에 서다.
>
> 어데다 무릎을 꿇어야 하나
> 한 발 재겨 디딜 곳조차 없다.
>
> 이러매 눈감아 생각해 볼밖에
> ㉠ <u>겨울은 강철로 된 무지갠가 보다.</u>

18 이 시에 대한 설명으로 옳지 않은 것은?

① 계절적 이미지를 사용하여 시대적 상황을 상징적으로 드러내고 있다.
② '기 – 승 – 전 – 결'의 구조이다.
③ 절망적 상황을 초극하려는 의지를 표출하고 있다.
④ 강렬한 색채 이미지의 대비를 통해 생동감을 부여한다.

19 ㉠의 표현 방법과 유사하지 않은 것은?

① 이것은 소리 없는 아우성 / 저 푸른 해원(海原)을 향하여 흔드는 / 영원한 노스탤지어의 손수건
② 나는 아직 기다리고 있을 테요, 찬란한 슬픔의 봄을
③ 퇴색한 성교당의 지붕 위에선 / 분수처럼 흩어지는 푸른 종소리
④ 밤에 홀로 유리를 닦는 것은 / 외로운 황홀한 심사이어니

20 창작 의도가 나머지 셋과 다른 하나는?

> ㈎ 청산은 어이하여 만고에 푸르르며 / 유수는 어찌하여 주야에 긋지 아니는고 / 우리도 그치지 말고 만고 상청 하리라
>
> ㈏ 어버이 사라신 제 셤길일란 다 하여라. / 디나간 후면 애닯다 엇디 하리 / 평생에 곳텨 못할 일이 잇뿐인가 하노라.
>
> ㈐ 노래 삼긴 사람 시름도 하도 할샤 / 일러 다 못 일러 불러나 푸돗던가 / 진실로 풀릴 것이면은 나도 불러 보리라.
>
> ㈑ 내해 죠타 하고 남 슬흔 일 하지 말며 / 남이 한다 하고 義 아니면 좃지 말니 / 우리는 天性을 직희여 삼긴 대로 하리라.

① ㈎

② ㈏

③ ㈐

④ ㈑

1 다음 국가에 대한 설명으로 옳은 것은?

> 이 지역에서는 철이 생산되는데, 한·예·왜 등이 모두 와서 사 간다. 시장에서는 모든 매매는 철로 이루어져서 마치 중국에서 돈을 쓰는 것과 같으며, 또 중국의 군현인 낙랑과 대방 두 군에도 공급하였다.

① 덩이쇠를 수출하였으며, 중계무역이 발달하였다.
② 고구려와의 관계를 알 수 있는 호우명 그릇이 출토되었다.
③ 이차돈의 순교를 계기로 불교를 수용하였다.
④ 마한의 소국 목지국을 병합하였다.

2 고려시대 경제에 대한 설명으로 옳지 않은 것은?

> ㉠ 경종 때는 전·현직 관료의 관품과 인품을 고려하는 시정 전시과를 시행하였다.
> ㉡ 농서인 「농사직설」과 의학서인 「향약구급방」을 편찬하였다.
> ㉢ 의창을 두어 빈민을 구제하고, 상평창을 통해 물가를 안정시켰다.
> ㉣ 화폐로 건원중보, 삼한통보, 은병 등을 발행하였다.

① ㉠   ② ㉡
③ ㉢   ④ ㉣

3 개항기에 외국에 파견된 사절단과 그에 대한 설명이 옳지 않은 것은?

① 조미수호통상조약에 따라 조사 시찰단을 파견하였다.
② 청나라에 파견한 시찰단인 영선사는 무기 제조 기술을 습득하였다.
③ 일본의 선진 문물을 시찰하기 위해 신사 유람단을 파견하였다.
④ 김홍집은 2차 수신사로 일본에 다녀오면서 「조선책략」을 가져왔다.

4 조선시대의 기록물과 그에 대한 설명을 연결한 것 중 옳지 않은 것은?

> ㈎ 조선 왕실의 의례용 도장으로, 왕과 왕후의 존호(尊號)를 올릴 때나 왕비·세자·세자빈을 책봉할 때 사용되었다.
>
> ㈏ 허준이 선조의 명에 따라 저술한 것으로, 목활자로 첫 간행된 조선 최고의 의학서적이다.
>
> ㈐ 승정원에서 왕명출납, 행정사무, 의례적 사항 등을 기록한 일지이다.
>
> ㈑ 정조가 세손 시절부터 자신의 잘못을 반성하기 위해 시작한 일기로, 정조 즉위 후 국정 일기로 전환되었다.

① ㈎ – 어책
② ㈏ – 동의보감
③ ㈐ – 승정원일기
④ ㈑ – 일성록

5 다음의 설명에 해당하는 독립군 단체는 무엇인가?

> • 1938년 중국의 한커우에서 김원봉이 창설한 한국 독립무장부대이다.
> • 일부는 한국광복군으로 흡수, 일부는 화북조선독립동맹이 지도하는 조선의용군으로 개편되었다.

① 한국광복군
② 대한독립단
③ 조선의용대
④ 한국독립당

6 다음 조항과 관련된 법령에 대한 설명으로 옳지 않은 것은?

> 제1조   일본정부와 통모하여 한일합병에 적극협력한 자, 한국의 주권을 침해하는 조약 또는 문서에 조인한 자와 모의한 자는 사형 또는 무기징역에 처하고 그 재산과 유산의 전부 혹은 2분지 1이상을 몰수한다.

① 반민족행위를 예비조사 하기 위해 특별조사위원회를 설치하도록 하였다.
② 광복 이전 반민족행위자를 처벌하기 위하여 제헌 국회에서 제정하였다.
③ 6·25 전쟁에 대한 휴전 협정 후 본격적으로 시행되었다.
④ 법에 저촉되는 행위를 한 자는 실형을 선고받았다.

7 밑줄 친 '이들'에 대한 설명으로 옳은 것은?

> 이들이 받은 교육 내용은 주로 서양의 말과 문장, 탄약 제조, 화약 제조, 제도, 전기, 소총 수리 등이었다. 그러나 이들 가운데에는 자질이 부족하여 교육에 어려움을 느끼다가 자퇴하는 사람들도 있었다.

① 갑신정변을 주도하였다.
② 일본에 파견되어 활동하였다.
③ 정부의 재정지원으로 외국에서 3년 간 교육을 받았다.
④ 이들의 활동을 계기로 근대적 병기공장인 기기창이 설치되었다.

8 조선후기 문화에 대한 설명으로 옳지 않은 것은?

① 객관성과 실증을 중시하여 비기와 도참 등의 예언사상은 쇠퇴하였다.
② 천문학의 새로운 탐구에서 중국 중심의 세계관이 비판되었다.
③ 의학에서는 이론과 임상을 일치시키기 위한 노력이 있었다.
④ 음운연구와 어휘수집 등 국어에 대한 연구가 이루어졌다.

9 다음의 제도를 실시한 목적으로 가장 알맞은 것은?

• 상수리제도   • 기인제도 • 사심관제도   • 경저리제도

① 지방자치의 강화   ② 지방세력 통제

③ 사림세력 성장   ④ 지방관의 감찰

10 조선중기의 조광조는 다음과 같은 혁신적 정치를 행하고자 하였다. 그 근본의도는?

• 향약의 시행   • 도교행사 폐지   • 현량과 실시

① 지방자치의 추구   ② 사림의 지위 강화

③ 붕당의 기반 구축   ④ 국왕의 권력 강화

11 다음은 고려시대의 법제에 관한 설명을 나열한 것이다. 옳은 것을 모두 고른 것은?

㉠ 고려의 형법은 당률을 참작하여 71조항으로 만들어졌다. ㉡ 일상생활에 관계되는 것은 대개 전통적인 관습법을 따랐다. ㉢ 형벌에는 태·장·도·유·사의 5종이 있었다. ㉣ 대가족 중심의 고려사회를 유지하기 위하여 반역죄, 불효의 죄를 중죄로 취급하였다.

① ㉠㉡㉢   ② ㉠㉢㉣

③ ㉡㉢㉣   ④ ㉠㉡㉢㉣

12 붕당정치에 대한 설명으로 옳은 것은?

① 북인정권은 5군영을 설치하여 권력기반으로 삼았다.
② 서인은 자영농 육성에 치중하고 상업과 기술발전에 소극적이었다.
③ 남인은 서인들의 북벌운동을 비판하면서 예송논쟁을 일으켰다.
④ 붕당 간의 정치적 갈등을 화합시키려는 탕평책은 영조에 의해 처음 제기되었다.

13 다음은 고려와 조선의 정치에 관한 것이다. 아래와 같은 제도의 공통된 의의로 옳은 것은?

> • 고려시대에는 관리의 임명이나 법제의 개폐가 있을 때 언관이 서경하고 간쟁하는 제도를 운영하였다.
> • 조선시대의 양사(사헌부, 사간원)는 서경을 담당하였으며, 경연·서연제도를 두어 국왕과 세자의 학덕을 배양했을 뿐 아니라 상소·구언제도를 운영하였다.

① 국가권력의 정당성이 확립될 수 있었다.
② 행정의 효율을 극대화할 수 있는 조직이 마련되었다.
③ 권력의 남용과 부정을 막는 제도적 장치가 마련되었다.
④ 국가권력과 국민의 자유간에 발생하는 갈등이 해소될 수 있다.

14 고려시대에 설치되었던 특수 군사조직의 역할이 잘못 연결된 것은?

① 별무반 – 여진족 정벌에 동원되었다.
② 광군 – 거란의 침입에 대비하였다.
③ 삼별초 – 무신정권의 군사적 배경이 되었다.
④ 도방 – 몽고와의 항쟁에서 주도적 역할을 하였다.

15 다음 내용을 주장한 사건에 대한 설명으로 옳지 않은 것은?

> • 탐관오리는 그 죄상을 조사하여 엄징한다.
> • 노비문서를 소각한다.
> • 토지는 평균하여 분작한다.

① 양반 중심의 전통적 신분제를 붕괴시키는 데 기여하였다.
② 유교적 질서의 재정립을 도모하였다.
③ 청·일전쟁의 계기가 되었다.
④ 당시 집권세력과 일본의 탄압으로 실패하였다.

16 다음은 조선초기 세종 때의 업적이다. 이와 직접적인 관련이 있는 조치로 볼 수 있는 것은?

> • 역법계산을 위해 칠정산을 완성하였다.
> • 간의, 혼의 등 천체 관측기구를 제작하였다.
> • 시각측정기구인 앙부일구, 자격루 등을 제작하였다.

① 산불을 낸 자는 중벌에 처하였다.
② 전지의 등급을 6등급으로 세분하였다.
③ 그 해의 풍흉에 따라 전세를 각각 달리하였다.
④ 농사철에 농민들을 부역에 동원하는 것을 법으로 금하였다.

17 일제 식민 당국이 다음과 같은 정책을 실시한 목적은?

> ㉠ 회사령 공표
> ㉡ 전매제도 실시
> ㉢ 총독부의 항만, 철도, 도로 직영

① 인적 · 물적 수탈정책
② 농 · 공 병진정책
③ 병참기지화정책
④ 민족기업의 탄압정책

18 다음과 같은 내용을 가진 운동에 대한 설명으로 옳지 않은 것은?

> 내 살림 내것으로
> 보아라 우리의 먹고 입고 쓰는 것이 다 우리의 손으로 만든 것이 아니었다.
> 이것이 세상에서 제일 무섭고 위태한 일인 줄을 오늘에야 우리는 깨달았다.
> 피가 있고 눈물이 있는 형제 자매들아,
> 우리가 서로 붙잡고 서로 의지하며 살고서 볼 일이다.
> 입어라 조선 사람이 짠 것을
> 먹어라 조선 사람이 만든 것을
> 써라 조선 사람이 지은 것을
> 조선 사람, 조선 것

① 자본가와 지도층이 주도한 운동이다.
② 제1차 세계대전 이후 미국, 중국 등 외국인 자본과 상품이 범람하게 되자 시작하게 된 운동이다.
③ 민족산업의 육성을 도모하여 경제적 자립을 이룩하자는 운동이다.
④ 민족실력양성운동의 한 형태로 전개되었다.

19 1905년 미·일 간에 체결된 것으로, 필리핀에서 미국의 독점적 권익을 인정받는 대신 한국에 대한 일본의 독점적 권익을 인정한 조약은?

① 가쓰라·태프트밀약
② 미·일수호통상조약
③ 포츠머스강화조약
④ 시모노세키조약

20 8·15 광복 정국에 관한 설명으로 옳은 것은?

① 제주도 4·3사건과 여순사건은 극우세력의 반란이었다.
② 광복과 동시에 상해 임시정부가 정권을 인수하였다.
③ 신탁통치안은 해방되던 그 해 모스크바 3국외상회의에서 결의되었다.
④ 남한에서 단행된 농지개혁은 유상매수, 무상분배를 원칙으로 하였다.

Q 밑줄 친 부분과 의미가 가장 가까운 것을 고르시오. 【1 ~ 3】

1

> Everyone was <u>assembled</u> in the garden.

① disintegrated

② integrated

③ segregated

④ congregated

2

> In the end, David began to get <u>fed up with</u> his friend Jessie because she was indecisive.

① sick of

② boastful of

③ end up

④ sympathetic to

3

> The price of this product is 5 dollars <u>exclusive of</u> VAT. Therefore you need to pay an additional 10% VAT in order to purchase this.

① accepting

② excepting

③ distributing

④ emerging

4 다음 문장을 가장 자연스럽게 옮긴 것은?

> 우리는 건강을 잃고 나서야, 비로소 건강의 가치를 깨닫는다.

① It is not until we lose our health that we realize the value of it.

② No sooner had we realized the value of our health when we lost it.

③ We will realize the value of our health even though we lose it.

④ It will not be long before we realize the value of our health.

5 우리말을 영어로 잘못 옮긴 것은?

① 나의 이모는 파티에서 그녀를 만난 것을 기억하지 못했다.

→ My aunt didn't remember meeting her at the party.

② 나의 첫 책을 쓰는 데 40년이 걸렸다.

→ It took me 40 years to write my first book.

③ 학교에서 집으로 걸어오고 있을 때 강풍에 내 우산이 뒤집혔다.

→ A strong wind blew my umbrella inside out as I was walking home from school.

④ 끝까지 생존하는 생물은 가장 강한 생물도, 가장 지적인 생물도 아니고, 변화에 가장 잘 반응하는 생물이다.

→ It is not the strongest of the species, nor the most intelligent, or the one most responsive to change that survives to the end.

6 밑줄 친 부분 중 문법적으로 옳지 않은 것은?

> What you will probably not be able to do is ①to arrive at a single, unified, objective, literal ②understanding of that subject matter that ③do full justice to all aspects of the concept. The study of time, even within the limits of the metaphorical concepts we have, is ④an enormously useful enterprise.

7 어법상 옳은 것은?

① Few living things are linked together as intimately than bees and flowers.

② My father would not company us to the place where they were staying, but insisted on me going.

③ The situation in Iraq looked so serious that it seemed as if the Third World War might break out at any time.

④ According to a recent report, the number of sugar that Americans consume does not vary significantly from year to year.

8 두 문장의 의미를 같게 할 때 빈칸에 알맞은 것은?

> The computer has been very helpful today.
> = The computer has been _____ great help today.

① of   ② for

③ with   ④ after

9 다음 글의 빈칸에 가장 알맞은 것은?

> Television is different from all other media. From cradle to grave, it penetrates nearly every home in the land. Unlike newspapers and magazines, television does not require _____ .

① literary   ② literature

③ literate   ④ literacy

10 글의 내용과 일치하지 않는 것은?

The most welcome sight on a cold, wet winter night in London is the familiar shape of a London taxi cab approaching with its yellow "for hire" sign shining brightly. That shows it is ready to pick you up.

There are now 12,000 taxis in London. Most of them are still the old style black color, although some are now dark red or white. No other car is the same "round" shape as taxis. It is quite common for brides in London to use taxis as their wedding cars. The taxis are specially designed so that a wheelchair will fit easily in the back.

① 주로 검은색으로 되어 있다.
② 둥근 모양으로 되어 있다.
③ 항상 노란색 불을 켜고 다닌다.
④ 장애인이 쉽게 탈 수 있다.

11 본문의 내용과 가장 잘 부합하도록 아래 문장을 완성할 때 들어갈 알맞은 표현은?

One day there appeared upon my garden wall a wretched looking cat. My children felt sorry for the cat, and offered him bread soaked in milk, holding it out to him at the end of a reed. He took it and ate it all. Then he went away, paying no attention to the "Here, kitty! kitty!" of his friends.

The children gave bread to the cat _____ .

① with reluctance
② out of pity
③ in succession
④ in return for milk

12 밑줄 친 <u>They</u>가 가리키는 것은?

Wool is one of the oldest kinds of material used for clothing. We do not know exactly when people started to use wool to make clothing. However, we do know that people were wearing wool clothes very early in man's history. People used the wool not only from sheep, but also from other animals. For example, in the desert they used the wool from camels. In the mountains of India they used the wool from cashmere goats. And in the mountains of South America, they used the wool from the llama. All these kinds of wool have one thing in common. <u>They</u> protect the body from outside changes in temperature. This way, wool keeps the body cool in summer and warm in winter.

① camels

② cashmere goats

③ llama

④ all these kinds of wool

13 빈칸에 들어갈 말로 옳은 것은?

Official opposition to the wearing of long hair is not peculiar to our electronic petroleum society. Alexander the Great, believing that the beard afforded too convenient _____ to the enemy in close combat, ordered his entire army to shave.

① a handle

② a sight

③ an approach

④ an opportunity

Q 다음 글을 읽고 물음에 답하시오. 【14 ~ 16】

Andrea's story, of parents whose last heroic act is to ensure their child's survival, captures a moment of almost mythic courage. Without doubt such incidents of parental sacrifice for their progeny have been repeated countless times in human history. ((A)) from the perspective of evolutionary biologists, such parental self-sacrifice is in the service of "reproductive success" in passing on one's genes to future generations. But from the perspective of a parent making a desperate decision in a moment of crisis, it is about nothing other than ((B)).

14 윗글의 내용으로 미루어 볼 때 윗글 이전의 상황은?

① 한 자식이 위험을 무릅쓰고 자기의 부모를 구출하였다.
② 부모가 자식의 생명을 구하기 위하여 그들의 목숨을 버렸다.
③ 부모와 자식간에 후손문제로 심한 갈등이 있었다.
④ 자식이 보는 앞에서 부모간의 위기시에 자식의 용감한 행동에 대한 논쟁이 있었다.

15 문맥상 (A)에 들어갈 단어는?

① Seeing   ② To see
③ Seen   ④ To be seen

16 문맥상 (B)에 들어갈 단어는?

① obligation   ② sacrifice
③ love   ④ service

17 본문 전체의 흐름과 관계없는 문장은?

The evening news on television is very popular with many Americans. They like to find out what is happening in the world. ① On television they can see real people and places. ② They believe it is easier than reading the newspaper. ③ Many people think television makes the news seem more real. ④ In the United States there are two kinds of television stations. They also think the news on television is more interesting.

18 주어진 문장 뒤에 이어질 글의 순서로 가장 적절한 것은?

In many countries, people are cutting down rain forests to make room for farms.

(A) But a new organization is trying to help these countries save their forests.
(B) They hope that the farms will make money for them.
(C) The organization advises countries not to cut down their rain forests.

① (A) − (B) − (C)
② (B) − (A) − (C)
③ (B) − (C) − (A)
④ (C) − (A) − (B)

19 대화의 빈칸에 들어갈 말로 가장 적당한 것은?

> A : I haven't seen you in ages! How have you been?
> B : I've been fine — just fine. And you?
> A : _____ So what's going on? I have so much to tell you!
> B : Me, too! But when can we get together?
> A : Soon — very soon.

① Yes, I do.
② With pleasure!
③ Thank you!
④ Great!

20 다음 대화 중 어울리지 않는 것은?

① A : Excuse me, but can you tell me the way to the city hall?
   B : Sure. Turn to the right, and you will find it on your right.
② A : May I take your order now?
   B : Yes. I'll take the today's special.
③ A : Can I help you?
   B : I'm just looking around. Thank you anyway.
④ A : My name is Patricia Smith, but just call me Pat.
   B : Yes, I'll call you at 5 o'clock.

정답 및 해설 P. 246

01 국어

Q 다음 글을 읽고 물음에 답하시오. 【1 ~ 2】

수필은 청자(靑瓷) 연적(硯滴)이다. 수필은 난(蘭)이요, 학(鶴)이요, 청초(淸楚)하고 몸맵시 날렵한 여인이다. 수필은 그 여인이 걸어가는 숲 속으로 난 평탄하고 고요한 길이다. 수필은 가로수 늘어진 포도(道)가 될 수도 있다.㉠ 그 길은 깨끗하고 사람이 적게 다니는 주택가에 있다.

수필은 청춘의 글은 아니요, 중년 고개를 넘어선 완숙한 사람의 글이며, 정열이나 심오한 지성을 내포한 문학이 아니요 그저 수필가가 쓴 단순한 글이다.

수필은 흥미를 주지마는 읽는 사람을 흥분시키지 아니한다. 수필은 마음의 산책(散策)이다. 그 속에는 인생의 향취와 여운이 숨어 있는 것이다.

수필의 빛깔은 황홀 찬란하거나 진하지 아니하며, 검거나 희지 않고, 퇴락하여 추하지 않고, 언제나 온아(溫雅)하며 우미(優美)하다. 수필의 빛은 비둘기빛이거나 진주빛이다. 수필이 비단이라면 번쩍거리지 않는 바탕에 약간의 무늬가 있는 것이다. 그 무늬는 읽는 사람의 얼굴에 미소를 띠게 한다.

1 ㉠의 의미로 가장 적절한 것은?

① 수필은 모든 것을 소재로 삼을 수 있다.
② 수필은 특별한 형식을 필요로 하지 않는 글이다.
③ 수필은 가치 있는 일상 체험을 소재로 삼는다.
④ 수필은 자기의 내면을 드러내는 고백적 성격이 강하다.

2 다음 중 화자가 수필의 속성으로 강조한 바가 아닌 것은?

① 고아함 　　　　　　　　　② 그윽함
③ 산뜻함 　　　　　　　　　④ 화려함

Q 다음 글을 읽고 물음에 답하시오. 【3 ~ 4】

하나의 문장은 여러 단위로 분석될 수 있다. 먼저 한 문장은 이를 구성하고 있는 도막도막의 마디인 어절(語節)로 나뉘는데, 이 어절을 좀더 작은 단위로 분석하면 (   )인 형태소(形態素)가 된다. 형태소는 혼자 설 수 있는 자립형태소와 혼자 서기 어려워 다른 말에 의존하여 쓰이는 ㉠의존형태소로 나뉘거나, 구체적인 대상이나 동작을 표시하는 ㉡실질형태소와 실질형태소에 붙어 주로 말과 말 사이의 문법적인 관계를 표시하는 ㉢형식형태소로 나뉘기도 한다.

㉣단어는 원칙적으로는 어절(語節)을 분석한 단위이지만, 한 어절이 그대로 한 단위가 될 수도 있다.

3 "철수는 농부가 되었다."에서 ㉠~㉣의 수를 바르게 지적한 것은?

① ㉠ 4개
② ㉡ 2개
③ ㉢ 5개
④ ㉣ 5개

4 (   ) 안에 들어갈 알맞은 말은?

① 띄어쓰기의 단위
② 소리의 가장 작은 단위
③ 뜻을 가진 가장 작은 말의 단위
④ 하나의 생각을 뭉뚱그린 최소의 단위

5 괄호 안에 공통으로 들어갈 한자는?

㉠ 重( ) : 거듭하거나 겹침
㉡ ( )活 : 죽었다가 다시 살아남
㉢ 恢( ) : 원래의 상태로 돌이키거나 원래의 상태를 되찾음

① 生
② 死
③ 佳
④ 復

6 띄어쓰기가 바르게 된 것은?

① 먹을만큼 먹어라.　　　　② 원하는대로 하여라.
③ 떠난지가 오래다.　　　　④ 이제 갈 수밖에 없다.

Q 다음 글을 읽고 물음에 답하시오. 【7 ~ 8】

> 군(君)은 어비여,
> 신(臣)은 ᄃᆞᄉᆞ샬 어싀여,
> 민(民)은 얼혼 아히고 ᄒᆞ샬디
> 민(民)이 ᄃᆞᄉᆞᆯ 알고다.
> 구믈ㅅ다히 살손 물생(物生)
> 이흘 머기 다ᄉᆞ라.
> 이 ᄯᅡᄒᆞᆯ ᄇᆞ리곡 어듸 갈뎌 ᄒᆞᆯ디
> 나라악 디니디 알고다.
> 아으, 군(君)다이 신(臣)다이 민(民)다이 ᄒᆞᄂᆞᆯ든
> 나라악 태평(太平)ᄒᆞ니잇다.

7 위의 작품에 대한 설명으로 옳지 않은 것은?

① 유교적인 윤리의식을 드러낸다.
② 국태민안(國泰民安)의 도를 제시하고 있다.
③ 계몽적 어조로 교훈적 의미를 전달하고 있다.
④ 우리말의 아름다움을 잘 살려서 표현하였다.

8 위의 작품에 나타난 주된 관념은?

① 민본주의　　　　　　② 봉건주의
③ 관료주의　　　　　　④ 합리주의

9 표준 발음이 옳은 것으로만 묶인 것은?

① 관건[관껀], 감언이설[가머니설], 분수[분쑤]
② 교과서[교:꽈서], 불법[불뻡], 담임[다님]
③ 순이익[수니익], 안간힘[안깐힘], 설익다[서릭따]
④ 인기척[인끼척], 여덟[여덥], 괴담이설[궤:담니설]

10 밑줄 친 부분의 쓰임이 적절하지 않은 것은?

① 우리 회사는 네 개의 기둥이 지붕을 <u>떠받치도록</u> 지어졌다.
② 그 사안과 관련된 보고서에는 아직 <u>결재</u>하지 않으셨다.
③ 황금빛 벼로 <u>뒤덮인</u> 풍경은 가을임을 느낄 수 있게 해주었다.
④ 여러분의 행복한 삶을 기원하는 것으로 치사를 <u>가름</u>하겠습니다.

11 밑줄 친 부분에 들어갈 한자로 가장 적절한 것은?

> 올림픽 유치를 위해 여러 국가가 서로 _____을 벌이고 있다.

① 倂合
② 競合
③ 和合
④ 收合

12 다음 글의 성격이 가장 강한 시는?

> 참여문학론의 골자는 문학의 시대와 사회성을 강조한다. 한 개인의 개별적인 체험을 넘어 시대와 사회란 비개인적 차원을 강조하는 이 주장은 완전한 의미에서 문학의 특수성을 주장하는 것이 아니지만, 특수한 역사·사회 그리고 특수한 주제와 가치를 창조하는 차원에서 그런 것들을 모두 초월하자는 순수문학이론과 맞서서 문학의 특수성을 강조하는 것이다.

① 강나루 건너 / 밀밭 길을
　　구름에 달 가듯이 / 가는 나그네
　　길은 외줄기 / 남도 삼백 리
　　술 익는 마을마다 / 타는 저녁놀
　　구름에 달 가듯이 / 가는 나그네.

② 바릿밥 남 주시고 잡숫느니 찬 것이며
　　두둑히 다 입히고 겨울이라 엷은 옷을
　　솜치마 좋다시더니 보공(補空) 되고 말아라.

③ 신이나 삼어 줄걸 슬픈 사연의
　　올올이 아로색인 육날 메투리
　　은장도 푸른 날로 이냥 베어서
　　부질없는 이 머리털 엮어 드릴걸.

④ 그 날이 오면, 그날이 오면은
　　삼각산(三角山)이 일어나 더덩실 춤이라도 추고,
　　한강(漢江)물이 뒤집혀 용솟음칠 그 날이
　　이 몸이 끊기기 전에 와 주기만 할 양이면
　　나는 밤하늘에 날으는 까마귀와 같이
　　종로(鐘路)의 인경(人磬)을 머리로 들이받아 울리오리다.
　　두개골(頭蓋骨)은 깨어져 산산조각이 나도
　　기뻐서 죽사오매 오히려 무슨 한(恨)이 남으오리까.

13 다음 글의 전제로 가장 적절한 것은?

> 말로 표현되지 않으면 우리의 생각은 꼴 없이 불분명한 덩어리에 지나지 않는다. 기호의 도움 없이는 우리가 두 생각을 똑똑히 그리고 한결같이 구별하지 못하리란 것은 철학자나 언어학자나 다 같이 인정하는 바이다. 언어가 나타나기 전에는 미리 형성된 관념이 존재할 수 없으며 어떤 생각도 분명해질 수 없다.

① 인간은 언어 사용 이전에도 개념을 구분할 수 있다.
② 언어학자들은 언어를 통해 사고를 분석한다.
③ 말과 생각은 일정한 관련이 있다.
④ 생각은 말로 표현되어야 한다.

14 겹문장의 성격이 다른 하나는?

① 영미가 그림에 소질이 있음이 밝혀졌다.
② 그가 노벨 문학상을 받게 되었다는 소문이 있다.
③ 낮말은 새가 듣고 밤말은 쥐가 듣는다.
④ 산 그림자가 소리도 없이 다가온다.

15 밑줄 친 부분이 어법에 맞게 표기된 것은?

① 박 사장은 자기 돈이 어떻게 <u>쓰여지는 지</u>도 몰랐다.
② 그녀는 조금만 <u>추어올리면</u> 기고만장해진다.
③ <u>나룻터</u>는 이미 사람들로 가득 차 있었다.
④ 우리들은 <u>서슴치</u> 않고 차에 올랐다.

16 밑줄 친 말의 관계와 같지 않은 것은?

> 배를 너무 많이 먹어서 배가 아프다.

① 새하얀 <u>눈</u>을 보고 있자니 <u>눈</u>이 너무 부셨다.
② 제일 먼저 <u>머리</u>를 끄떡이는 그는 <u>머리</u>가 좋은 편이다.
③ 긴 <u>다리</u>를 걸어서 건넜더니 <u>다리</u>가 아프다.
④ 깊은 <u>밤</u>에 고구마와 <u>밤</u>을 야식으로 먹었다.

Q 다음 글을 읽고 물음에 답하시오. 【17 ~ 18】

"누군 뭐 들어오고 싶어서 들어왔나? 피치 못할 사정 땜에 어쩔 수 없이……."

나는 강도를 안심시켜 편안한 맘으로 돌아가게 만들 절호의 기회라고 판단했다.

"그 피치 못할 사정이란 게 대개 그렇습디다. 가령 식구 중에 누군가가 몹시 아프다든가 빚에 몰려서……."

그 순간 강도의 눈이 의심의 빛으로 가득 찼다. 분개한 나머지 이가 딱딱 마주칠 정도로 떨면서 그는 대청마루를 향해 나갔다. 내 옆을 지나쳐 갈 때 그의 몸에서는 역겨울 만큼 술 냄새가 확 풍겼다. 그가 허둥지둥 끌어안고 나가는 건 틀림없이 갈기갈기 찢어진 한 줌의 자존심일 것이었다. 애당초 의도했던 바와는 달리 내 방법이 결국 그를 편안케 하긴 커녕 외려 더욱더 낭패케 만들었음을 깨닫고 나는 그의 등을 향해 말했다.

"어렵다고 꼭 외로우란 법은 없어요. 혹 누가 압니까, 당신도 모르는 사이에 당신을 아끼는 어떤 이웃이 당신의 어려움을 덜어 주었을지?"

"개수작 마! 그따위 이웃은 없다는 걸 난 똑똑히 봤어! 난 이제 아무도 안 믿어!"

그는 현관에 벗어 놓은 구두를 신고 있었다. 그 구두를 보기 위해 전등을 켜고 싶은 충동이 불현듯 일었으나 나는 꾹 눌러 참았다. 현관문을 열고 마당으로 내려선 다음 부주의하게도 그는 식칼을 들고 왔던 자기 본분을 망각하고 엉겁결에 문간방으로 들어가려 했다. 그의 실수를 지적하는 일은 훗날을 위해 나로서는 부득이한 조처였다.

"대문은 저쪽입니다."

문간방 부엌 앞에서 한동안 망연해 있다가 이윽고 그는 대문 쪽을 향해 느릿느릿 걷기 시작했다. 비틀비틀 걷기 시작했다. 대문에 다다르자 그는 상체를 뒤틀어 이쪽을 보았다.

㉠"이래 봬도 나 대학까지 나온 사람이오."

누가 뭐라고 그랬나? 느닷없이 그는 자기 학력을 밝히더니만 대문을 열고는 보안등 하나 없는 칠흑의 어둠 저편으로 자진해서 삼켜져 버렸다.

나는 대문을 잠그지 않았다. 그냥 지쳐 놓기만 하고 들어오면서 문간방에 들러 권 씨가 아직도 귀가하지 않았음과 깜깜한 방 안에 어미 아비 없이 오뉘만이 새우잠을 자고 있음을 아울러 확인하고 나왔다. 아내는 잠옷 바람으로 팔짱을 끼고 현관 앞에 서 있었다.

"무슨 일이라도 있었어요?"

"아무것도 아냐."

잃은 물건이 하나도 없다. 돼지 저금통도 화장대 위에 그대로 있다. 아무것도 아닐 수밖에. 다시 잠이 들기 전에 나는 아내에게 수술 보증금을 대납해 준 사실을 비로소 이야기했다. 한참 말이 없다가 아내는 벽 쪽으로 슬그머니 돌아누웠다.

"뗄 염려는 없어, 전셋돈이 있으니까."

"무슨 일이 있었군요?"

아내가 다시 이쪽으로 돌아누웠다. 우리 집에 들어왔던 한 어리숙한 강도에 관해서 나는 끝내 한마디도 내비치지 않았다.

17 강도가 ㉠과 같이 말한 이유로 옳은 것은?

① 자신의 신분을 밝혀 선처를 구하기 위해
② 자신이 매우 위협적인 인물임을 선포하기 위해
③ 자신의 정체가 탄로 났지만 마지막 자존심을 지키기 위해
④ 마지막까지 자신의 신분을 숨기기 위해

18 주어진 글에 대한 설명으로 옳은 것은?

① 서술자가 직접 등장하여 자신이 직접 겪은 사건에 대한 판단을 제시하고 있다.
② 현재와 과거의 사건이 액자식 구성으로 전개되고 있다.
③ 순수한 화자의 시점을 통해 어른들의 이야기를 묘사한다.
④ 화자가 등장인물의 내면세계까지 설명하며 이야기를 이끌어 나간다.

19 표기가 옳지 않은 것으로만 묶인 것은?

㉠ 쑥쓰럽다	㉡ 해코지
㉢ 내가 갈께	㉣ 요컨데
㉤ 틈틈이	㉥ 움큼

① ㉠㉡㉢
② ㉠㉢㉣
③ ㉡㉣㉤
④ ㉣㉤㉥

20 맞춤법과 표준말이 모두 옳은 것은?

① 개구장이, 일찍이
② 미장이, 더우기
③ 한랭전선, 인사말
④ 희노애락, 전셋방

02 한국사

1 ㈎, ㈏를 주장한 인물에 대한 설명이 바르게 짝 지어진 것은?

> ㈎ 나는 통일 정부를 세우려다가 38도선을 베고 쓰러질지언정 일신의 구차한 안위를 위해서 단독 정부를 세우는 일에는 가담하지 않겠노라.
>
> ㈏ 우리는 남한만이라도 임시 정부 또는 위원회 같은 것을 조직하여 38도선 이북에서 소련이 물러나도록 세계 여론에 호소해야 될 것이니, 여러분도 결심해야 할 것이다.

① ㈎, ㈏ : 5 · 10 총선거 실시에 찬성하였다.
② ㈎, ㈏ : 신탁통치를 반대하였다.
③ ㈎ : 좌우 합작운동에 적극 참여하였다.
④ ㈏ : 좌우 합작 7원칙에 찬성하였다.

2 다음 중 주장한 인물이 다른 하나는?

① 군주가 수양해야 할 덕목과 지식을 담은 「성학집요」를 집필하였다.
② 다양한 개혁 방안을 담은 「동호문답」을 저술하였다.
③ 백운동 서원을 사액 서원으로 건의하였다.
④ 해주 향약을 실시하고, 수미법을 주장하였다.

3 화폐의 변천 과정을 시대순으로 옳게 나열한 것은?

㈎ 해동통보	㈏ 상평통보
㈐ 당백전	㈑ 건원중보

① ㈎→㈑→㈐→㈏
② ㈎→㈑→㈏→㈐
③ ㈑→㈎→㈐→㈏
④ ㈑→㈎→㈏→㈐

4   순종이 서거하자 그의 장례일을 기해 '독립운동'이 일어났다. 이 '운동'에 대한 설명은?

① 신간회의 지원으로 규모가 확대되었다.
② 학생들에 의해 독자적으로 계획, 추진된 운동이다.
③ 3·1 운동 이후 가장 큰 규모로 벌어진 항일운동이다.
④ 광주 통학열차 안에서의 한국과 일본 학생간 충돌로 시작되었다.

5   공민왕의 개혁정치에 대한 옳은 설명을 모두 고르면?

> ㉠ 쌍성총관부 공격하여 철령 이북의 땅을 수복하였다.
> ㉡ 정동행성 이문소와 정방을 폐지하였다.
> ㉢ 신돈을 등용하고 전민변정도감을 설치하였다.

① ㉠㉡
② ㉠㉢
③ ㉡㉢
④ ㉠㉡㉢

6   밑줄 친 '학자'에 대한 설명으로 옳은 것은?

> 상업과 수공업을 중요히 여기며, 수레와 선박, 화폐 유통의 중요성을 강조한 이 <u>학자</u>는 토지 소유의 상한선을 설정하는 한전론을 주장하였다.

① 청나라에 다녀와 「열하일기」를 저술하였다.
② 공동소유, 공동노동을 주장하였다.
③ 「의산문답」을 통해 중국 중심의 세계관을 비판하였다.
④ 직업적 평등화와 전문화를 강조하였다.

7 고려의 향리에 대한 설명으로 옳지 않은 것은?

① 기인과 사심관을 감독하는 기능을 하였다.
② 평민과 천민집단의 실제 행정을 담당하였다.
③ 문과응시자격이 있어 사대부로 성장하였다.
④ 토착세력으로 신분이 세습되었다.

8 고려시대의 권농정책과 농민생활의 안정책으로 옳은 것은?

> ㉠ 공전을 개간하면 3년간 조세를 면제하였다.
> ㉡ 상평창을 설치하여 곡가를 조절·안정시켰다.
> ㉢ 고리대를 통한 이식사업을 장려하였다.
> ㉣ 농번기에는 부역동원을 못하게 하였다.
> ㉤ 벽란도를 국제무역항으로 발전시켰다.

① ㉠㉡㉣
③ ㉡㉣㉤
② ㉠㉢㉤
④ ㉢㉣㉤

9 다음 자료를 통하여 알 수 있는 고구려의 경당과 신라의 화랑도의 공통적인 기능으로 타당한 것은?

> • 중국의 사서「신당서」에 보면 '사람들이 공부하기를 좋아하여 시골 벽촌의 가난한 집에 이르기까지 서로 열심히 하였다. 큰 길가에는 커다란 집을 지어 경당이라 하고, 청소년이 들어가 경서를 읽고 활쏘기를 연습하였다.'라고 하였다.
> • 화랑도는 진골출신의 화랑 1명, 교사로서 지도하는 승려출신 낭도 1명, 그리고 진골 이하 평민에 이르는 수많은 낭도로 구성되어 있다. 청소년집단인 화랑도는 가무와 무예를 익히고 단체활동과 공동의식을 수행하면서 무력양성에 중요한 역할을 하였다.

① 집단의 부정을 방지하고, 집단의 단결을 강화시킬 수 있었다.
② 귀족과 평민의 갈등을 완화하여 국력을 강화할 수 있었다.
③ 유교사상의 학습을 통하여 정치이념을 정비할 수 있었다.
④ 신분제도를 공고히 하여 사회통제력을 강화할 수 있었다.

10 신라의 황룡사 9층탑과 관련된 글이다. 이 탑의 건립목적과 유사한 성격을 지닌 문화유산은?

> 황룡사의 호법룡은 곧 나의 맏아들이요 …… 본국에 돌아가서 그 절 안에 9층탑을 이룩하면 이웃나라가 항복해 오고, 구한이 와서 조공하여 나라를 다스리는 것이 길이 태평할 것이오, 탑을 세운 뒤에는 팔관회를 베풀고 죄인을 풀어 주면 외적이 침해하지 못할 것이며, 다시 나를 위하여 왕도 남쪽에 사원을 짓고 아울러 나의 복을 빌어 주면 나도 그 은덕을 갚겠소.

① 첨성대   ② 측우기
③ 대장경   ④ 사택지적비

11 고려시대 역사서의 특징을 설명한 내용 중 옳지 않은 것은?

① 김부식의 「삼국사기」는 당시 보수적인 유교사관을 잘 대변해 주는 사서이다.
② 일연의 「삼국유사」는 종교적 입장에서 고대의 전통문화를 서술하려 하였다.
③ 이승휴의 「제왕운기」는 민족의식을 바탕으로 고구려의 전통을 장엄한 서사시로 엮은 것이다.
④ 이제현의 「사략」에는 유교적 합리주의 사관과 새로운 성리학적 사관도 반영되어 있다.

12 다음 글의 내용들은 신라말기의 어떠한 사항을 설명한 것인가?

> • 최치원 등의 건의가 배척, 탄압되었다.
> • 독서출신과가 제대로 실시되지 못하였다.
> • 도당 유학생들이 반신라적 활동을 하였다.
> • 중앙귀족들은 독점세력 유지에 급급하였다.

① 골품제도의 보수성
② 교 · 선종의 대립요인
③ 전제왕권의 강화
④ 귀족들의 왕위쟁탈전

13 다음은 고려시대 대각국사문집의 일부를 인용한 것이다. 이와 관련된 설명으로 옳은 것은?

> 물물교환의 척도가 되는 포목은 오랫동안 두면 삭아서 못 쓰게 되며 쌀도 자연 썩어버린다. 또 벌레, 굼벵이, 흙비가 내리고 습해지면 창고에 비가 세고, 화재의 염려도 있다. 새 창고에 쌓여 있는 작년에 받아들인 공포는 흙비도 겪지 않았는데 백의 십도 완전한 것이 없다. 오늘날 화폐를 써야만 되는 이유가 바로 여기에 있다.

① 화폐의 가치저장의 기능을 강조하고 있다.
② 거래량의 증가로 주화보다 지폐발행의 필요성이 대두되었다.
③ 당시 상업적 농업의 발달로 화폐유통의 필요성을 강조하고 있다.
④ 물품화폐는 금속화폐에 비해 운반이 쉽고 가치의 안정성이 높다.

14 조선후기 다음과 같은 제도의 시행으로 나타난 결과로 옳은 것은?

> • 과세의 기준이 민호에서 토지 결수로 바뀌었다.
> • 토지 1결당 미곡 12두를 납부하였다.
> • 공납을 전세화하였다.
> • 평안도, 함경도를 제외한 전국에서 시행하였다.

① 공인의 활동으로 지방 장시가 성장하였다.
② 국가의 재정사정이 악화되었다.
③ 별공이나 진상 같은 현물징수가 완전 폐지되었다.
④ 장기적으로 양반 중심의 사회를 강화하는 역할을 하였다.

15 다음 중 조선전기 대일관계에 대한 설명으로 옳지 않은 것은?

① 계해약조 – 세견선 100척, 세사미두 400석, 거류왜인 100명으로 제한을 두었다.
② 임신약조 – 계해약조에 비해 세견선과 세사미두를 절반으로 줄였다.
③ 정미약조 – 규정을 위반할 경우 행하는 벌칙을 강화하였다.
④ 을묘왜변 – 임시기구였던 비변사가 상설기구화되었다.

16 다음은 일본의 경제적 침략에 대한 우리 민족의 대응을 서술한 것이다. 시대순으로 배열된 것은?

> ㉠ 일제의 황무지개척권 요구에 대해 단체를 조직해 저지운동을 폈다.
> ㉡ 일본 자본을 배척하여 국산품 사용을 장려하는 운동이 일어났다.
> ㉢ 미곡의 일본 유출을 막는 적극적인 조치가 지방관에 의해 취해졌다.

① ㉠ - ㉡ - ㉢
② ㉠ - ㉢ - ㉡
③ ㉡ - ㉢ - ㉠
④ ㉢ - ㉠ - ㉡

17 왜란이 국내에 끼친 사회적 영향으로 옳은 것은?

① 공명첩이 발급되었다.
② 황룡사 9층목탑이 소실되었다.
③ 비변사의 기능이 약화되었다.
④ 신분의 구별이 좀 더 분명해졌다.

18 신간회에 대한 설명으로 옳은 것은?

① 물산장려운동을 주도하였다.
② 민족유일당운동의 결과로 결성되었다.
③ 지하비밀조직의 성격이었다.
④ 일부 지역에만 해당되었고 활동도 국한되었다.

19 다음은 조선후기의 실학자 박지원의 글이다. 이 글에 보이는 경제에 관한 필자의 관점을 오늘날의 관점에서 파악하였을 때 가장 유사한 성격을 지닌 것은?

> 영남 어린이들은 백하젓을 모르고 관동 백성들은 아가위를 절여서 장 대신 쓰고 서북 사람들은 감과 감자의 맛을 분간하지 못하며, 바닷가 사람들은 새우나 정어리를 거름으로 밭에 내건만 서울에서는 한 움큼에 한 푼을 하니 이렇게 귀함은 무슨 까닭인가.

① 장거리 운송에는 선박을 이용하는 것이 유리하다.
② 정부의 적극개입을 통해 경기를 회복시켜야 한다.
③ 경제의 개방화를 통해 기업의 대외경쟁력을 길러야 한다.
④ 유통경제를 활성화시켜서 국민생활의 안정을 도모해야 한다.

20 다음과 같은 사실들이 행해질 당시에 나타난 현상으로 옳은 것은?

> • 고인돌, 돌널무덤, 돌무지무덤 등이 축조되고 있었다.
> • 우세한 부족이 스스로를 하늘의 자손이라고 믿는 선민의식이 나타났다.

① 계급사회가 형성되면서 군장이 등장하고 있었다.
② 토기의 제작이 비로소 이루어져 삶의 질이 향상되었다.
③ 우경을 이용하는 본격적인 벼농사가 이루어지고 있었다.
④ 정치권력의 독점이 이루어져 고대왕국이 확립되고 있었다.

03 영어

Q 밑줄 친 부분과 의미가 가장 가까운 것을 고르시오. 【1~3】

1

> The little mermaid became a bubble and <u>disappeared</u> in a moment.

① totter
② exploit
③ vanish
④ impose

2

> I didn't know it before, but when I <u>look back</u>, it was all my fault

① in a sense
② in general
③ in sequence
④ in retrospect

3

> Since it is hard to drive carefully, we decided to <u>dispense with</u> our old car.

① do without
③ go through
③ come up with
④ get along with

4 밑줄 친 부분에 들어갈 알맞은 것은?

> Father said that honesty _____ the best policy.

① was

② has been

③ is

④ would be

5 우리말을 영어로 잘못 옮긴 것은?

① 모든 정보는 거짓이었다.

→ All of the information was false.

② 토마스는 더 일찍 사과했어야 했다.

→ Thomas may have apologized earlier.

③ 우리가 도착했을 때 영화는 이미 시작했었다.

→ The movie had already started when we arrived.

④ 바깥 날씨가 추웠기 때문에 나는 차를 마시려 물을 끓였다.

→ It being cold outside, I boiled some water to have tea.

6 밑줄 친 부분 중 어법상 가장 옳지 않은 것은?

> When you find your tongue ① <u>twisted</u> as you seek to explain to your ② <u>six-year-old</u> daughter why she can t go to the amusement park ③ <u>that</u> has been advertised on television, then you will understand why we find it difficult ④ <u>wait</u>.

7 어법상 옳지 않은 것은?

① George has not completed the assignment yet, and Mark hasn't either.

② My sister was upset last night because she had to do too much homework.

③ If he had taken more money out of the bank, he could buy the shoes.

④ It was so quiet in the room that I could hear the leaves being blown off the trees outside.

8 다음 글의 제목으로 가장 알맞은 것은?

> The application for appointments and awards is included as part of the application for admission to the Graduate School. Fill in the appropriate section on the application. The deadline is March 1.
>
> More detailed information on graduate awards is available in the Graduate school Handbook. This book is available from the Graduate School, 102 Roudebush Hall.

① How to Study   ② How to Apply

③ How to Graduate   ④ How to Recommend

9 글의 주제로 가장 알맞은 것은?

> All nations modify their history. Disasters are redefined as victories. Bitter turns to sweet. The British turned the painful retreat from Dunkirk into a triumph of the spirit. The Japanese are much like other peoples when it comes to dealing with their past. Japan's ruthless invasion of China, for example, is described as 'an advance into China.' Most offensive incidents are also wholly ignored, perhaps hoping that not discussing the unpleasant will somehow make it disappear.

① 역사의 왜곡   ② 역사의 법칙

③ 역사의 교훈   ④ 역사의 가치

10 밑줄 친 부분에 해당하지 않는 것은?

> The report describes <u>some of the reasons</u> for the high rate of accidents and suggests solutions for improving the road safety situation in Fairfield. Most of the local roads are narrow and have dangerous curves. Signal lights at Fairfield railroad crossings are more than thirty years old. Despite these poor conditions, Fairfield country has the fewest emergency telephone in the state.

① 도로폭
② 안전벨트
③ 비상전화수
④ 교차로 신호등

11 밑줄 친 <u>they've broken the ice</u>의 의미로 가장 적절한 것은?

> It was the first day of the winter vacation camp. The four boys began to unpack their clothes and make their beds in silence. None of the boys knew each other, and no one knew what to say. Bob couldn't stand the silence any longer. "Hey, look!," he said. The other three boys turned, and Bob did a back flip in the middle of the room. Everyone laughed and clapped, and he bowed. Finally <u>they've broken the ice</u>.

① 잠자리에 들었다.
② 얼음놀이를 했다.
③ 터놓는 사이가 되었다.
④ 모임의 대표를 선출했다.

Q 다음 글을 읽고 물음에 답하시오. 【12 ~ 13】

> Regardless of their aptitude, some people put money before everything else in choosing a career. You have to ask yourself the most important question in your life. What is it that I am living for? Only for money? Money is <u>no more than</u> a means. It cannot be an end in itself. Only through a strong sense of commitment can you become a true professional I your own career.

12 밑줄 친 <u>no more than</u>과 의미가 같은 것은?

① such   ② only
③ at least   ④ at most

13 진정한 직장인이 되기 위한 가장 강한 요건은?

① 사명감   ② 자격증
③ 도전의식   ④ 전문의식

14 글의 내용과 일치하는 것은?

> Most people are afraid of sharks, but they usually do not know very much about them. For example, there are 350 kinds of sharks, and all of them are meat eaters. Sharks are 100 million years old. In fact, they lived at the same time as dinosaurs. Today, sharks live in every ocean in the world. They keep the oceans clean because they eat sick fish and animals. Sharks do not have ears. However, they 'hear' sounds and movements in the water. Sharks use their large eyes to find food, too. Most sharks see best in low light. They often hunt for food at dawn, in the evening, or in the middle of the night.

① 한낮에만 사냥을 한다.
② 모두가 육식동물인 것은 아니다.
③ 공룡과 같은 시대에 살았다.
④ 병든 고기는 잡아먹지 않는다.

15 글의 내용과 가장 가까운 속담은?

> Within a few hours of birth, a horse is capable of running and of kicking in self-defense because much of its behavior is governed by instincts, or genetically programmed behavior patterns. A colt doesn't need to be taught to run with the herd. If a puppy is raised with cats, it will nevertheless grow up to bark and wag its tail, not meow and purr.

① 고슴도치도 제 새끼는 곱다 한다.
② 하룻강아지 범 무서운 줄 모른다.
③ 개구리 올챙이적 생각을 못한다.
④ 게 새끼는 나면서 긴는다.

16 글의 바로 다음 문단에 이어질 내용으로 가장 자연스러운 것은?

There are two main types of computers — analog and digital. An analog computer is a special — purpose machine that can record temperature, speed, or measure other things which change constantly. Analog computers are used to test certain engineering designs, and to simulate space flights for astronauts before they actually go into space, and control the paths of rockets and missile in flight.

① 아날로그 컴퓨터의 역사
② 아날로그 컴퓨터의 수요 증가
③ 아날로그 컴퓨터의 용도
④ 디지털 컴퓨터에 대한 소개

17 (A) ~ (D)를 문맥에 맞게 배열한 것은?

(A) But shared culture isn't our only link to Europe.
(B) European art, music, literature, and architecture have all played an important part in shaping America's cultural development.
(C) Because of this bloody history of warfare, the United Stated, Canada, Iceland and nine European countries signed the NATO treaty in 1949.
(D) The continent also served as the setting for World War Ⅰ, and World War Ⅱ.

① (A) — (B) — (D) — (C)
② (B) — (A) — (C) — (D)
③ (B) — (A) — (D) — (C)
④ (D) — (B) — (A) — (C)

18 전체 흐름과 관계없는 문장은?

For early people, body rhythm came first. ⓐ Dancing was a necessary and important part of life. ⓑ Early people danced to make their crops grow, to make the rains fall or to make the sun shine. ⓒ They danced in special, secret places, sometimes around a symbolic tree. ⓓ Dancing was one of the first ways for children to express their own feelings. In many parts of Europe, you can still see people dancing around a symbolic tree which is decorated with flowers and ribbons.

① ⓐ   ② ⓑ
③ ⓒ   ④ ⓓ

19 글의 흐름상 밑줄 친 부분 중 어색한 것은?

"Well, think about it," Mr Kim ① said. "We could use a serve like yours. Couldn't you arrange your time ② a little?"

My friends, Min－su and Frank, ③ waited for me outside, asked, "Did Mr. Kim ask you ④ to join the team?"

I nodded, "I told him I was busy."

20 대화의 빈칸에 적절하지 않은 것은?

A : Could you help me carry this heavy bag?
B : Why not?
A : Thank you very much for your kindness.
B : ＿＿＿＿＿＿＿＿＿＿＿＿＿＿＿＿＿

① It's my great pleasure.   ② You're quite welcome.
③ Don't mention it.   ④ Never mind.

정답 및 해설

01 국어

1	2	3	4	5	6	7	8	9	10
②	③	③	④	②	③	③	④	④	①
11	12	13	14	15	16	17	18	19	20
③	③	②	②	①	①	①	③	②	③

1 ②

'길게 뻗어 나가면서 다른 물건을 감기도 하고 땅바닥에 퍼지기도 하는 식물의 줄기'를 뜻하는 단어로는 '덩굴' 또는 '넝쿨'이 표준어이다. '덩쿨'은 잘못된 표현이다.

2 ③

부줏돈 → 부좃돈 : 부조로 내는 돈

3 ③

① 입추의 여지가 없다 : 송곳 끝도 세울 수 없을 정도라는 뜻으로, 발 들여놓을 데가 없을 정도로 많은 사람들이 꽉 들어찬 경우를 비유적으로 이르는 말
② 쇠털같이 하고많은 날 : 헤아릴 수 없이 많은 나날을 비유적으로 이르는 말
③ 물 건너온 범 : 한풀 꺾인 사람을 비유적으로 이르는 말
④ 떼어 놓은 당상 : 일이 확실하여 조금도 틀림이 없음을 이르는 말

4 ④

• 유래(由來) : 사물이나 일이 생겨남. 또는 그 사물이나 일이 생겨난 바
• 유례(類例) : 같거나 비슷한 예, 이전부터 있었던 사례

5 ②

제시된 시조는 조선 초기의 문인 변계량의 시조이다. 이 시조는 의를 지키고 타고난 천성을 지켜 올바르게 살 것을 강조하고 있다.

Plus TIP

변계량, 내해 죠타 하고~
㉠ 출전 : 〈청구영언, 해동가요〉
㉡ 형식 : 평시조, 단시조, 교훈가
㉢ 주제 : 타고난 성품(義)을 지켜 나가는 삶
㉣ 특징 : 유교 경전을 인용하여 인간의 도리를 제시
㉤ 현대어 풀이
  내가 좋아하는 일이라고 남이 싫어하는 일을 하지 말 것이며,
  남이 한다고 해서 의롭지 못한 일을 따라 하지 말아라.
  우리는 올바른 천성을 타고난 대로 지키며 살아가리라.

6 ③

① 이 글은 설득적 성격이 강한 공익 광고이다.
② 광고는 매체(신문, 텔레비전 등)를 통해 일반 대중에게 메시지를 전달한다.
③ 이 글의 주제는 '부모들이 자녀에게 적절한 관심을 기울여야 한다.'이다.
④ 자녀들이 겪는 구체적 사건에 대해 부모로서 해야 할 해결책을 제시하고 있다.

7 ③

㉢의 경우, 수식하는 말이 '고독'이라는 말과 관계가 있으므로 '고민'을 삭제해야 한다.

Plus TIP

「혼자 있고 싶어요」
㉠ 갈래 : 광고문(공익 광고), 실용문
㉡ 주제 : 청소년에 대한 부모의 올바른 관심 촉구
㉢ 성격 : 설득적, 계도적
㉣ 특징 : 공익 광고문의 일반적 성격인 '계몽, 설득'의 요소가 잘 드러나며, 평이하고 직설적인 언어를 주로 사용하고 있다.

8 ④

도종환의 「흔들리며 피는 꽃」에서는 호칭을 사용하고 있지 않을뿐더러, 다정한 호칭은 시의 주제와는 어울리지 않는다.

9 ④

(나)는 대상에 대한 화자의 처절한 그리움이, (다)는 존재의 비극적 현실이 나타나 있다.

10 ①

(가)는 '기다리는 일은 옳지 않다', '폭풍을 바라보는 일은 더욱 옳지 않다', '한 송이 꽃이 되기를 기다리는 일은 더욱 옳지 않다'라는 시구가 반복·변형되고 있고, (나)는 '그대 아는가', '시퍼런 칼자욱을 아는가', '2억 년 묵은 이 칼자욱을 아는가'라는 시구가 반복·변형되고 있다.

Plus TIP

(가) 정호승 「폭풍(暴風)」
• 갈래 : 서정시, 자유시
• 성격 : 의지적, 단정적
• 특징 : 반복을 통해 주제 의식을 강조
• 제재 : 폭풍
• 주제 : 인간이 스스로 이겨내야 할 삶의 시련
(나) 김춘수 「분수(噴水)」
• 갈래 : 서정시, 자유시
• 성격 : 주지적, 관념적, 상징적, 감각적

• 특징 : 감각적 심상, 의인법, 의문문 형식을 취하며 주제를 강조
• 제재 : 분수
• 주제 : 끝없이 다시 발돋움하게 하는 그리움
(다) 이형기 「폭포(瀑布)」
• 갈래 : 서정시, 자유시, 관념시
• 성격 : 관념적, 주지적, 실존적
• 특징 : 수미상관 구조로 안정감 획득, 정교한 언어구사, 자연이 주체가 되어 전개
• 제재 : 폭포
• 주제 : 인간이 느끼는 실존적 한계

11 ③

접속어와 목적어의 연결이 적절하지 않으므로 '사고 원인 파악을 조속히 하고 재발 방지 대책을 조속히 마련하라.'로 고쳐야 적절한 문장이 된다.

12 ③

가급적 … '할 수 있는 대로. 또는 형편이 닿는 대로'의 뜻을 가진 부사로 용언인 '빠른'을 수식한다.
① 형용사 ② 관형사 ③ 부사 ④ 명사

13 ②

로마자 표기법 제3장 제5항에 따라 행정 구역의 단위 앞에 '−'를 넣어 표기한다.

14 ②

(가) **김원룡의 「한국의 미」** : 설명문, 주제는 한국의 미의 특질
(나) **최현배의 「민족적 이상을 수립하라」** : 논설문, 주제는 민족적 이상의 수립

15 ①

 ㉠ **섭리(攝理)** : 병을 조리함, 일을 대신하여 처리,
  바로잡아 다스림

 ㉡ **갱생(更生)** : 다시 살아남(更 : 다시 갱, 고칠 경)

16 ①

 ② '왠'은 '왜인~'의 준말이고, '웬'은 '어인~'의 준말
 이다. '웬지'가 아니라 '왜인지'의 준말인 '왠지'로
 수정해야 한다.

 ③④ 한글 맞춤법 규정에 따르면 뒷말의 첫소리가
 본래 된소리나 거센소리이면 사이시옷을 쓰지 않
 으므로 '윗층'은 '위층'으로, '뒷통수'는 '뒤통수'로
 수정해야 한다.

17 ①

 • **퇴영적(退嬰的)** : 뒤로 물러나서 움직이지 않는 성
  질이 있는 것

 • **진취적(進取的)** : 고난을 무릅쓰고 힘껏 나아가는
  성질이 있는 것

18 ③

 한국어에서 관형어는 반드시 체언 앞에 온다.

19 ②

 글의 첫 문장에서 화제를 제시하고, 아리스토텔레
 스와 니체의 견해를 들어 비극을 즐기는 이유에 대
 해 설명하고 있다.

20 ③

 ① 일정한 것을 중심으로 하여 그 둘레로 자꾸 움
  직이다.

 ②④ 누구를 두둔하여 행동하다.

 ③ 일정한 것을 중심으로 일이나 행동이 벌어지다.

02	한국사								
1	2	3	4	5	6	7	8	9	10
①	③	③	③	①	④	②	②	③	②
11	12	13	14	15	16	17	18	19	20
④	②	③	③	①	①	③	③	③	④

1 ①

주어진 지문을 통해 구석기 시대임을 알 수 있다.

② 신석기 시대

③ 청동기 시대

④ 철기 시대

2 ③

 ① 백제는 전국에 22담로를 두고 왕자나 왕족을 보
  내어 다스리게 하였다.

 ② 고려시대에는 지방관이 파견되지 않은 속현이
  지방관이 파견된 주현보다 많았다.

 ④ 조선은 원칙적으로 수령 본인의 출신 지역에는
  부임하지 못하도록 하였다.

3 ③

신문왕의 업적

㉠ 김흠돌 모역 사건(681)을 계기로 정치 세력 재
 편성

㉠ 국학 설립(682)

㉡ 관료전 지급(687)

㉢ 녹읍 폐지(689)

㉣ **지방행정** : 9주 5소경, 군사조직 : 9서당(중앙) 10
 정(지방) 완성 · 정비

㉤ 달구벌 천도 시도(실패), 만파식적

4 ③

향약을 이끄는 직책은 약정, 부약정이라 하였다.
별감 · 좌수는 유향소의 우두머리를 일컫는 말이다.

5 ①

ⓒ 태종

ⓒ 세종

ⓔ 태조

ⓞ 세조(성종 : 유향소 부활)

6 ④

홍선대원군은 양전 사업은 하였으나, 지계 발급은 하지 않았다. 지계 발급은 고종(광무개혁) 때 실시하였다.

7 ②

㈎ 7 · 7 특별선언(1988)

㈏ 7 · 4 남 · 북 공동 성명(1972)

㈐ 6 · 15 남북공동선언(2000)

㈑ 화해, 불가침 교류협력에 관한 합의서(1991)

8 ②

1949년 우리나라 정부의 농지 개혁에 대한 내용에 해당한다.

① 유상 몰수, 유상 분배의 방식으로 이루어졌다.

③ 신한공사는 미군정기 농지 개혁의 주체이며, 대한민국정부에서 추진하였다.

④ 북한은 1946년 3월 일본인, 민족반역자, 5정보 이상의 토지를 가진 지주의 땅을 모두 몰수하여 노동력의 차이에 따라 무전농민에게 무상으로 분배되어 지주들은 큰 타격을 입고 소작빈농은 하층 중농의 수준으로 향상하게 되는 농지 개혁을 단행하였으므로 우리나라가 북한의 영향을 받았다고 볼 수 있다.

9 ③

① 1881년 ② 1880년 ③ 1884년 ④ 1881년

※ 태극기는 1882년 8월 일본으로 가는 배 안에서 박영효, 김만식에 의해 처음 사용되었으며 1883년 1월 27일에 국기로 공식인정을 받게 되었다. 김옥균은 박영효와 함께 태극 사괘를 고안해 낸 인물이다.

10 ②

북벌의 대의명분을 강조한 것은 호론에 해당한다.

11 ④

제시문은 백성에게 큰 부담이 된 군포제도를 개혁한 영조시대의 균역법에 대한 설명이다. 영조시대에는 도성의 중앙을 흐르는 청계천을 준설하는 준천사업을 추진하였다.

① 고종

② 신임옥사 → 경종

③ 정조

12 ②

박지원의 양반전, 허생전, 호질 등은 실학정신의 간접표현으로 꾸밈없는 문체를 사용하여 북벌론과 화이사상의 허구성, 무위도식하는 양반의 위선 등을 폭로하는 등 주제와 문체 면에서 커다란 변화를 일으킨 작품들이다. 모두 「연암집」에 실린 한문 단편소설이다.

13 ③

서문은 양반의 몰락과 계층분화에 대한 설명이다. 조선 후기에는 관권의 강화로 인하여 향리, 즉 아전의 권한이 강화되었고 세도정치에 의해 소수 가문이 권력을 독점하고 있었으므로 관직의 진출이

어려워지고 양반에 대한 신분제의 몰락이 가속화되었다. 특히 지방에서는 수령직의 매매가 성행하여 관직매수 등으로 인한 백성들의 고통은 심해져만 갔다.

※ **정약용의 사회개혁** … 양반의 군역부담을 찬성하고 유생은 사회의 좀이고, 도포입은 도둑이라 공박하였다. 세상의 모든 사람을 모두 양반으로 만들어 양반이 실제로 없어지게 해야 한다고 주장하였으며 사족의 경우 직업을 바꾸어 농사에 종사하거나 생산활동에 종사할 것을 주장하였다.

14 ③

기술교육은 중인 또는 서인의 자제를 해당 관청에서 교육하였으며, 일정 교과과정을 이수한 뒤 잡과를 거쳐 기술관에 기용하는 형식이었다.

15 ①

공음전 … 5품 이상의 고위관리에게 일정한 토지를 주어 자손에게 세습하도록 하였는데, 이는 음서제와 더불어 귀족의 신분을 뒷받침해 주었다.
② 공신전 ③ 구분전 ④ 공해전

16 ①

동학농민운동은 대내적으로 봉건적 지배체제에 반대(노비문서 소각, 토지의 평균분작 등)하고 대외적으로 반침략의 근대민족운동의 성격을 나타낸다.

17 ③

16세기 사림파 경향은 지방분권적인 성향이 강하여 지도에서는 일부 군현의 읍지가, 윤리에서는 향약이나 서원이 보급되었다.

18 ③

무신집권기(1170 ~ 1270)
㉠ 최씨정권의 후원으로 조계종이 성장하였다.
㉡ 전시과의 붕괴로 토지제도가 문란해졌다.
㉢ 망이 · 망소이의 난(1176), 만적의 난(1198) 등이 일어났다.
㉣ 25대 충렬왕 때(몽고간섭기) 주자학(성리학)이 전래되었다.

19 ③

② 월정사 8각 9층탑은 고려초기에 고구려 시대의 양식을 계승하여 만들어졌으며 원의 영향을 받은 고려후기의 석탑은 경천사 10층 석탑이다.
④ 상정고금예문의 금속활자본은 현재 존재하지 않으며, 프랑스 박물관에 보관된 세계 최초의 금속활자본은 직지심체요절이다.

20 ④

발해의 독자적인 연호사용은 중국과의 대등한 지위를 강조하기 위한 자주성의 표현이며, 주체성을 의미하는 것이고 대내적으로는 왕권의 강대함을 표현한 것이다.

1	2	3	4	5	6	7	8	9	10
①	④	②	①	①	④	④	①	①	④
11	12	13	14	15	16	17	18	19	20
③	①	②	②	③	③	④	④	④	①

1 ①

① ~을 생각해 내다, (돈을) 마련하다.
② ~에 굴복하다, ~에 넘어가다.
③ ~을 뒤따라 잡다.
④ (사람이) ~을 다 써버리다, (물건)을 바닥내다.
「너무 피곤해서 어떤 아이디어도 생각해 낼 수 없었다.」

2 ④

calculate 계산하다   suspect 의심하다   detain 구금하다
「그녀의 행동은 강요가 아니라 그녀 자신의 의지였다.」

3 ②

border 국경   perspective 관점, 시각   neglect 방치하다   over look 간과하다, 못 본 체하다
「국경을 둘러싼 두 나라간의 논쟁이 있다.」

4 ①

① foolish, silly, stupid, kind, nice 등과 같이 의미상의 주어에 대한 성질 등을 나타내는 경우 의미상의 주어를 나타낼 때에는 전치사 for가 아닌 '성질, 성격 등'의 의미를 지닌 전치사 of를 사용해야 한다.
② 주절의 동사가 명령, 주장, 결정, 제안, 충고, 요구(order, command, insist, urge, decide, suggest, propose, advise, recommend, demand, require, request, propose, ask, desire 등)를 나타내는 동사일 때 종속절(that절)의 동사는 'should+동사

원형'의 구조를 취하며, 이때 should는 생략할 수 있다.
③ 사람 주어에 대한 '감정'을 나타내는 과거분사 amazed가 알맞고, 능동일 경우 4형식 동사 offer가 수동태가 되어 the job이 목적어가 된 3형식 문장도 알맞다.
④ 'keep + 목적어 + from ~ing'는 '(목적어)가 ~하는 것을 (못하도록) 막다, … 때문에 ~하지 못하다'라는 의미의 동명사 관용 표현이다. keep 외에도 stop, hinder, prohibit, prevent 등의 동사가 쓰인다.
「① 네가 그런 일을 한다는 것은 어리석은 짓이다.
② 그는 그 일이 즉시 처리되어야 한다고 명령했다.
③ 나는 그 일자리를 제공받았을 때 정말 깜짝 놀랐다.
④ 폭우 때문에 그들은 소풍을 갈 수 없었다.」

5 ①

Smell과 같은 감각동사는 형용사를 보어로 취하므로 badly를 bad로 고쳐야 한다.

6 ④

'cannot ~ without' 구문을 물어보는 것으로 ④에서는 cannot을 no ~ can의 형식으로 쓴 표현이 되어 알맞다.
「① 모든 사람들은 무언가를 배우지 않고서 이삼십 년 동안 매일 아침 면도를 할 수 있다.
② 모든 사람들은 무언가를 배우기 위해서 이삼십 년 동안 매일 아침 면도를 할 수 있다.
③ 어느 누구도 무언가를 배우기 위해서 이삼십 년 동안 매일 아침 면도를 할 수 없다.
④ 어느 누구도 무언가를 배우지 않고서는 이삼십 년 동안 매일 아침 면도를 할 수 없다(=이삼십 년 동안 매일 아침 면도를 하다 보면, 누구나 무언가를 배우기 마련이다).」

7 ④

① on no account가 있어서 부정어의 문두 사용으로 인한 도치 구조로 알맞은 표현이며, let in은 구동사로서 수동태 표현이 가능하다. 사역동사 let의 수동태 불가와 혼동해서는 안 된다.

② If the wound should be inflamed에서 If를 생략하고 Should가 문두에 나온 것이므로 알맞은 표현이다. 부사구를 문두에 두어 도치된 구조가 알맞으며 '낯선 사람들을 안으로 들여보내다(let strangers in)'의 표현이 수동태로 적절히 나타나 있다.

③ 사역동사 have 다음에 목적보어자리에는 원형부정사를 쓰는 경우가 많긴 하지만 경우에 따라서 현재분사형도 쓴다.

④ Either의 경우 둘 중 한 명의 가수를 말하므로 알맞지 않다. '두 명의 가수' 모두를 나타내려면 Both로 나타내야 하며 복수동사가 나와야 한다. Either of the singers has → Both of the singers have

8 ①

phrase 구 **refrain** 후렴 **rhyme** 운 **frequently** 자주 **facilitate** 용이하게 하다 **comprehension** 이해력 **predictable** 예측할 수 있는 **involve** 수반하다 **literacy** 글을 읽고 쓸 줄 아는 능력 **criterion** 기준 **scaffold** (건축 공사장의) 비계, 발판 **linguistic** 언어의 **competence** 능숙함 **repetition** 반복

the use of pattern books에서 the use가 주어이므로 수일치시켜 단수 동사 meets를 써준다.

「구문 교재는 반복되는 구절, 후렴, 때로는 운을 사용한 내용을 담고 있다. 게다가 구문 교재는 흔히 내용 이해를 용이하게 할 수 있는 그림을 담고 있다. 그 예측할 수 있는 구문은 제2외국어를 시작하는 사람들이 제2외국어로 읽고 쓰는 일에 즉시 몰두할 수 있도록 한다. 게다가 구문 교재의 활용은 독서를 가능하게 함으로써, 학생들의 현재 언어 능력 수준에 도전하게 함으로써, 그리고 단순한 문장의 반복을 통해 이해를 도움으로써 읽고 쓰는 능력의 발판에 대한 기준을 충족시킨다.」

9 ①

obviously 명백하게, 분명히 **smash** ~을 산산이 부수다 **critical of** ~을 흠(트집)잡기 좋아하는 **criticize** ~을 비난하다

'People who live in glass houses shouldn't throw stones.'는 '제 눈의 들보는 못 보고 남의 눈의 티를 본다.'라는 속담이다. (A)에 the saying을 대신하는 it이 있어 연속이 되며 (A)의 마지막 문장에서 이 속담을 설명하고 있다. (C)에서는 대조를 나타내며 the saying을 받는 this saying이 나온다. (B)는 이 속담의 결론을 나타내므로 마지막에 위치시켜야 한다.

「내가 그 의미를 찾아내야만 했던 속담은 '유리로 만든 집에 사는 사람들은 돌을 던져서는 안 된다.'라는 것이었다. (A) 처음 내가 한 짐작은 이 속담이 싸우기를 원하는 사람들이 먼저 공격으로부터 자신들을 방어하는 데 대하여 먼저 생각해야 하는 상황에 관한 것이었다. 분명, 자신의 집이 쉽게 깨지는 유리로 된 집이 있는 사람은 주의해야 한다. 만일 당신이 돌을 던지면 당신이 그 돌을 던진 돌에 표적이 되는 사람은 도로 던질 수 있으며 당신의 집을 부수어 버릴 수 있다. (C) 하지만, 내가 영어숙어 사전에서 그 의미를 찾아낸 이 속담은 실제로는 싸움에 관한 것이 아니다. 이것은 당신이 가지고 있는 결점과 유사한 결점이 있다고 해서 다른 사람들을 비난해서는 안 된다는 것을 의미한다. (B) 나는 이것이 다른 사람들의 흠을 잡기 좋아하는 어떤 사람에게라도 좋은 충고라고 생각한다.」

10 ④

본문의 흐름을 보면 'home schooling의 정의 → Reasons for Home Schooling(주제문) → 주제문에 대한 부연 설명(구체적인 이유)' 순으로 이야기가 진행되고 있다는 것을 알 수 있다. 'There are many reasons why parents choose home schooling for their children'이라는 주제문이 나온 다음 Some parents ~, Others ~로 주제문에 대한 구체적인 이유를 부연 설명하고 있다. 그러므로 제목으로 'Reasons for Home Schooling'이 알맞다.

① 학교에서의 압력의 유형들
② 홈 스쿨링의 찬반양론
③ 홈 스쿨링의 부작용
④ 홈 스쿨링을 하는 이유들

「영국에서 부르는 이름처럼 home schooling 또는 home tuition이라는 용어는 가정에서 아이들을 교육시키거나 공립학교나 사립학교와 같은 주된 환경이 아닌 다른 장소에서 아이들을 교육시키는 것을 의미한다. 학부모들이 그들의 자녀들을 위해 자택학습을 선택하는 데는 많은 이유들이 있다. 일부 부모들은 공립학교에서의 교육의 질에 불만이 있다. 다른 일부 보모들은 그들의 자녀들이 '또래의 압박', 즉 친구들로부터 받는 사회적 압력에 대해 염려해야 하는 현실을 원하지 않는다. 그들은 이것이 아이의 학업에 방해가 될 수 있다고 말한다. 이런 보모들은 이런 유형의 압력이 흡연, 알코올 음주 및 마약 복용과 같은 부정적인 행동의 결과를 가져올까봐 두려워한다.」

11 ③

「만약 당신이 너무 뚱뚱하다면, 당신은 아마 머지않아 심각한 건강문제에 처할지도 모른다. 한 의사단체가 지나친 비만의 영향에 관한 보고서를 썼다. 한 가지 중요한 영향은 심장에 대한 압박이다. 뚱뚱하면 심장은 더 심한 일을 하게 된다. 이것이 심장발작을 일으키거나 다른 심장질환을 일으킬 수 있는 것이다. 여분의 지방은 또한 피 속에 함유된 당분의 양을 변화시킬 수 있다. 고혈압은 비만으로 인해 초래될 가능성이 있는 또 다른 질병이다. 어떤 때는 암까지 초래하기도 한다. 이러한 모든 문제에 관한 좀 더 많은 연구가 필요하다. 하지만 그 보고서를 통해 한 가지 분명한 것은 여분의 지방이 당신의 생명을 단축할 수 있다는 것이다.」

12 ①

dread ~을 몹시 무서워하다 invariably 변함없이, 언제나 ingenuity 천재성 burglar 절도범 rattle 달가닥거리다
① 유머 있는 ② 교훈적인 ③ 화난 ④ 과거에 대한 향수가 있는

「전문적으로 동물의 행동을 연구하는 사람들은 만찬에서 그들의 은폐가 드러나는 그러한 때를 염려해야 한다. 운이 없는 사람들은 동물 이야기를 하는 누군가의 옆자리에 반드시 앉게 된다. 대화는 변함없이 이런저런 행동을 한 애완동물에 관한 것일 것이며 허튼소리는 그에 대한 정중한 표현이다. 최악의 이야기들은 고양이에 관한 것이다. 자부심이 강한 주인들은 만찬 동안에 고양이의 재간과 그들이 생각하는 것들 그리고 얼마나 고양이를 그리워하는지에 대하여 말하기를 좋아한다. 이러한 고양이들은 만약 강도가 그들의 밥그릇을 달그락거렸다면 강도의 다리를 문지르고 있었을지도 모른다.」

13 ②

anthropologist 인류학자 interbreeding 상호교배 stock 혈통, 종족, 저장, 가축, 주식 migration 이주, 이민, 이동, 이사, 회귀 mobility 이동성, 유동성, 운동성, 기동력, 변동성, 변덕 species 종류, 인종, (생물 분류학상의) 종(種) racial 인종의, 종족의, 민족의 classification 분류(법), 종별, 유별 average 보통의, 평균의 otherwise 다른 방법으로, 달리, 다른 점에서, 만약 그렇지 않으면 biology 생물학, 생태학 specify 일일이 열거하다, 명세서에 기입하다

인간집단을 분류하는 데 있어서, '인종'이란 단어를 통한 분류는 무의미하므로 이를 배제(drop)하고 오히려 '문화'의 차이라고 보는 게 더 선호된다고 말하고 있다.

「일부 인류학자들은 인류 구분에 '인종'이란 단어를 (배제시키고) 싶어한다. 그들의 첫 번째 이유는 인류 역사는 항상 다른 인류 간의 상호교배를 낳는 이주와 이동성과 연관되어 왔다는 명백한 사실이다. 그래서

인종에게 순수한 종이 없다는 것이다. 아마도 어떤 하나의 인종적 분류에 맞지 않지만 여러 인종의 특징을 갖는 아프리카 부시먼과 남태평양의 폴리네시아인과 같은 몇몇 종족이 있다는 사실은 거의 잘 알려져 있지 않다. 결국 보통의 사람은 그것에 관해 잘 알지 못하지만, 오히려 인종 간의 가장 큰 차이점은 생물학적인 것이나 인종적인 것이 아니라 문화라고 생각하기도 한다.」

14 ②

principle 원리, 원칙, 본원, 본질 conservation of energy 에너지 보존 recent 최근의, 근대의 pure 순수한, 이론적인, 결백한, 단일의 billiard 당구(용)의 purely 단순히, 순수하게, 맑게, 깨끗하게, 완전히 collide 충돌하다, 상충하다, (의지·목적 등이) 일치하지 않다 remain 남다, 머무르다, ~한 대로이다 unaltered 불변의, 변경되지 않은 transaction 처리, 취급, 거래, 화해, 계약 elastic 탄성의, 신축성이 있는, 융통성이 있는 ideal 이상의, 이상주의의, 이상, 규범, 이념 condition 상태, 상황, 조건, 지위

본문은 에너지 보존에 관한 것 중 운동량 보존에 관해 두 개의 당구공의 예를 들어 설명하고 있다. 이후, 실제적인 충돌과는 다른 운동량 보존인, '완전탄성'에 관해 설명하고 있으므로 역접관계의 접속사가 적절하다.

「에너지 보존의 법칙 또 다른 원리는 가장 최근의 것이다. 에너지는 다양한 형태로 존재할 수 있고, 그 중 가장 단순한 것은 테이블 위의 당구공의 운동과 같은 순수 운동에너지이다. 뉴턴은 이와 같은 단순히 기계적인 에너지는 보존된다는 것을 증명했었다. (예를 들어), 두 개의 당구공이 충돌할 때, 각각의 에너지는 변하지만 두 공이 갖는 총에너지는 변함이 없다 ; 다른 하나가 또 다른 하나에게 에너지를 주지만, 어떤 것도 에너지 교환에서 잃거나 추가되지만은 않는다. (하지만), 이것은 두 개의 공들이 그것들이 접근했던 것과 같은 속도로 서로에게서 튕겨나가는 이상적 상태인 '완전탄성'일 경우에만 사실이다.」

15 ③

depend ~에 달려 있다, 좌우되다, ~나름이다, 의존하다, 의지하다 server 근무자, 봉사자, 쟁반, 밥상, (컴퓨터) 서버 be supposed to do ~할 것으로 기대(생각·상상)되다, ~하기로 되어 있다 face 직면하다, 직시하다, ~에 면하다, ~을 향하다 lead 이끌다, 인도(안내)하다, 유인하다, 선도하다, ~의 마음을 꾀다 comer 오는 사람, 새로 온 사람 party 당사자, 한쪽 편, 모임, 파티, 당파, 일행 concerned 관계하고 있는, 걱정하는, 염려하는 invention 발명, 창작, 발명품, 꾸며낸 이야기

빈칸 뒤의 글을 보면, 고객들이 때로는 자신이 온 순시에 상관없이 자신이 서 있는 줄에 따라, 업무 서비스를 더 일찍 받기도 하고, 생각했던 것보다 더 늦게 받는다고 말하고 있다. 이것으로, 고객들은 '어느 줄에 설 때, 더 일찍 업무처리를 받을 수 있을까?'하고 생각을 하게 된다는 것을 유추할 수 있다.

① 이 문제에 대한 해결책은 쉬운 것 같다.
② 우리가 사회적인 발명을 생각하는 것은 가능하다.
③ 그것은 바로, 어느 줄에서 내 일을 가장 빨리 처리 받을 수 있을까라는 것이다.
④ 공정한 대기시스템은 우리가 먼저 온 사람이 먼저 서비스를 받는다는 것에 기초한 서비스를 제공하고, 또 제공받도록 할 수 있다.

「은행, 관공서 등 사람들이 서비스를 받기 위해 방문하는 많은 장소가 있다. 몇 명의 근무자가 있느냐에 따라, 사람들은 많은 줄에 서 있게 된다. 사람들은 줄을 서야 한다고 생각할 때, 한 가지 결정해야 하는 문제에 항상 직면하게 된다. (그것은 바로, 어느 줄에서 내 일을 가장 빨리 처리 받을 수 있을까라는 것이다.) 왜냐하면, 더 짧은 줄은 항상 더 빠른 서비스로 이어지지 않기 때문이다. 더 늦게 온 일부 사람들은 단지 그들이 '운이 좋은' 줄에 우연히 서 있었다는 이유로 더 일찍 서비스를 받는다. 이것이 일찍 온 몇몇 사람들이 그들이 기대했던 것보다 더 오래 기다리는 이유이다. 이것은 근무자들이나 고객들이나 관련된 모든 당사자들에게 공평하지 않다.」

16 ③

zebra 얼룩말, 심판원　evolve 진화하다, 전개하다, 방출하다, (이론 등을) 끌어내다　horselike 말과 같은　stripe 줄무늬, 줄무늬 있는 천, 채찍 자국　ancestor 원종, 선조, 조상　accidental variation 돌연변이　foal 망아지　natural selection 자연도태　distinct 독특한, 별개의, 뚜렷한, 여러 가지의

본문은 얼룩말의 줄무늬가 어떻게 생겨났는지에 관해 말하고 있다.

① 얼룩말의 기원은 무엇인가?

② 얼룩말의 줄무늬의 장점은 무엇인가?

③ 얼룩말의 줄무늬는 어디서 생겨났는가?

④ 얼룩말은 말에서 어떻게 진화되었는가?

「(얼룩말의 줄무늬는 어디서 생겨난 것일까?) 과학자들은 얼룩말은 줄무늬가 없는 말과 같은 동물에서 진화했다고 생각한다. 그들은 얼룩말의 줄무늬가 없는 원종이 어떠했는가에 대해 다른 생각들을 가지고 있지만, 대부분은 그것이 어두운 색이나 검은색이었을 거라고 주장한다. (그래서, 해묵은 질문에 답한다면, 얼룩말은 아마도 다른 어떤 해석보다도 흰 줄무늬를 가진 검은 동물이었을 것이다.) 줄무늬가 진화한 방식은 이러하다 : 돌연변이로 인해, 검은 망아지들 중 일부는 밝은 색의 줄무늬를 가지고 태어났다. 줄무늬는 보호색이었기 때문에, 그것들은 이점이 있었다. 그리고 그러한 줄무늬 동물들은 종종 줄무늬가 있는 망아지를 낳으며 생존했다 – 또 하나의 자연도태의 예이기도 하다. 점점 더 많은 줄무늬 동물들이 세대가 지나면서 나타났다. 결국, 우리가 얼룩말이라 부르는 여러 독특한 동물종이 생겨났다.」

17 ④

celebrity 유명인사, 명성　disadvantage 불이익, 손해　unflattering 아첨(아부)하지 않는, 있는 그대로의, 솔직한　dumpy 땅딸막한, 뭉툭한, 추한　struggle 싸움, 몸부림, 노력　divorce 이혼　tragedy 비극(적 사건)　end up 끝나다, 결국 ~이 되다　front-page 신문의 제1면에 실을 만한, 중요한　frighteningly 놀랍게도　constant 불변의, 끊

임없는　attention 주의, 관심　threatening 위협(협박)적인　contend with ~와 싸우다, 다투다, 투쟁하다　sacrifice 희생하다

「ⓐ 많은 사람들은 유명인사가 되기를 꿈꾼다. 그러나 그들이 유명해지면 생기는 모든 단점들을 생각한다면 그들은 그들의 마음을 바꿀지도 모른다. ⓑ 첫째로 유명인사는 언제나 완벽하게 보여야만 한다. ⓒ 사진사들은 낡은 옷을 입어 추하게 보이는 유명한 사람의 솔직한 사진을 찍을 준비가 되어 있다. ⓓ 유명인사들은 또한 그들의 사생활도 희생한다. 그들의 개인적인 싸움, 이혼 또는 가족의 비극적인 사건들이 모두 결국은 1면 기사(중요한 기사)가 된다. 가장 놀라운 것은, 유명인사들은 잘못된 종류의 관심을 받을 위험에 항상 처해 있다는 점이다. 광적인 팬들의 협박편지와 신체적인 공격까지도 유명인사가 싸워야 하는 것들이다.」

18 ④

maintain 유지하다　unfortunately 불행하게도, 유감스럽게도　obey 준수하다, 순종하다, 복종하다　commit (죄, 과실 등을) 범하다　crime 죄, 범죄, 죄악　arrest 체포하다, 검거(구속)하다　criminal 범죄자, 범인　assistance 지원, 원조, 보조　escape 달아나다, 도망하다, 도피하다　investigator 조사자, 연구자, 수사관　detective 형사, 탐정, 수사관　call upon 요구하다, (원조 등을) 요청하다　formal 형식적인, 정규의　requirement 요구, 필요(조건), 자격　private 사적인, 개인의, 사립의

「법은 우리 사회의 안전과 질서를 유지하기 위해 존재한다. ⓐ 법은 사람들에게 그들이 할 수 있는 것과 할 수 없는 것을 구별해 주는 규칙과 비슷하다. ⓑ 불행하게도 모든 사람이 이러한 규칙을 지키는 것은 아니다. 어떤 사람이 법을 어기거나 죄를 범할 때, 경찰관들은 종종 그 범인을 체포하거나 다른 형태의 도움을 주기 위해 소집된다. ⓒ 만일 범인이 도주하거나 밝혀지지 않으면, 수사관과 형사들은 범인을 찾도록 요청받을지도 모른다. (ⓓ 대부분의 사립탐정과 수사관의 일에 있어서 정규교육은 필요가 없다.)」

19 ④

by the way 그런데 check out (도서관에서 책 등을) 대출하다, 빌려주다 on reserve 예약중인

① 응, 그 책은 1995년에 뉴욕에서 출판된 거야.
② 응, 내가 검사해 봤더니 외관은 멀쩡하더라.
③ 미안, 학교서점에는 그 책이 없더라.
④ 그럴 수가 없었어. 도서관에 딱 한 권이 있었는데 예약 중이었거든.

「W : 오늘은 집에 일찍 왔네.
 M : Simpson 여사가 아파서 마지막 수업이 취소됐거든.
 W : 그렇구나. 그런데 내가 부탁한 책은 대출했니?
 M : <u>그럴 수 없었어. 도서관에 딱 한 권이 있었는데 예약 중이었거든.</u>」

20 ①

would like to do ~하고 싶다(= want to do)
own 소유하다, 자기 자신의 mind 꺼리다, 싫어하다 make up one's mind 결심하다, 결단(결론)을 내리다

① B는 자기 소유의 회사를 가지고 싶어한다.
② B는 일할 시간이 없다.
③ B는 제 나름의 의견(마음)이 있다.
④ B는 결정을 내리지 못했다.

「A : 너 자신의 사업을 하고 싶지?
 B : <u>그럼(조금도 싫을 것이 없지).</u>」

01	국어								
1	2	3	4	5	6	7	8	9	10
②	①	①	②	④	④	①	④	②	②
11	12	13	14	15	16	17	18	19	20
②	④	③	①	①	②	③	④	②	④

1 ②

영상 매체의 급속한 발달로 인쇄 매체가 상대적으로 위축되고 있음을 말하고 있다. 이는 세대와 관계없이 적용되는 현상이다.

Plus TIP

박이문의 「영상 매체 시대의 책」
㉠ 갈래 : 논설문
㉡ 주제 : 영상 매체 시대에 인쇄 매체인 책이 지니고 있는 의미
㉢ 성격 : 설득적, 논리적, 분석적
㉣ 특징 : 정보화 사회에서 영상 매체와 인쇄 매체의 특징을 비교하고, 궁극적으로 인쇄 매체의 우수성을 밝히고 있다.

2 ①

① 같은 조건이라면 좀 더 좋고 편리한 것을 택한다는 의미
② 많으면 많을수록 좋다는 말
③ 고무래를 보고도 정자를 알지 못한다는 뜻으로, 일자무식인 사람을 가리키는 말
④ 다른 사람보다 먼저 근심하고 즐길 것은 다른 사람보다 나중에 즐긴다는 말

3 ①

'솜이불'은 [솜니불]로 발음되는 'ㄴ 첨가' 현상이 일어난다.

① 송별연→[송벼련] : 연음
② 꽃잎→[꼳입] : 음절의 끝소리 규칙→[꼰입] : 비음화→[꼰닙] : ㄴ 첨가
③ 맨입→[맨닙] : ㄴ 첨가
④ 막일→[망일] : 비음화→[망닐] : ㄴ 첨가

4 ②

'애닯다'는 '애달프다'의 잘못된 표현이다.

5 ④

㉢㉡ 영어 공용화를 통한 다원주의적 문화 정체성 확립 및 필요성→㉤ 다양한 민족어를 수용한 싱가포르의 문화적 다원성의 체득→㉠ 말레이민족 우월주의로 인한 문화적 다원성에 뒤처짐→㉣ 단일 민족 단일 모국어 국가의 다른 상황

6 ④

본문에 '물질에 따라 방출하는 빛의 진동수가 달라지는 현상은 과학적 탐구에도 이용된다.'고 나와 있다.
① 보기의 내용은 지문의 내용과 일치한다.
② 자외선을 흡수하여 파란색을 방출하는 형광물질을 세제에 사용한다.
③ 마지막 문장을 통해 보기의 내용이 옳다는 것을 알 수 있다.

7 ①

① 수중(樹中)의 공주라는 표현을 통해 비범한 속성을 드러내고 있다.
②③④ 화자가 느끼는 허무하고 애달픈 정서가 이입되어있다.

8 ④

① 등교길 → 등굣길

② 고기국 → 고깃국, 북어국 → 북엇국

③ 칼로리량 → 칼로리양

9 ②

① '영수가 나를 좋아하는 것보다 너를 더 좋아한다.'는 의미와 '내가 너를 좋아하는 것보다 영수가 너를 더 좋아한다.'는 의미가 중의적으로 해석된다.

③ 나를 사랑하는 것이 그녀인지 그녀의 친구인지 중의적으로 해석된다.

④ 넥타이를 매는 행위가 현재 진행 중인지 이미 완료된 상태인지 중의적으로 해석된다.

10 ②

강남콩 → 강낭콩, 사흘날 → 사흗날, 흐리멍텅 → 흐리멍덩

11 ②

㉠ 斬新(벨 참, 새로울 신)

㉡ 收斂(거둘 수, 거둘 렴)

㉢ 宣布(베풀 선, 베 포)

㉣ 問責(물을 문, 꾸짖을 책)

12 ④

군청에서는 감동 행정을 펼치기 위한 사전 작업이 이뤄지고 있다는 것이 이 글의 주제이다. 따라서 음주운전을 적극 만류하지 못해 음주운전에 이르게 한 공무원에 대한 문책은 개인적 문책사유이지 감동 행정과 관련성이 없으므로 통일성을 해친다고 할 수 있다.

13 ③

① 배다 : 스며들거나 스며 나오다.

② 떨구다 : 시선을 아래로 향하다.

③ '제끼다'는 '젖히다'의 잘못된 표현이다.

④ 꼬이다 : 그럴듯한 말이나 행동으로 남을 속이거나 부추겨서 자기 생각대로 끌다.

14 ①

② 삐에로 → 피에로

③ 스노우 → 스노

④ 컨닝 → 커닝, 악세사리 → 액세서리

15 ①

㉠ 음절의 끝소리 규칙은 음절의 끝소리가 'ㄱ, ㄴ, ㄷ, ㄹ, ㅁ, ㅂ, ㅇ' 일곱 가지 중 하나로 변하여 발음되는 현상을 말한다. '몇 해'는 이 규칙에 의해 [멷해]가 된다.

㉡ [멷해]는 'ㄷ + ㅎ → ㅌ'의 축약을 거쳐 [며태]로 소리 난다.

16 ②

① '올 듯한'에서 '듯한'은 보조형용사 '듯하다'로 한 단어이므로 붙여 쓴다.

② '밥 먹듯'의 '-듯'은 뒤 절의 내용이 앞 절의 내용과 거의 같음을 나타내는 연결 어미 '-듯이'의 준말이다. 따라서 '밥 먹듯 한다'로 써야 한다.

③ '듯이'는 짐작이나 추측의 뜻을 나타내는 의존명사로 앞말과 띄어 쓴다.

④ '말했듯이'의 '-듯이'는 뒤 절의 내용이 앞 절의 내용과 거의 같음을 나타내는 연결 어미로 앞말과 붙여 쓴다.

17 ③

〈보기〉에서 '마음'은 '사람이 어떤 일에 대하여 가지는 관심'의 의미로 사용되었다. 따라서 가장 가까운 의미로 쓰인 것은 ③이다.

① 사람이 다른 사람이나 사물에 대하여 감정이나 의지, 생각 따위를 느끼거나 일으키는 작용이나 태도

② 사람의 생각, 감정, 기억 따위가 생기거나 자리 잡는 공간이나 위치

④ 사람이 본래부터 지닌 성격이나 품성

18 ④

제시된 글은 독립운동가이며, 정치가인 백범 김구(金九) 선생이 직접 쓴 자서전이다.

19 ②

김구의 「나의 소원」은 호소력 있는 글로 독자의 행동과 태도 변화를 촉구하고 있다.

20 ④

① 종성에 위치할 수 있는 자음은 'ㄱ, ㄴ, ㄷ, ㄹ, ㅁ, ㅂ, ㅇ' 7개이다.

② 자음은 반드시 모음과 결합해야만 음절을 구성할 수 있다.

③ 초성과 종성에는 2개 이상의 자음이 올 수 없다.

02		한국사							
1	2	3	4	5	6	7	8	9	10
④	③	②	④	①	③	④	④	③	③
11	12	13	14	15	16	17	18	19	20
③	①	②	④	②	④	②	③	①	②

1 ④

일제강점기에 동아일보사가 주축이 되어 일으킨 농촌계몽운동인 브나로드 운동은, 1931~1934년까지 총 4회에 걸쳐 전국 규모의 문맹퇴치운동으로 전개되었다.

2 ③

㉠ 흥선대원군 호포제
㉡㉣ 숙종 대동법

3 ②

1883년 조일통상장정에 최혜국 대우 규정이 생겼다.

4 ④

'이곳'은 강화도이다.
① 두만강 유역
② 서경(평양)
③ 위화도

5 ①

(가)는 거란의 1차 침입(993)과 3차 침입(1018) 사이의 시기이다.

② 고려 숙종 때 윤관은 별무반을 조직하여 여진족을 정벌하고 동북 9성을 축조(1107)하였다.

③ 조선 중종 때 삼포왜란을 계기로 비변사가 설치(1510)되었다.

④ **최우**(집권 : 1219~1249)는 정방을 설치하여 인사권을 장악하고, 삼별초를 조직하여 군사적 기반으로 삼았다.

6 ③

역분전(태조 23, 940년) → 시정전시과(경종 1, 976년) → 경정전시과(문종 30, 1076년) → 과전법(공양왕 3, 1391년)

7 ④

청해진(828) : 통일신라 흥덕왕 때, 장보고가 해상권을 장악하고 중국·일본과 무역하던 곳

8 ④

1948년 7월 17일 제헌헌법에는 국회단원제를 명시하였다. 국회양원제는 제1차 개헌에서 명시하였으나 양원제를 채택하여 실시한 것은 제3차 개헌이었다.

9 ③

통치권 강화 정책
㉠ **신라**(우역의 설치) : 소지왕 때 우역이 설치되었는데 이는 국왕의 지배력을 효과적으로 전달해 주었으며 우역제도의 정착으로 지증왕 시기의 정복사업, 법흥왕 시기의 중앙집권적 통치체제 확립 등을 꾀할 수 있었다.
㉡ **고려**(이문소의 혁파) : 공민왕 때 이문소를 혁파함으로써 내정간섭을 종식시키고 왕권강화를 도모하였다.
㉢ **조선**(도호부의 설치) : 조선의 지방행정 기구로, 효율적인 중앙집권강화를 위하여 조직을 정비하였다.
㉣ **조선**(의흥삼군부의 설치) : 강력한 군사체제를 갖춤으로써 왕권강화의 초석을 마련하였다.

10 ③

지문의 내용은 남북기본합의서의 내용으로 제1조와 제18조에 해당한다.

11 ③

지문은 박지원에 대한 설명이다. 박지원은 중상학파로서 「과농초소」, 「한민명전의」 등을 통해 영농방법의 혁신과 상업적 농업을 장려하였다. 또한 청에 다녀와 「열하일기」를 저술하였으며 상공업의 진흥을 강조하고 화폐유통의 필요성을 주장하였다.

12 ①

지문의 내용은 온건개혁파와 동도서기론에 관련된 내용이다.
온건개혁파는 청과의 사대관계를 유지하며 점진적인 개혁을 하자고 주장하였다.

13 ②

1930년대의 설명으로, 이봉창은 일본 국왕 암살미수(1932. 1.), 윤봉길은 상하이 홍커우 공원 폭탄(1932. 4.)으로 투쟁하였다.

14 ④

서문은 대한독립선언서의 내용으로 1918년 조소앙이 집필한 것이다.
※ **조소앙**(1887. 4. 10 ~ 1958. 9. 10) … 한국의 정치가 및 독립운동가로 1922년 김구, 안창호와 함께 시사책진회를 결성하고 1928년 한국독립당을 창당하였다. 1937년 한국광복전선 결성시 한국독립당 대표로 참가하였으며, 1948년 단독정부수립에 반대하고 남북협상에 참가하였다.

15 ②

㉠ 유향소, 서원, 향약은 사림들의 세력기반이다.

㉡ 사창은 향약과 더불어 향촌사회를 안정시키기 위하여 지방의 양반지주층이 운영하던 진휼책이다.

㉢ 현량과는 조광조 등이 왕도정치의 실현을 목적으로 추천를 통해 사림을 등용하던 제도이다.

16 ④

갑신정변(1884)의 주도세력은 급진개화파(개화당)로, 이들은 일본의 메이지유신을 본받아 급진적인 개혁을 추구하였다.

※ 개화파

구분	온건개화파	급진개화파
인물	김홍집, 김윤식, 어윤중	김옥균, 박영효, 서광범, 홍영식, 서재필
방법	동도서기론	문명개화론
모델	청의 양무운동	일본의 메이지 유신
청과의 관계	청과의 전통적인 관계 중시	청과의 사대 관계 청산을 주장

17 ②

고려시대 농민 중 기술직이나 군인 등 직역을 갖지 않는 이를 백정이라 불렀다. 백정은 법제상으로 과거응시에 제한이 없었고 전지를 받는 군인으로 선발될 수도 있었다.

① 수리시설 확충으로 이앙법 등의 농업발전이 이루어진 것은 조선 후기이다.

③ 조선 후기는 농업발전 및 상품화폐경제가 발달하였고, 몰락한 농민들의 경우 농촌을 떠나 도시에서 임노동자가 되거나 소작농이 되었다.

④ 신라시대의 일이다.

18 ③

① 탕평책은 능력 위주의 고른 인재등용과 왕권강화 등을 목적으로 숙종 ~ 정조 때 실행되었다.

② 수취체제 개편은 상업발달을 촉진시켜 국내상업과 대외무역활동을 확대시켰다.

④ 공명첩은 양란 후에 시행된 관직수여증으로 공명첩 시행은 신분질서를 와해시키는 원인이 되었다.

19 ①

산미증식계획은 수리시설·지목전환·개간 간척의 토지 개량사업과 품종개량과 비료사용의 증가·경종법개선 등 일본식 농사개량사업으로 전개되었으며 지주육성책으로 시행되었다. 결과적으로 일본인 대지주의 수는 증가하고 우리 농민은 이중부담으로 인하여 조선인 지주와 자작농의 수는 감소하였다.

20 ②

㉠ 1950년 ㉡ 1945년 ㉢ 1948년 ㉣ 1953년

03 영어

1	2	3	4	5	6	7	8	9	10
①	③	②	②	②	③	②	①	③	③

11	12	13	14	15	16	17	18	19	20
④	①	③	②	③	③	①	②	③	④

1 ①

formatted 형식화된 secured 보증된, 담보부의 dispersed 흩어진, 분산된

「콩은 고기 맛이 나도록 가공될 수 있다.」

2 ③

agreement 협정, 합의 correspondence 서신, 편지 promotion 승진, 진급

「나는 TV에서 그것을 보았을 때 놀라움을 감추지 못했다」

3 ②

buckle down (~에) 본격적으로 덤비다 turn down 거절하다, 약하게 하다 set to work 일에 착수하다 sort out 선별하다, 문제를 해결하다 play it by ear 그때그때 봐서 처리하다

「졸업하고 싶다면 본격적으로 하는 것이 좋겠어.」

4 ②

urgently 긴급한, 다급한, 촉박한 name after ~의 이름을 따서 명명하다 tend (환자·어린아이들을)돌보다, 간호하다

② 타동사 'tend'의 목적어가 되도록 'sick'과 'wounded'를 'the + 명사형'으로 바꿔준다.
  More ~ tend sick and wounded. → More ~ tend the sick and the wounded.

「① 이 업무(작업)를 곧 끝마치겠다.
② 보다 많은 의사들이 병들고 부상당한 이들을 돌봐주는 것이 긴급히 요구된다.

③ 나의 남편은 새로 태어난 아기가 그의 어머니의 이름을 따서 지어져야 한다고 고집했다.
④ 그는 그 정치인에게 질문을 퍼부었다.」

5 ②

make an impression on ~에게 인상을 주다, ~을 감동시키다 lose no time in (doing) 때를 놓치지 않고 ~하다 take into consideration ~을 고려(참작)하다 inclination 경향, 기질, 성향 insensitivity 무감각, 둔감

① 목적관계대명사는 생략이 가능하지만 주격관계대명사는 생략할 수 없으므로 'made' 앞에 who를 넣어야 한다.
  and made → and who made
③ 'more'와 호응하도록 'as'대신 'than'을 넣도록 한다.
  as those → than those
④ 'mind'가 타동사이므로 형용사가 오는 것은 옳지 않으며 'being impolite'를 쓰는 것이 적절하다.
  mind impolite → mind being impolite

「① 만일 전날 밤에 만나서 최악의 인상을 주었던 이가 바로 그 다음날 아침때를 놓치지 않고 당신에게 전화한다면 가능한 바쁘게 보내라.
② 모든 관련된 요인들을 고려해 볼 때, 나는 간섭하려거나 둔감할 기질 모두가 없다.
③ 보통 당신의 인생에는 무척 만나고 싶어 하는 사람들보다는 없애버리고 싶은 사람들이 더 많다.
④ 만약 무례하다는 것을 신경 쓰지 않는다면, 당신은 편지를 써야 한다든지 개를 산책시켜야 한다고 말할 수 있다.」

6 ③

second to none 제일의 have had it 질리다, 지긋지긋하다 know better than to do ~하는 것이 좋지 않음을 알고 있다

③ 나는 내 차가 항상 고장 나는 것을 감수해 왔다. → 나는 내 차가 항상 고장나는 것에 진저리가 난다.

7 ②

decision-making 의사 결정 political 정치상의, 정치적인, 정치의 financial 재정적인, 재정의
② half (of) the harvests에서 half는 전체에 대한 부분을 나타내는 표현이므로 half의 수는 harvests의 수에 맞게 복수가 되므로 동사도 복수가 되어야 한다.

「의사결정이 보다 높은 수준에 도달함에 따라, 전 세계 수확량의 절반은 식량을 먹기 위해 재배되었다는 사실을 무시한 정치적이며 재정적인 거래로 매매되었다.」

8 ①

a couple of 두 개(사람)의, 두서넛의, 소수의 prominent 유명한, 탁월한, 현저한 malpractice (의사의) 부정 치료, 의료 과오, 배임 행위 insurer 보험업자(회사) counsel 충고하다, 조언하다(=advise) admission 용인, 승인 invite (비난·위험 등을) 가져오다, 초래하다 litigation 소송 imperil 위험하게 하다 provider 공급자 choke 숨이 막히다, 질식하다, 목을 조르다 action 소송(=suit), 조치 disarming 화를 누그러뜨리는, 흥분을 가라앉히는, 애교 있는 promptly 즉시, 민첩하게, (시간을 잘 지켜) 정확히 earnest 진지한, 성실한, 본심으로부터의 compensation 보상, 배상 integrity 성실, 정직 dealings 교섭, 교제, 관계, 거래 dilute 약화시키다, 묽게 하다, 희석하다 fuel 감정을 부추기다, 악화시키다 indignant 분개한, 성난 plaintiff (민사상의) 원고, 고소인 concealment 은폐, 은닉 projection 예상, 예측 prompt 촉구하다, 부추기다, 자극하다 caseload (판사·사회 복지 사업가 등의) 담당 건수 premium 할증금, 보험료 decline 감소하다, 기울이다 market forces 시장의 힘, 자유 시장 방식 none of one's business ~가 관여할 것이 아닌 일

any admission of fault, or even expression of regret로 보아 사과하는 말인 'I'm sorry'를 짐작할 수 있고, invite litigation, consumers demanding action, disclosure would prompt a flood of lawsuits 등으로 보아 'they see you in court'의 상황을 유추할 수 있다.

「다음 기사에 따르면, 소수의 유명 병원의 의사들이 법정에서 여러분을 만나기 전에 "죄송합니다."라고 말하려고 노력하고 있다고 한다. 수십 년간, 의료과오 (전담) 변호사들과 보험업자들은 의사들과 병원들이 '부인하고 방어하도록' 조언을 해 왔다. 많은 사람들은 아직도 의뢰인들에게 잘못된 일에 대한 어떤 인정이나 심지어 유감 표명조차도 소송을 초래하고 경력을 위태롭게 할 수 있을 것이라고 경고한다. 하지만 (의료) 공급자[병원]들이 의료과오 비용으로 숨통이 막힐 지경이고 소비자들이 의료과오에 대한 소송을 요구하는 상황에서, 존스홉킨스와 스탠포드와 같은 소수의 유명 대학병원들은 화를 누그러뜨리는 접근법을 시도하고 있다. 신속하게 의료과오를 공개하고 진솔한 사과와 공정한 배상을 함으로써, 그들은 환자들과의 관계에 있어 정직성을 회복하고 실수로 통해 배우고 흔히 소송을 부채질하는 분노를 약화시키는 것을 더욱 손쉽게 하기를 원한다. 의료과오 변호사들은 종종 사리를 아는 환자를 분개하는 원고로 탈바꿈시키는 것이 과오의 은폐와 또 다시 발생하게 될 피해자의 우려보다 더 적은 과오라고 말한다. 공개가 홍수처럼 밀려드는 소송을 부추기게 될 것이라는 일부의 예상에도 불구하고, 병원들은 소송건수와 법률 관련 비용 저축금의 감소 상황을 보고하고 있다. 시장의 힘이 부분적으로 원인일 수 있다고 할지라도 의료과오 (관련) 보험료도 일부 사례에서는 감소했다.」

9 ③

set out (여행길을) 떠나다 figure out(= make out = understand) 이해하다

「• 그는 다음날 아침 일찍 파리로 도보여행을 떠났다.
• 나는 그 사람이 무슨 말을 하려고 하는지 이해할 수 없다.」

10 ③

at a stone's throw from ~에서 돌을 던지면 닿을 거리에, 가까운 곳에(= within a stone's throw from)

11 ④

ointment 연고 pimple 여드름, 뾰루지 originally 독창적으로 wrinkles 주름, 오점 smoother 매끄러운 dermabrasion 피부찰상법(박피술) subtract 빼다, 공제하다 appearance 발표
④의 It이 가리키는 것은 ermabrasion(피부찰상법)이고, 나머지는 Retin-A를 가리킨다.

「많은 사람들은 젊음을 유지하길 원하며 의사들에게 레틴 - A에 대하여 질문한다. 이것은 여드름을 가진 사람들을 돕기 위해 독창적으로 개발된 연고이다. 그러나 조사자들은 그것이 또한 주름의 수를 줄이고, 피부를 매끄럽고 건강하게 만들어준다고 한다. 공교롭게도 연고를 바른 효과는 즉시 나타나지 않는다. 피부찰상법(박피술)의 결과는 보통 일주일 정도로 빠르게 나타날지 모른다. 이것은 약간의 노화방지를 해줄 수 있는 위험이 따르지 않는 외과 기술이다. 그것은 피부의 한 층 정도의 벗겨짐을 수반한다. 그 결과 누군가의 발표에 따르면 15년 또는 그 이상을 뺀 것처럼 피부가 젊어지고 매끄러워 보이게 된다.」

12 ①

별을 따라 다니지 말라는 부모의 충고에 귀를 기울이지 않고 계속 별을 좇아 다닐 것이다.

「옛날에 어린 나방 한 마리가 어떤 별을 마음에 품었다. 그가 이것을 엄마한테 말했더니 그녀는 별 대신 다리의 가로등을 마음에 품으라고 충고했다. 그녀는 말했다. "별이란 건 시간을 보낼 만한 게 못된다. 가로등이라면 시간을 보낼 만하지." 아빠 나방이 말했다. "그렇게 해서는 성공할 수 없는거야. 별을 좇아 다니다간 성공할 수 없단다." 그러나 그 나방은 부모의 말에 주의하지 않았다.」

13 ③

even when ~할 때라 할지라도 constantly 끊임없이
by + 명사가 교통수단을 나타낼 때는 단수로 사용한다.

「미국인들이 이 집에서 저 집으로 옮겨다니지 않는다 할지라도 그들은 꾸준히 여행을 한다. 많은 사람들이 기차로 여행하지만 비행기 여행이 끊임없이 인기를 얻고 있다. 비행기에 의한 여행이 아무리 보편적이라 할지라도, 사교적인 행사나 사업목적을 위해서는 자동차가 이용되고 있다.」

14 ②

communication 의사전달, 통신 communicate (사상·의사·정보 등을) 전달하다, 알리다, 전하다 poster 포스터, 벽보 chart 그림, 도표 blueprint 청사진, 상세한 계획 frown 우거지상, 찡그린 얼굴 handshake 악수 attach ~을 붙이다, 첨부하다, 덧붙이다 significance 의미, 의의, 취지, 중요(중대)성

「의사전달은 언어, 그림 또는 행동의 형태로 이루어질 수 있다. 언어가 일반적으로 가장 많이 사용되며, 우리는 말하거나 글을 써서 생각을 전달한다. 그림은 편리하다. 사업체에서는 포스터, 도표, 청사진에서 그것(그림)들을 성공적으로 이용한다. 행동은 중요한 의사전달매체로서 언어보다 더 강하게 (의미를) 전달한다. 찡그린 얼굴, 악수, 윙크, 심지어 침묵에서조차 의미를 지니고, 사람들은 이러한 행동에 의미를 부여한다.」

15 ③

「(A) 사회는 사람들 스스로가 해야 할 일을 그들을 위해 하려고 노력할 필요가 없다. 근면하고 검소한 시민들의 돈을 빼앗아 게으른 사람들에게 준다는 것은 어리석고 사악한 짓이다. 우리 사회가 훨씬 더 진보하려면 사람들은 책임지는 것을 배워야 한다.
(B) 어느 사회나 너무 약하거나 운이 없어서 그들 자신과 가족들을 돌볼 수 없는 사람들이 항상 존재한다. 고대사회에서 그런 사람들은 고통받거나 심

지어 죽기까지 했다. 오늘날에 있어서는 국가, 다시 말하면 대체적으로 사회가 그런 약한 구성원들을 계속해서 돌볼 수 있도록 하자.」

【16 ~ 17】

「어떤 사람들은 많은 돈이 있다면 행복해질 것이라고 믿는다. 그들은 부자라면 그들이 원하는 것을 할 수 있을 것이고 따라서 행복할 것이라고 믿는다. 반면에 어떤 사람들은 종교에 가치를 두고 또 어떤 사람들은 그들의 두뇌와 건강에 가치를 둔다. 이런 것들에 의해 행복해진다는 것이다. 내게 있어 행복이란 가족과 밀접한 관계가 있다. 난 내 아내와 자식들이 화목하게 살 때 행복하다. 내 가족의 모든 구성원들이 기쁨의 시간과 슬픔을 함께 나누고 서로 대화할 때 행복하다.」

16 ③

빈칸 앞에 내용은 돈이 있다면 행복해질 거라고 믿는 사람들이 나오고 빈칸 뒤는 종교·두뇌·건강에 가치를 두는 사람들이 나오므로 '반면에'라는 의미의 연결어가 알맞다.

17 ①

글의 마지막에 가족과 함께 보낼 때 행복하다는 내용이 있다.

18 ②

constant 일정한, 부단한, 불변의 open (꽃이) 피다, (꽃잎을) 열다 close (꽃잎을) 닫다 in other words 다시 말해서 biological 생물학적인

「꽃들이 왜 다른 시간대에 피고 지는가를 알기 위해서 과학자들은 항상 어두컴컴한 실험실에 꽃들을 놓아두었다.
(B) 어떤 사람은 이 꽃들이 하루의 시간대에 대한 어떤 정보도 가지고 있지 않기 때문에 보통 때처럼 피지 않을 것이라고 예견했을 수도 있다.

(A) 그러나 사실은 꽃들은 마치 정상적인 정원에 있는 것처럼 계속해서 피었다.
(C) 이것은 꽃들이 시간을 지키는 어떤 신비스러운 방법을 가지고 있다는 것, 다시 말해 일종의 "생물학적 시계"를 가지고 있다는 것을 알려준다.」

19 ③

fan 광팬, 팬 extremely 대단히, 매우 talent 재능, 유능한 performer 연기자 statement 진술, 주장, 말함 cocky 건방진 alive 살아있는 disappoint 실망하다 avoid 피하다, 막다 pay to 지불하다, 보상하다 involved 연루된, 관련된 shame 부끄러움, 치욕 toot one's own horn 잘난체하다

「나는 어떤 영화. TV 스타이면서 랩퍼인 한 사람의 광팬이었다. 나는 그가 매우 재능이 있다고 생각했고 그의 연기를 매우 많이 좋아했었다. 그러나 최근들어 나는 그가 나온 TV를 보거나 잡지에서 그에 대한 글을 읽을 때마다 그는 매우 건방지고 자기가 살아있는 최고의 연기자라는 인상의 말을 한다. 그것은 나를 완전히 실망시켰고 그와 관련된 어떤 것도 보기 위해 지불하는 것을 피하게 만들었다. 치욕스럽게도, 모든 이들은 그가 재능있다는 것을 알고있다 ; 그는 잘난체할 필요가 없다.」

20 ④

① 반짝이는 모든 것이 금은 아니다.
② 안 하는 것보다 늦은 것이 낫다.
③ 외모로 판단하지 말아라.
④ 다치기 전에 울지 마라.

「스미스씨는 차로 아내를 공항까지 데려다 주고 있었다. "나는 제 시간에 공항에 도착하지 못할까봐 걱정이예요." 그녀가 걱정스럽게 말했다. "만약 차가 고장나거나 경사로에서 미끄러진다면 ……."
"부디 걱정하지 말아요!" 그가 대답했다. "우리는 지금까지 괜찮잖아요. 그렇지 않아요?"
"그렇지만 ……."
"그러면 조용히 있어요. 내가 운전 좀 하게."
스미스 부인은 비행기를 탔다.」

01	국어								
1	2	3	4	5	6	7	8	9	10
①	④	③	②	①	①	②	④	③	③
11	12	13	14	15	16	17	18	19	20
③	②	①	①	①	③	③	①	③	③

1 ①

① 간사하고 요사스러운 귀신을 물리치고 경사스러운 일로 나아감

② 당치도 않은 말을 억지로 끌어다 자신의 주장의 조건에 맞도록 함

③ 보람된 일을 없이 헛되이 세월만 보내는 것을 한탄함

④ 어떤 일이든 결국 이치에 맞게 돌아감

2 ④

'늙다'는 형용사로 통용되어 쓰이지 않는 동사로, '늙는다', '늙는'의 형태로 활용한다. 참고로 '젊다'는 형용사이다.

3 ③

㉠에는 인과 관계의 접속어가 들어가고 ㉡에는 역접 관계의 접속어가 들어가야 한다.

4 ②

① 알음 : 사람끼리 서로 아는 일

② 쩨쩨하다 : 너무 적거나 하찮아서 시시하고 신통치 않다, 사람이 잘고 인색하다.

③ 으레 : 두말할 것 없이 당연히, 틀림없이 언제나

④ 알은체하다 : 어떤 일에 관심을 가지는 듯한 태도를 보이다.

5 ①

제시된 글은 이효석의 「메밀꽃 필 무렵」의 한 부분으로 산 위의 달과 메밀밭의 풍경을 묘사하고 있다 (시적인 분위기).

6 ①

㈎ 서경적, 시각적

㈏ 상징적, 독백적, 자아성찰적, 내면적

㈐ 시각적, 비유적

㈑ 전원적, 친근한 회화조

7 ②

일제말의 저항시인 윤동주의 시로 상징적·독백적이다.

8 ④

덧없는 세속적 영화(榮華)를 표현한다.

Plus TIP

㈎ 박목월의 「청노루」 : 평화로운 봄의 정취

㈏ 윤동주의 「십자가」 : 속죄양적 자기 희생의 의지

㈐ 김동명의 「내 마음은」 : 맑고 정열적인 사랑의 감정

㈑ 김상용의 「남으로 창을 내겠소」 : 전원생활에 대한 소망

9 ③

'ᆲ'은 [ㄹ]로 발음하는 것이 원칙이나, 예외적으로 '밟[밥], 넓죽하다[넙쭈카다], 넓둥글다[넙뚱글다]'로 발음한다.
③ 넓죽한[넙쭈칸]

10 ③

지역에 따른 아리랑의 종류, 이들 민요의 차이점을 대표적인 민요를 예로 들어 비교 설명하고 있으나, 대상의 개념을 명확하게 정의하는 것은 없다.

11 ③

경기체가에 대한 설명이다.
①② 가사
③ 경기체가
④ 고려 가요

12 ②

① 20세 : 약관(弱冠), 방년(芳年)
  과년(瓜年) : 16세
③ 50세 : 지천명(知天命)
  지학(志學) : 15세
④ 80세 : 산수(傘壽), 팔순(八旬)
  망팔(望八) : 71세

13 ①

제시된 속담은 모두 사람사이의 관계에 관련한 속담들이다.
㉠ 같은 성격의 무리들끼리 어울려 같이 지냄을 이르는 말
㉡ 밀접한 관계가 있는 것 끼리 서로 붙어 다님을 이르는 말
㉢ 어떤 일이든 서로 뜻이 잘 맞아야 성공할 수 있음을 이르는 말
㉣ 사람의 속마음은 특히 짐작하기가 어렵다는 것을 이르는 말
㉤ 미운 사람에게는 없는 일도 만들어 내어 나무라는 것을 이르는 말

14 ①

청자인 할아버지가 아버지보다 높으므로 바른 표현이다.
② 계시다 → 있으시다.
③ 오시래 → 오라고 하셔.
④ 이빨 → 치아

15 ③

철호가 지칭하는 '그 책'과 동일한 책은 영희가 지칭하는 '이 책'이다. 철호의 말에 나오는 '이 책'은 철호가 빌려 갔던 책으로 철호가 별로 재미없게 읽은 책이며, 지금 철호 가까이에 있는 책이다. 그리고 영희의 말에 나오는 '저 책'은 철호가 읽지 않은 책이다.

16 ③

〈보기〉 마지막 부분에서 경험이나 사고는 언어와 서로 분리가 가능한 독립적인 존재처럼 보이기 쉽지만, ㈐로 연결되며 '그러나 경험이나 사고는 언어와 분리될 수 없다.'고 이어지고 있다. ㈐ 끝에서 글을 쓰는 이유는 경험이나 사고를 복잡한 차원으로 발전시키기 위해서도 필요하다고 언급하며, 이에 대한 부연 설명이 ㈎로 이어진다. ㈏의 첫 문장에서 '이와 같은 고차원의 경험과 사고 과정'은 ㈎의 마지막 문장의 '고차원의 경험과 사고'이다. 따라서 〈보기〉 다음에 이어질 순서는 ㈐ - ㈎ - ㈏이다.

17 ③

'딸깍발이'가 겨우살이를 하는 모습은 해학적이고, 그의 독백은 기지가 넘친다.

18 ①

㈏의 '겨워'는 '철이나 때가 기울거나 늦다.'라는 의미로 ①의 '겨워'의 의미와 유사하다.
② 정도에 지나쳐 감당하기 힘들다.
③④ 어떤 감정이나 기분에 흠뻑 젖어 있다.

Plus TIP

이희승의 「딸깍발이」
강직한 의기를 신조로 하였던 '딸깍발이'의 삶을 통해 지나치게 이해 타산적인 우리 현대인들의 반성을 촉구하고, 나아가 그들의 선비 정신을 배울 것을 주장한 교훈적이고 사회적인 내용을 담고 있는 수필이다.

19 ③

단락의 통일성을 위해서는 모든 문장이 단일주제로 향하여야 한다. 이 글에서 ㉢은 "친한 친구 간일수록 돈거래를 삼가야 한다."는 중심화제에서 벗어나 있다.

20 ③

① -던 : 해라할 자리에 쓰여, 과거에 직접 경험하여 새로이 알게 된 사실에 대한 물음을 나타내는 종결 어미
② -는데 : 일정한 대답을 요구하며 물어보는 뜻을 나타내는 종결 어미
③ '-대는 직접 경험한 사실이 아니라 남이 말한 내용을 간접적으로 전달할 때 쓰인다. 화자가 직접 경험한 사실을 나중에 보고하듯이 말할 때 쓰이는 말로, '-더라'와 같은 의미를 표현할 때는 '-데'를 쓴다.
④ -거든 : 해할 자리에 쓰여, 청자가 모르고 있을 내용을 가르쳐 줌을 나타내는 종결 어미. 자랑이나 감탄의 느낌을 띨 때가 있다.

02	한국사								
1	**2**	**3**	**4**	**5**	**6**	**7**	**8**	**9**	**10**
③	②	②	③	④	④	①	④	①	③
11	**12**	**13**	**14**	**15**	**16**	**17**	**18**	**19**	**20**
④	④	①	②	①	③	①	②	②	④

1 ③

㈎ 1946년
㈏ 1945년
㈐ 1948년

2 ②

밑줄 친 개혁안은 헌의6조이다.
갑신정변 정강 14조 : 전국의 지조법을 개혁하여 간리와 탐관오리들을 근절하고 궁민을 구제하며 국가 재정을 충실히 할 것

3 ②

㉢ 회사령(1910), 어업령(1911)

4 ③

① 개성 경천사지 십층 석탑은 원나라의 영향을 받았다.
② 안동 봉정사 극락전, 영주 부석사 무량수전, 예산 수덕사 대웅전은 고려 후기에 지어진, 현존하는 가장 오래된 주심포양식의 건축물이다.
④ 청주 흥덕사에서는 현존하는 세계 최고의 금속활자본인 「직지심체요절」이 간행되었다.

5 ④

① 소수림왕
② 미천왕
③ 장수왕

6 ④

(가) 시기는 왕호로 대군장을 뜻하는 '마립간'을 사용했던 시기로, 17대 내물왕(4세기)부터이다. 내물왕과 관련된 사실에는 김씨 왕위 세습, 마립간 칭호 사용, 고구려의 군사적 도움(호우명 그릇) 등이 있다.
① 눌지왕
② 진흥왕
③ 지증왕(우산국 복속 : 이사부)

7 ①

• 「해동제국기」 : 조선 성종 2년(1471)에 신숙주가 간행한 일본에 관한 책
• 「동명왕편」 : 고려 명종 23년(1193)에 이규보가 고구려 동명왕에 관해 쓴 서사시

8 ④

1866년 병인양요 때 이항로가 척화주전론의 입장에서 올린 글이다. 이들은 성리학 이외의 모든 사상을 이단으로 여겨, 천주교를 비롯한 서양문화를 철저히 배격하였다. 그리고 프랑스의 무력침략에 대항하여 싸워야 한다는 주장을 전개하면서 흥선대원군의 통상수교거부정책을 적극적으로 뒷받침하였다.

9 ①

ⓒ 해상세력의 성장은 왕권의 약화를 초래하였다.
ⓔ 최치원 등 6두품 지식인들은 중앙에서 배제되었으며, 지방호족과 연결되었다.

10 ③

성리학 이외의 학문은 이단시하여 배격하였다.

11 ④

조선왕조에서는 유교적인 질서를 확립하기 위하여 「삼강행실도」, 「효행록」 등의 윤리서와 의례서를 편찬하고 국가의 각종 행사에 필요한 의례를 제정, 정비하여 「국조오례의」 등을 편찬하였다.

12 ④

거란에 대한 항쟁결과
ⓐ 국제관계 세력의 균형이 이루어졌다(거란, 송, 고려).
ⓑ 강감찬의 건의로 국방을 강화하기 위하여 개경에 나성을 축조하였다.
ⓒ 압록강 어귀에서 동해안 도련포에 이르는 천리장성을 축조하였다(거란과 여진의 침입에 대한 방어를 위해).

13 ①

② 동예에 대한 설명이다.
③ 삼한은 밭갈이에 가축을 이용하였으며, 우경은 신라 지증왕 때 실시되었다.
④ 왕은 중앙만 통치하였고, 지방은 부족장인 가(加)가 따로 행정구획인 사출도를 통치하였다.

14 ②

ⓐ 조선경국전 : 태조 때 정도전이 편찬, 여말선초의 조례를 정리한 최초의 법전으로 법치주의의 기틀을 확립한 법전이다.
ⓑ 육전조례 : 흥선대원군의 왕권강화책 중의 하나로 편찬되었다.
ⓒ 대전통편 : 정조 때 「동문휘고」, 「규장전운」, 「탁지지」 등과 함께 편찬되었다.
ⓓ 경국대전 : 국초의 여러 법전을 토대로 명의 「대명회전」을 참고하여 편찬된 조선의 기본법전으로 세조 때 착수하여 성종 때 완성·반포되었다.

15 ①

ㄱ 무덤양식은 문화에 따라 독특하게 나타나며 고구려와 백제의 초기 고분이 돌무지무덤으로 유사하다는 것은 지배층의 성격이 유사하다는 것을 보여 준다.

ㄴ 삼국사기 등에 기록된 백제의 건국전설에는 백제의 시조인 온조가 주몽의 아들로 되어 있다. 이는 백제의 건국세력이 고구려계 유이민이었음을 보여 준다.

16 ③

ㄱ 통일신라의 지방행정조직을 주·군·현·촌으로 나누어 지방관을 파견하였다(태수, 현령).

ㄴ 삼국시대에는 지방행정조직을 다섯 구역으로 나누었다(고구려 : 5부, 백제 : 5방, 신라 : 5주).

ㄷ 고려시대의 속현을 말한다.

ㄹ 조선 세조 때 전란체제로 전국 군·현을 지역단위 방위체제로 하였다.

17 ①

발해 문왕(737~793)의 이름은 대흠무이며, 이 시기 신라에서는 757년 경덕왕 시대 내외관의 월봉인 관료전이 폐지되고 녹읍이 부활하였다.

18 ②

조선후기의 경제생활 … 지주전호제의 확산, 광작의 성행, 정치기강의 문란 등으로 농민의 농토이탈이 심화되었다.

ㄱ 농토로부터 이탈된 농민들은 도시로 나가 영세상업에 종사하거나 광산, 포구 등지에서 품팔이로 생계를 영위하였다.

ㄴ 정부는 광산개발을 정부 주도에서 민간 주도로 이양하는 설점수세제를 시행하였다.

ㄷ 수공업에 있어서 장인의 등록제를 폐지하였고 상업에 있어서는 육의전을 제외한 시전의 금난전권을 폐지하였다.

ㄹ 경제활동은 민간의 자율과 시장경제의 수요, 공급에 따라 이루어져 갔다.

19 ②

① 태조왕(2세기 초)

② 장수왕(5세기 말)

③ 연개소문(7세기 중엽)

④ 광개토대왕(4세기 말 ~ 5세기 초)

20 ④

ㄱ과 ㄴ은 모두 3·1운동의 결과에 해당한다. 3·1운동은 파리강화회의에서 제기된 윌슨의 민족자결주의와 1919년 2월 8일 동경 유학생들의 만세시위에 고무받은 민족지도자들이 계획한 거족적인 독립시위항쟁이었다.

03 영어

1	2	3	4	5	6	7	8	9	10
①	③	①	③	④	④	③	②	③	④
11	12	13	14	15	16	17	18	19	20
③	②	③	①	④	④	③	③	①	④

1 ①

savings account 예금(저축)계좌

「A : 무엇을 도와드릴까요?
 B : 예금 계좌를 하나 개설하고 싶습니다.」

2 ③

muscle 근육   work out (스포츠 등의) 트레이닝을 하다, 훈련하다,(몸을) 단련하다   gym 체육관(= gymnasium), 체육   in good shape (몸이) 상태가 좋은, 컨디션이 좋은   race 경주하다, 달리다
① 천만에!
② 얼마나 곤란(난처)하던지!
③ 그거 잘됐다!
④ 글쎄, 생각해 볼게!
「A : 근육이 정말 멋지구나! 얼마나 자주 체육관에서 단련하니?
 B : 퇴근하고 매일. 너도 체형이 꽤 좋다.
 A : 고마워. 난 일주일에 두 번 에어로빅 강습을 받아.
 B : 그거 잘됐다! 어이! 콜라 마시러 맥도널드까지 달리기하자!
 A : 좋아!」

3 ①

suspect 용의자   break into 몰래 잠입하다   break out 발발(발생)하다   break down 고장나다, 실패하다   break off 분리되다, 말을 멈추다
「팀과 조이는 용의자를 찾기 위해 지하철역으로 침입한다.」

4 ③

「다른 나라 사람들에 관한 책들을 읽음으로써 우리는 사람들이란 어느 곳에 있든지 간에 차이점보다는 유사점이 훨씬 많다는 견해에 도달하게 된다.」

5 ④

make out 이해하다(= figure out, catch on, comprehend, understand)
② 낭송(암송)하다, 이야기하다
③ 발표(공표)하다, 출판하다
④ 이해하다
「그가 말했던 것을 이해할 수 있습니까?」

6 ④

① 충실한 ② 야생의 ③ 배고픈 ④ 길들여진
「그 백만장자는 그의 집에 사나운 개를 기르고 있다.」

7 ③

get stuck 꼼짝 못하게 되다, 끼이다
get은 사역동사로 쓰일 때 목적보어로 to부정사를 취한다. 목적어와 목적보어가 수동의 관계에 있으므로 목적보어에 to be stuck으로 써주어야 한다. 'to+be동사'는 함께 생략될 수 있다.
got my head to stick → got my head (to be) stuck
「Ann : 너 머리 멋지다.
 Tori : 저 카페 옆에 있는 새로운 미용실에 키가 큰 미용사한테 머리를 잘랐어.
 Ann : 내 머리가 드라이어에 끼었던 거기 말이야?
 Tori : 아마도 그럴 거야. 그래, 거기야.
 Ann : 허, 거기가 아직 영업 중이구나.」

8 ②

reckless 무모한 processed food 가공식품
① that절 안에서 eating a lot of vegetables가 주어이며, keep의 목적어, 목적보어로 각각 you, healthy(형용사)가 왔으므로 올바른 표현이다.
② that이 관계대명사로 쓰인 것이라면 선행사가 있어야 하는데 that 앞에는 선행하는 명사가 존재하지 않으므로 관계대명사로 쓰인 것이 아니다. 둘째, that이 접속사로 쓰였다면 뒤에 문장이 주어 + 동사가 완벽히 갖추어져 있어야 하는데 that 이하에 주어가 없으므로 접속사로 쓰인 것도 아니다. 그러므로 ②번 문장은 어법상 옳지 않다.
③ prevent A from -ing(A가 ~하는 것을 막다, 예방하다) 구문으로 바른 표현이다.
④ tell A to R.V(A에게 ~하라고 하다), stop -ing(-하는 것을 그만두다)가 각각 바르게 쓰였다.
「① 너는 단순히 많은 야채를 먹는 것이 너를 완전히 건강하게 해줄 것이라고 생각하는지도 모른다.
② 학문적 지식이 항상 올바른 결정을 할 수 있도록 하는 것은 아니다.
③ 다치는 것에 대한 두려움도 그가 무모한 행동을 하는 것을 막지 못했다.
④ Julie의 의사는 그녀에게 너무 많은 가공식품을 먹는 것을 멈추라고 이야기했다.」

9 ③

even number 짝수 odd number 홀수
① 모든 짝수를 취하라.
② 아이조차도 그것을 들 수 있다.
③ 호수의 표면이 잔잔했다.
④ 그가 우리를 웃기려고 노력했지만 그의 이야기는 지루하고 단조로웠다.
「비탈을 다 오르자 우리는 평탄한 땅에 이르렀다.」

10 ④

never ~ without …ing ~하면 반드시 …한다(= never ~ that절) remind A of B A에게 B를 생각나게 하다
① remind of → am reminded of
② 접속사 but에 이미 부정의 의미가 있으므로 not을 지운다.
③ am thought of → thought of

11 ③

20달러를 받고 8달러 70센트를 내주고 있다.
「앤드류 : 소포가 얼마나 빨리 목적지에 도착할까요?
우체국 직원 : 오늘 오후에 나가서 내일 아침이면 도착할 겁니다.
앤드류 : 좋아요. 여기 20달러 있습니다.
우체국 직원 : 여기 거스름돈 있습니다. 8달러 70센트입니다.」

12 ②

① 현실에서 실제로 살아가는 방법을 아는 사람은 거의 없다.
② 현실은 되풀이될 수 없는 것이다.
③ 인간에게는 과거도 미래도 없다.
④ 잃어버린 기쁨을 후회해서는 안된다.
「나는 1000명 중 단 한 명만이 현실에서 실제로 살아가는 비결을 알고 있다고 믿는다. 우리들 중 대부분은 1시간 중의 59분을 과거에서 살면서 잃어버린 기쁨이나 잘못했던 일에 대한 후회를 하거나, 혹은 미래를 열망하거나 두려워하면서 보내고 있다. 살아가는 유일한 방법은 매 순간을 되풀이될 수 없는 기적으로 받아들이는 것이다.」

13 ③

trail 오솔길 no longer 더 이상 ~가 아닌 start out 시작하다 prehistoric 선사 시대의 widen 넓어지다, 넓히다 path 길 horseback 말을 타고 하는 wagon 마차, 화물 기차, 차량, 책자 take over ~대체하다 widening 넓히는 것 gently 완만하게, 다정하게, 부드럽게 graded 경사 designation 지명 settlement 정착지, 합의

① 인디언 정착지들
② 마차 오솔길들
③ 고속도로 이름들
④ 도로 건설

「당신은 미국의 몇몇 고속도로가 왜 모호크 오솔길과 같은 이름들을 가지고 있는지 궁금해 해본 적이 있는가? 이 고속도로들은 더 이상 오솔길이 아니지만 그들은 그렇게 시작되었다. 동물들은 물이 있는 곳과 먹이가 있는 곳들을 왕래했을지 모른다. 후에 선사 시대의 인디언들은 동물들을 따랐고, 오솔길들을 넓혔다. 같은 길을 사용했던 초기 정착민들이 처음에는 걷고, 후에는 말을 탔다. 다음에 마차들이 그것들을 더욱 넓히면서 같은 오솔길들을 대신했다. 철도 기술자들이 이와 같이 완만하게 경사진 마차 길들이 철도를 위한 최고의 경로가 된다는 것을 발견했다. 마침내 자동차 도로가 필요해 졌을때, 기술자들은 인디언들이 아주 오래 전에 처음으로 발견했던 몇몇의 경사도를 이용했다. 이러한 이유로, 많은 고속도로들이 지금은 그들의 주 또는 국가의 호칭들도 더해져 인디언의 이름들을 가지게 되었다.」

14 ①

principal 교장 can't help but do ~하지 않을 수 없다 exhausted 지칠 대로 지친 run around 뛰어다니다 at recess 휴식 시간에 adjustment 적응, 조정

글을 내용으로 보아 학부모가 교장 선생님께 '학교 시간표 조정을 건의하려고' 쓴 편지라는 것을 알 수 있다.

「교장 선생님께
제 딸 Mary는 학교에 다니는 것을 좋아하고 수업 중에 잘하고 있습니다. 하지만 저는 그 애가 훨씬 더 잘할 수 있을 거라고 생각하지 않을 수 없습니다. 문제는 Mary가 오후 수업에 집중하려고 휴식 시간에 뛰어다니다가 너무 지쳐 버린다는 것입니다. 저는 전에 이러한 문제로 논의한 적이 있다는 것을 알지만, 휴식 시간을 점심시간 전으로 조정하는 것이 더 나을 것이라는 제 의견을 반복하고 싶을 뿐입니다. 저는 하루 중 나중에 먹는 것이 오후 수업을 위해 학생들에게 더 많은 에너지를 줄 것이라고 생각합니다. 저는 Mary와 많은 다른 학생들이 이러한 작은 스케줄 조정으로 큰 혜택을 볼 것이라고 확신합니다.
Ann Smith 올림」

15 ④

commercial 광고방송 treat 한턱내기, 큰 기쁨 pub 선술집 ad 광고(= advertisement) athletic 운동(경기)의, 체육의 equipment 장비, 설비 lounge 휴게실, 라운지 shapely 균형 잡힌, 맵시 있는 blonde (살결이 흰) 금발의 (여성) leotard 소매가 없고 몸에 착 달라붙는 옷 work out (선수가) 훈련하다, 연습하다 device 장치, 고안품 familiar 잘 알고 있는, 익숙한 deliver 배달하다, 전하다 sales pitch 팔기 위한(구매) 권유 in unison 일제히 excitement 흥분, 자극 elation 의기양양, 득의만면 embarrassment 난처, 당황, 당혹

「TV광고 아나운서이신 나의 아버지는 시애틀에서 근무하시고, 내가 나라의 다른 지방을 방문할 때 그(아버지)의 목소리를 듣는 것은 항상 큰 기쁨이다. 한때 나의 직장은 펜실베니아에 있었다. 운동기구 광고가 휴게실에 있는 TV에서 나왔을 때 나는 친구들과 술집에 있었다. 균형 잡힌 금발의 여성이 몸에 착 붙는 옷을 입고 운동기구로 운동을 할 때, 매우 익숙한 목소리가 구매권유를 하였다. 생각할 여지도 없이 "얘들아, 나의 아빠야!"라고 나는 말했다. 내 친구들은 나를 쳐다보기 위해 뒤돌았다. 그들은 일제히 대답했다. "네 아버지 아름다우신데."」

16 ④

avoid ~을 피하다, 비키다, 회피하다 intrude 억지로 밀어넣다, 들이밀다, 주제넘게 나서다, 참견하다 avoidance 회피, 기피 signal 눈짓하다, 신호(눈짓)로 알리다 disinterest 이해관계가 없음, 공평무사, 무관심 visual 시각의, 눈에 보이는 stimulus 자극(물)(복수형 stimuli) at times 때때로, 이따끔, 가끔 ostrich 타조 cut off ~을 잘라내다, 절단하다, 삭제하다 in the face of ~의 면전에서, ~을 마주보고, ~에 직면하여 extreme 극도의, 극심한, 극단적인 block ~을 방해하다, 막다 heighten ~을 높이다, 증가시키다, 강화하다 auditory 청각(기관)의 shut out ~을 못들어오게 하다, 가로막다

「버스 안에서 말다툼을 하는 커플을 볼 때 마치 "우리는 참견하고 싶지 않아요. 우리는 당신의 사생활을 존중해요."라고 말하는 것처럼, 우리는 자주 시선을 마주치지 않으려 한다. ⓐ시선의 회피는 어떤 사람, 대화 또는 시각적인 자극물에 대한 무관심을 눈짓으로 알릴 수 있다. ⓑ때로는 마치 타조처럼, 우리는 불쾌한 자극물들을 차단하기 위해 눈을 가린다. ⓒ예를 들어 사람들이 매우 불쾌한 일에 직면하여 얼마나 빨리 눈을 감는지 생각해 보라. ⓓ심지어 불쾌한 일이 청각적일지라도 우리는 눈을 감음으로써 그것을 차단하는 경향이 흥미롭게도 많다. 때때로 우리는 시각적인 자극물들을 차단하기 위해 눈을 감아서 우리의 다른 감각들을 강화시킨다. 우리는 자주 눈을 감은 채 음악을 듣는다.」

17 ③

「도서관을 다닐 때 나는 두 종류의 이용자들을 보았다. 즉 진지한 이용자들과 별로 진지하지 않은 사교적인 이용자들이었다.
(C) 진지한 이용자들이 도서관의 대부분을 차지한다. 그들은 항상 바쁜 것처럼 보인다.
(A) 그들은 책을 읽고 글을 쓰는 데 그들의 시간의 대부분을 보낸다.
(B) 이와 다른 학생들은 사교적인 학생들이다.
(D) 그들은 첫 번째 종류의 학생들과 반대부류 같다.」

18 ③

call for 청하다, 요구하다 reasoning 추리, 추론, 논법
① 이왕 하는 일은 몸소 해라.
② 말 앞에 수레를 두지 마라(본말을 전도시키지 마라).
③ 백문이 불여일견이다.
④ 가장 좋은 충고는 너무 늦게 온다.

「백문이 불여일견이라는 속담은 실례를 들어 생각하는 것이 작가에게 얼마나 중요한가를 시사한다. 기사나 작문에서 적절한 실례를 제시함으로써 작가는 그의 생각을 독자에게 알릴 수 있다. 적절한 실례를 사용하는 능력은 상상력을 요구한다. 실례를 잘 사용하는 것은 추론과 제어를 동시에 요구한다. 실례는 추상적인 생각을 보다 구체적으로 만드는 것이라야 한다. 동시에, 실례가 작가의 주요한 논점을 독자로부터 멀어지게 해서는 안된다.」

19 ①

atmosphere 대기, 공기, 환경

「크기, 색상, 조명은 교실의 환경에 영향을 미친다.」

20 ④

be at one's wit's(wits') end 어쩔 줄 모르다, 어찌할 바를 모르다, 당황하다 lose one's way 길을 잃다 be short of ~이 부족하다, 모자라다
① 그는 길을 잃었다.
② 그는 돈이 부족하였다.
③ 그는 결코 현명하지 않았다.
④ 그는 해야 할 일을 알지 못했다.

「그는 어쩔 줄 몰랐다.」

제4회 정답 및 해설

1	2	3	4	5	6	7	8	9	10
④	④	④	②	④	①	②	③	④	④
11	12	13	14	15	16	17	18	19	20
①	④	④	④	②	①	②	②	①	①

1 ④

'비록'은 '~일지라도', '~이지만' 등의 어미가 붙는 용언과 함께 쓰인다. ㄹ은 인과관계를 나타내는 문장이므로 '따라서'가 오는 것이 옳다.

2 ④

'내둘리다'는 '아찔할 정도로 정신이 어지러워지다'라는 의미이며, '둘레를 돌려 감거나 싸다'는 의미로 쓰기 위해서는 '두르다'를 써야 한다.
ㄹ 내둘리지 → 둘리지

3 ④

'마스터 플랜'은 '기본 설계', '종합 계획'으로 순화하여 표현할 수 있다.

4 ②

① 후손에 → 후손에게
③ 요금 인상 등 → 요금 인상과 같은
④ 비용과 노력, 그리고 시간이 든다. → 비용과 노력이 들고, 시간이 걸린다는 것이다.

5 ④

① 시간에 얽매여 사는 현대인이 많다.
② 그는 다른 차 앞으로 끼어드는 나쁜 습관이 있다.
③ 가는 길에 문구점에 꼭 들러라.

6 ①

'싣다'는 주로 무정물을 대상으로 하여 쓰이지만 문맥에 따라서는 유정물을 대상으로 하여 쓰이더라도 수용 가능한 경우가 있다. 예를 들어 '이 배는 사람이나 짐을 실어 나른다.'라는 문장에서는 '실어 나르는' 대상으로 '사람'이나 '짐'이 모두 다 가능하다. 즉, 관점에 따라 '사람을 차 따위에 싣다.'라고 하는 것도 가능하다 할 수 있다. 그러나 이 문제에서 의도하는 것은 사람은 '태우다'로 사용해야 하는 것에 중점을 둔 문제이므로 정답은 ①이 된다.
※ 싣다
  ㉠ 물체를 운반하기 위하여 차, 배, 수레, 비행기, 짐승의 등 따위에 올리다.
  ㉡ 사람이 어떤 곳을 가기 위하여 차, 배, 비행기 따위의 탈 것에 오르다.
  ㉢ 글, 그림, 사진 따위를 책이나 신문 따위의 출판물에 내다.
  ㉣ 다른 기운을 함께 품거나 띠다.
  ㉤ 보나 논바닥에 물이 괴게 하다.

7 ②

① 소정(所定) : 정해진 바
② 소동(騷動) : 사람들이 놀라거나 흥분하여 시끄럽게 법석거리고 떠들어 대는 일
③ 소견서(所見書) : 어떤 일이나 물건을 보고 그에 대한 생각이나 의견 따위를 적은 문서
④ 소임(所任) : 맡은 바 직책이나 임무

8 ③

① '철수는 아파서 (철수는) 결석했다.'라는 종속적으로 이어진 문장(겹문장)

② '우리 편이 이기기'라는 명사절을 지닌 안은 문장

③ '돈이 많다'라는 서술절을 지닌 안은 문장

④ '좋은'이라는 관형어, '많이'라는 '부사어'가 들어 있는 확장문형

9 ④

필자는 과거의 문화를 오늘날과는 또 다른 문화로 볼 것을 제시하며, 스코틀랜드의 '킬트(kilt)'를 통하여 자신의 논지를 뒷받침하고 있다.

10 ④

박목월 「하관(下棺)」 … 친동생의 죽음과 매장을 직접 겪으면서 깨닫게 된 인생의 허무함을 묘사한 작품으로, 절제된 슬픔의 표현은 그 속에 담긴 정서와 그것을 참고 견디려는 화자의 간절한 노력을 보여준다.

11 ①

② 받쳐도 → 바쳐도, 무엇을 '드리다', '가져다 주다'의 의미는 '바치다'를 사용한다.

③ 받혀서 → 받혀서, '누구에게 받음을 당하다'의 의미는 '받히다'를 사용한다.

④ 받쳐 → 받혀, '받다'의 피동형인 '받히다'를 사용한다.

12 ④

① 사흘만에 → 사흘 만에, '시간의 경과'를 의미하는 의존명사이므로 띄어서 사용한다.

② 옳은 지 → 옳은지, 막연한 추측이나 짐작을 나타내는 어미이므로 붙여서 쓴다.

③ 좋아할만 한 → 좋아할 만한, '본용언'과 '보조용언'은 띄어서 쓰는 것을 원칙으로 한다.

13 ④

낯설게 하기 … 러시아 형식주의의 주요한 문학적 수법을 말한다. 슈클로프스키(Shklovsky, V.)가 주장한 것으로 일상화되어 친숙하거나 반복되어 참신하지 않은 사물이나 관념을 특수화하고 낯설게 하여 새로운 느낌을 갖도록 표현하는 것을 의미한다.

14 ④

정석가 … 임에 대한 변함없는 사랑을 불가능한 상황을 설정하여 역설적으로 표현하였다.

15 ②

정철 「관동별곡」 … 개심대에서 비로봉을 바라보며 공자의 덕(浩然之氣)을 흠모하고 있다.

16 ①

제시된 글은 이희승의 '독서와 인생'의 일부분으로 사람과 동물의 차이점을 설명하면서 독서의 필요성을 강조하는 부분이다.

① 대조

② 묘사

③ 서사

④ 예시

17 ②

이 소설은 설화적 상상력이 바탕이 되고 있으며, 분단의 원인을 논리적으로 분석하고 있다는 지적은 적절하지 않다.

18 ②

이 작품에서 구렁이는 죽은 삼촌의 현신으로 여겨지며 외할머니가 할머니를 대신하여 구렁이를 달래 보냄으로써 두 할머니의 갈등이 해소되는 계기가 된다.

Plus✚ TIP

윤흥길 「장마」
한국 전쟁을 배경으로 하여 남한과 북한의 이데올로기 갈등을 어느 시골의 가족 문제로 압축하여 표현한 소설이다. 좌익의 할머니쪽과 우익의 외할머니쪽으로 갈라진 가족의 갈등을 이데올로기가 아닌 토속적인 방식으로 풀어나갔다는 점에서 주목받는 작품이다.

19 ①

• **건물(建物)** : 사람이 들어 살거나, 일을 하거나, 물건을 넣어 두기 위하여 지은 집을 통틀어 이르는 말
• **건물(乾物)** : 마른 식료품

20 ①

② 여지 → 여유
③ 뒷꽁무니 → 뒤꽁무니
④ 몇 일 → 며칠

02		한국사							
1	2	3	4	5	6	7	8	9	10
①	②	①	④	③	①	④	①	①	②
11	12	13	14	15	16	17	18	19	20
①	③	④	④	③	③	④	①	④	④

1 ①

제시된 글은 조선후기 실학자 정약용의 「목민심서」의 일부이다. 정약용은 백성들이 억울한 벌을 받지 않도록 형법을 신중하게 집행하기 위해 형법서 「흠흠신서」를 저술하였다.
② 홍대용
③ 유형원 (정약용은 정전론을 주장)
④ 박제가

2 ②

㉠ 진흥왕
㉢ 지증왕(이사부, 512)
㉣ 신문왕(681)
※ **법흥왕의 업적**…병부 설치(517), 율령 반포 및 공복 제정(520), 불교 공인(527), 상대등 설치(531), 금관가야 정복(532), 연호로 '건원' 사용(536)

3 ①

② • **사택지적비** : 상좌평 사택지적이 인생의 덧없음을 한탄하여 불교에 귀의하고 사찰을 건립한 내용을 기록
   • **단양 적성비** : 영토의 확장을 보여주는 유물이다.
③ **임신서기석** : 진흥왕~진평왕 때 제작된 비석으로 추측되며, 신라의 국학을 설립한 것은 신문왕(682)이다.
④ **포항 중성리 신라비** : 지증왕 2(501년)

4 ④

태조는 개국공신에게 역분전을 지급하였다.

※ **공음전(문종)**…특정 관원에게 지급한 것으로, 자손에게 수조권을 상속할 수 있는 토지

5 ③

ㄱ **해동고승전** : 고종 2년(1215), 고승 각훈이 지은 한국 최고의 승전

ㄴ **동국통감** : 성종 16년(1485), 단군조선부터 고려 말까지의 역사를 편년체로 서술한 역사서

ㄷ **삼국사기** : 인종 23년(1145), 김부식이 신라, 고구려, 백제 세 나라의 역사를 기전체로 적은 역사서

ㄹ **삼국유사** : 충렬왕 7년(1281), 승려 일연이 단군신화를 포함한 역사를 편년체로 작성한 역사서

6 ①

② 인조
③ 순조
④ 영조

7 ④

진경산수화 … 18세기 인왕재색도, 금강전도, 압구정도 등에서 정선은 바위산은 선으로 묘사하고 흙산은 묵으로 묘사하는 조선 고유의 화법을 창안하였는데 이를 진경산수화라고 한다. 진경산수화는 중국의 북방화법의 특징적인 기법인 선묘와 남방화법의 특징적인 기법인 묵법을 이상적으로 조화시킨 것을 말한다.

8 ①

고려시대에는 귀족과 사원경제의 발달 및 대외무역의 발달, 외국화폐의 영향 등 상업 활동이 활발해지면서 화폐발행과 사용이 나타나게 되었다. 그러나 화폐발행 이익금의 재정 보완, 정부의 경제 활동 장악 등으로 인하여 강제 유통의 조짐이 보였으나 농업 중심의 자급자족 경제 활동을 추구하고 있었던 농민에게는 화폐는 별 필요가 없었다. 그리고 귀족들 또한 국가 화폐 발행의 독점, 강제적인 사용에 불만이 많아 화폐는 도시에서도 다점이나 주점에서만 사용이 되었다.

9 ①

ㄷ **혜자(고구려)** : 일본의 쇼토쿠 태자를 교육하였다.

ㄹ **아직기(백제)** : 일본 사신으로 태자에게 한자를 가르치면서 한자를 전파하였다.

ㅁ **노리사치계(백제)** : 일본에 불교를 전파하였다.

10 ②

정한론은 1870년대를 전후로 하여 일본에서 제기된 조선에 대한 공략론으로, 문제의 사절단과는 관련이 없다.

※ **통신사** … 일본에서 차왜를 보낸 데 대한 답례와 포로 쇄환을 목적으로 한다는 데에서 비롯하여 회답 겸 쇄환사라 하였으나 1936년부터 통신사로 변경되었다. 1607년부터 1911년까지 12회 걸쳐 파견되었으며 대체로 400여명으로 국빈대우를 받았다. 외교 및 선진 문물·기술의 전파 등의 기능을 하였으며 견문록을 통하여 일본이 문화는 낮으나 군사강국이라는 점과 재침략의 우려가 있음을 지적하고 있었다.

11 ①

과전법에서 과전의 지급대상은 관리뿐만 아니라 향리·역리 등을 포함하여 서리와 장인·군인·학생들에게까지 확대되어 적용되었다. 그러나 이는 1회만 행해졌으며 대부분은 국가 공역자에게 지급되었고 농민에게만 배제되었다. 과전법은 토지소유관계의 제약으로 인하여 소유권이 아닌 수조권적 측면으로 실현되었다.

12 ③

서문의 사건인 홍경래의 난은 19세기 초 몰락한 양반 홍경래의 지휘 하에 영세농민, 중소농민, 광산노동자 등이 합세하여 일으킨 봉기이다. 19세기에는 임진왜란을 계기로 기능이 강화된 비변사가 권력의 핵심이 되어 인사권을 장악하였다.

13 ④

조선시대에 들어와서 중앙집권체제가 정비되어 국가권력이 향촌 말단에까지 이르렀음을 알 수 있다. 그 결과 백성들은 지방세력가의 임의적인 지배에서 벗어나게 되었다.

14 ④

세종 때에는 종전에 밀랍으로 활자를 고정시키는 방법에서 탈피하고 밀랍 대신 석자판을 조립하는 방법을 창안하여 종전보다 두 배 정도의 인쇄 능률을 올리게 되었다.

15 ③

㉠ 1592년 7월
㉡ 1593년 2월(왜군 퇴각시)
㉢ 1597년(정유재란시)
㉣ 1592년 5월(이순신 최초의 승첩)

16 ③

제시문은 조선 후기의 학자 유득공이 저술한 「발해고」의 내용이다. 「발해고」에서는 반도사관 탈피와 남북국시대를 설정하여 신라와 삼국통일을 불완전한 것으로 규정하였다. 이때에 처음 발해와 신라를 대등한 국가로 인식하여 신라와 발해가 공존한 시기를 남북국시대라 부를 것을 제안하였으며, 이는 정조 재위기간 중인 1784년에 해당한다.
① 조선 중기에 해당한다.
② 고려 후기에 해당한다.
④ 조선 전기에 해당한다.

17 ④

제시된 사건들은 의병운동의 계기가 된 사건들이다.
① 동학농민운동
② 애국계몽운동
③ 위정척사운동
④ 의병운동

18 ①

㉠ 1943년
㉡ 1945년 7월
㉢ 1945년 12월
㉣ 1946년 1월

19 ④

제시된 자료는 물산장려운동의 선전문으로, 물산장려운동은 국산품 애용을 통해 민족기업을 육성하려는 일종의 실력양성운동이다.

20 ④

서문은 1941년 대한민국 임시정부가 태평양전쟁 발발 후 즉각 일본에게 선전포고를 한 내용이다.

03			영어						
1	2	3	4	5	6	7	8	9	10
②	④	②	①	①	②	④	④	②	①
11	12	13	14	15	16	17	18	19	20
①	③	④	④	③	④	①	④	①	①

1 ②

pretext 구실, 핑계 lay off 해고하다 dispose 배치하다 disregard 무시하다 disclose 밝히다, 폭로하다

「매출 감소는 일부 직원을 해고하기 위한 구실이었다.」

2 ④

sacred 성스러운, 종교적인 intimidated 겁을 내는 determined 결심한, 단호한

「그는 비범한 재능을 타고 났다.」

3 ②

catch up with 따라가다, 체포하다 take part in ~에 참여하다, 협력하다 do without ~없이 지내다

「어제 출입금지구역에 들어갔는데 무사히 빠져나왔어.」

4 ①

② such는 명사를 수식하므로 형용사인 nervous만을 단독으로 수식할 수 없다.
③ by+ing구문에는 동사원형이 올 수 없다. himself 다음 동사 learn이 to learn이 되어야 한다.
④ work가 자동사로 쓰였으므로 목적격 관계대명사 which가 아닌 관계부사 where가 와야 한다.

「① 만약 내가 너의 충고를 따랐더라면, 나는 지금 매우 건강했을 것이다.
② 나는 나의 일에 집중할 수 없는 정도의 그러한 불안함을 느꼈다.

③ 존은 그 자신의 실수로부터 배우는 것을 받아들임으로써 훌륭한 사람이 되었다.
④ 톰은 루이스 설리번의 밑에서 일하기 위해 시카고로 이사했다.」

5 ①

prove ~을 증명하다, 입증하다 keep on ~ing 계속해서 ~하다 encourage ~에게 용기를 북돋워 주다, ~을 격려하다 put out (다른 곳으로) ~을 옮기다, 밖으로 내놓다 go to bed 잠자리에 들다 close (공장·학교 따위) ~를 폐쇄하다, 닫다

① 종속절의 내용이 변하지 않는 진리나 속담일 때에는 주절의 시제와 상관없이 항상 현재시제를 쓰는데, 종속절이 '지구가 둥글다'라는 불변의 진리를 나타내고 있으므로 현재시제를 써야 한다.
② keep on ~ing는 '계속해서 ~하다'라는 의미로 keep on 뒤에 ~ing가 와야 한다.
「encourage + 목적어 + to부정사」는 '(목적어)가 ~하도록 격려하다'라는 의미로 목적어 다음에 to부정사가 오는 것에 주의해야 한다.
③ remember + to부정사는 미래, remember ~ing는 과거의 경우에 쓴다.
I remember to meet her next week.
나는 그녀를 다음 주에 만날 것을 기억하고 있다. (앞으로 할 일)
I remember meeting her last week.
나는 그녀를 지난주에 만났던 것을 기억하고 있다. (지나간 일)
④ 현재완료시제는 for many years와 잘 호응하고 있으며 주어와의 관계로 보아 수동태가 알맞다.

「① 콜럼버스는 지구가 둥글다는 것을 증명했다.
② 나의 부모님께서는 계속하여 내가 공부하도록 격려해 주셨다.
③ 잠자리에 들기 전에 고양이를 밖으로 내놓는 것을 기억하세요.
④ 그 호텔은 여러 해 동안 폐쇄되어 왔다.」

6 ②

consist는 자동사이므로 수동태의 형태 'be consisted of'로 쓸 수 없다. 또한 consist of 그 자체로 '~으로 구성되다'라는 뜻이 있다.
② was consisted of → consisted of

7 ④

cause가 5형식 동사로 쓰일 때 목적어 다음에 목적격 보어 자리에는 'to 부정사'의 형태로 와야 한다. 따라서 'to immigrate'로 고쳐야 한다.

8 ④

pay attention to ~에 주의하다, 유의하다 take care of ~을 돌보다, 보살피다
㉠ 주절에 제안동사(suggest)가 있으므로 your ~ careful에 이르는 종속절의 동사는 'should + 동사원형'으로 한다.
㉡ should have p.p.는 '~했어야 했는데(하지 않았다)'의 의미로 과거사실에 대한 후회·유감을 나타낸다.
㉢ 주절에 이성적 판단의 형용사(natural)가 있으므로 that ~ parents에 이르는 종속절의 동사는 'should + 동사원형'으로 한다.
「• 그는 네 친구가 좀더 신중해야 한다고 제안했다.
 • 너는 그의 충고에 유의했어야 했다.
 • 네가 나이드신 부모님을 돌보는 것은 지극히 당연하다.」

9 ②

in retrospect 뒤돌아보아(보면), 회상하면 take in ~을 속이다(=deceive, cheat, play a trick on) real estate agent 부동산 중개인
① ~을 세심하게 조사하다, 점검(검사)하다
② ~을 속이다, 기만하다
③ ~을 존경하다(=respect, look up to, admire, esteem)
④ (남)을 즐겁게 하다, 기쁘게 하다
「되돌아보니, 나는 변덕스러운 어투로 말하던(어투를 가진) 그 부동산 중개업자에게 속았다.」

10 ①

substantial (양·크기가) 상당한 the number of ~ 의 수 working 일하는, 노동에 종사하는 childcare 어린이 양호(보육), 육아(育兒) factor into (계획·예산 따위에서) ~을 고려하다(=factor in) administration 행정 기관, 정부, 경영 policymaking 정책 입안(수립) lead to (어떤 결과)에 이르다 poll 여론 조사, 투표, 선거
① ~을 참작하다, 고려하다
② ~을 줄이다, 축소하다
③ ~을 대신하다, 대용하다
④ ~을 제외하다, 배제하다
「근로 주부 수의 상당한 증가는 여론 조사에서 예상치 못한 결과를 가져온 주된 이유들 중 하나였는데, 그들의(근로 주부들의) 육아를 위한 비용이 정부의 정책입안에 고려되지 않았다.」

11 ①

equally 똑같이, 마찬가지로 pavement 포장도로, 보도, 인도 tranquil 조용한, 평온한, 잔잔한 majestic 위엄이 있는, 장엄한
「그것은 붉은 벽돌로 된 읍이었다. 그것은 모두 서로 아주 닮은 몇 개의 큰 거리와 더욱 더 서로 닮은 많은 작은 거리들과 똑같이 서로 닮은 사람들로 가득차 있었다. 그들은 모두 똑같은 일을 하기 위하여 똑같은 인도에 똑같은 소리를 내면서 똑같은 시간에 들어가고 나왔다. 그들에게 매일매일은 어제나 내일이나 같았으며 매년 작년이나 내년이나 같았다.」

12 ③

quack 돌팔이 의사, 엉터리 치료를 하다
alternative 양자택일, 대안 victim 희생자, 피해자
① 의대생들에게 더 많은 훈련이 제공되어야 한다.
② 대안적인 의약품이 큰 도움이 될 수 있다.
③ 의료사기의 피해자가 되는 것을 스스로 방지하자.
④ 어떤 경우는 며칠 동안 의사에게 진료 받는 것
　을 피하는 것이 좋다.

「점점 더 많은 사람들이 의사를 외면하는 대신, 의학에
관한 훈련을 하지 않고 검증되지 않은 치료를 행하는
사람들에게 가고 있다. 그들은 감기부터 암까지 모든
것을 치료받기 위해 돌팔이 의사에게로 간다. 그리고
그들은 위험한 상황에 처하게 된다. 많은 사람들은 검
증되지 않은 치료가 얼마나 위험한지를 실감하지 못
한다. 무엇보다도 그 치료는 대개 효과가 없다. 그 치
료법들이 해롭지 않을지 몰라도 누군가 검증된 치
료 대신 이런 방법을 사용한다면 그 사람은 해를 입
게 될지도 모른다. 왜? 왜냐하면 그 사람이 그런 방법
을 사용하는 동안 그 사람의 병이 더욱 악화될지도
모르기 때문이다. 이것은 심지어 그 사람을 죽게 만드
는 원인이 될 수도 있다.」

13 ④

구체적으로 업무능력이나 안전운전을 방해하는 부
작용의 내용을 찾는다.

「많은 사람들이 겨울에 감기나 기침으로 고생한다. 증
상을 완화시킬 수 있고 대중적으로 쉽게 구할 수 있
는 약들이 많이 있다. 그러나 그 약들은 또한 어떤 부
작용을 일으킬 수 있다. 구체적으로 그것들로 인해 졸
립거나 반사능력이 느려질 수 있다. 이것은 당신의 업
무능력과 안전운전을 방해한다. 또한 어떤 사람들은
이 약으로 인한 위장장애를 호소한다. 의사들은 약을
복용하기 전에 항상 지시사항을 꼼꼼히 읽어 볼 것을
제안한다.」

14 ④

sought-after 수요가 있는, 인기 있는 nationwide
전국적인 private 사유의 contemporary 동시대의
contrary to ~에 반해서 expectation 예상
independent 독립 된 rather 꽤, 상당히
represent 대표하다 paradigm 전형적인 예
interact 소통하다　commit 저지르다, 자살하다,
약속하다 retain 유지하다 permanent 영구적인
exhibit 전시하다 end up 결국 처하게 되다
storage 저장, 보관　as opposed to ~와는 대조
적으로
① 많은 박물관들이 Brudney씨의 수집품을 갖기를
　원한다.
② Brudney씨는 그의 수집품을 박물관에 주기보다
　유지하기로 선택했다.
③ Brudney씨는 그의 수집품들이 많은 사람들에게
　이용가능하기를 원한다.
④ Brudney씨는 박물관들의 영구적인 기반 위에서
　의 전시를 신뢰할 수 있다고 생각한다.

「백만장자 Brudney씨는 약 2,000개의 근대와 현대의
예술 작품에 대한 개인적인 수집품 때문에 전국적인
박물관에 의해 가장 인기 있는 사람 중에 한 명이다.
그러나 이러한 박물관들의 기대와는 대조적으로 그는
어떤 예술 작품을 넘겨주기보다는 박물관에 대여를
하는 독립 된 재단 안에서 그의 작품들에 대한 영구
적인 통제를 유지하기로 결심했다. 그는 그것이 일반
적으로 박물관들이 예술품을 수집하고 서로 상호작용
을 하기 위한 방법에 상당히 새로운 패러다임을 나타
낸다고 말했다. 어떤 박물관도 그 작품들의 많은 비율
을 영구적으로 전시하는 것을 약속하지 않을 것은 분
명하다. "나는 결국 그것이 우리의 지하실이나 어느
누군가의 지하실에서 보관되게 되는 것을 원하지 않
는다. 그래서 나는 수집가로써 말하고 있다. '만약 당
신이 그것을 보여주지 않고자 않다면, 그것을 당신에
게 주거나 그것이 겨우 10 ~ 20%만 보여 지거나 또는
보여 지지 않아서 우리가 불행해지는 것과 달리 당신
이 그것을 원할 때 단지 우리가 당신에게 이용할 수
있게 하는 것이 어떤가?'"」

15 ③

「근육은 육체가 움직일 때 열을 발생시킨다. 그러나 육체가 쉬고 있을 때는 내장의 대사활동에 의한 것 이외에는 열은 거의 발생되지 않는다. 사실 내장은 대부분의 체열의 출처이다. 예를 들어 간장 같은 기관의 온도는 전체적인 체온보다 훨씬 높다. 혈액은 열을 내장에서 폐와 피부로 옮겨가고 그런 다음에는 호흡을 통해서 폐가, 또 공기와의 접촉을 통해서 피부가 열을 방출하게 된다.」

16 ④

unit 단위   measure 측정하다, 측량하다   barley 보리   National Bureau of Standards 국립표준국   extremely 극도로, 대단히, 몹시   accurate 정확한   manufacturer 제조업자   check 확인하다, 조사하다, 검사하다

「돈, 거리, 중량, 그리고 시간의 단위들은 고대문명들에 의해 사용되었다. ⓐ 이러한 단위들은 여러 방식으로 시작되었다. ⓑ 영국에서 1인치는 3알의 보리 낟알을 늘어놓은 길이로 측정되었으며, 1피트는 왕의 다리의 길이였다. ⓒ 그러나 어떤 보리 낟알들과 어떤 왕들의 다리는 다른 낟알들이나 다른 왕들의 다리보다 더 길었다. ⓓ 이 문제를 해결하기 위해서 표준 단위가 개발되었는데, 그것은 언제나 동일하고 변하지 않았다. 국립표준국은 과학자들과 제조업자들이 그들의 측량 도구를 조사할 수 있는 대단히 정확한 측량 단위들을 지니고 있다.」

17 ①

「때때로 내게 행복한 시간에 대한 아름다운 환상이 떠오르는데 그 때는 맨하탄이 느리게 움직일 것이고 미국인이 동양의 한가로운 사람이 된 경우이다. (대부분의 미국 성인은 학창시절의 습관대로 생활을 계획한다) 경찰관들은 교차로에서 당신에게 인사말을 나눌 것이다. 그리고 운전자들은 멈추어서 서로 말을 건네며 날아가는 기러기 떼에 대해서 이야기를 나눌 것이다. 간이식당 등은 사라질 것이고 사람들은 카페에서 온통 오후를 즐기는 방법을 배우게 될 것이다.」

18 ④

democracy 민주주의   assumption 가정, 추정   participate in ~에 참가하다   disadvantaged 사회적 약자인, 사회적 혜택을 받지 못하는   mainstream 주류   compulsory 강제의   representative 대표   the population as a whole 전체 주민

글의 순서 문제에서는 특히 연결사와 지시사에 주목해야 한다. (C)의 this system, (A)의 besides, (B)의 therefore를 통해서 단서를 얻을 수 있다.

「민주주의는 모든 시민들이 그들이 살아가는 사회의 모습을 결정하는 데 참여할 권리가 있다는 가정을 기반으로 하는 정부 체제이다. (C) 이 체제에서, 저조한 참여는 위험할 수 있다. 왜냐하면 정치인들이 전체 인구를 대표해 주는 것이 아니기 때문이다. (A) 게다가, 가난하고 불우한 계층은 다른 사회집단보다 투표를 하지 않는 경향이 훨씬 크므로, 그들은 주요 정치인에 의해 철저히 무시당할 수 있다. (B) 따라서 이 악순환을 깰 수 있는 유일한 방법은 의무 투표이다.」

19 ①

browse (상품을) 이것저것 구경만 하고 다니다, (책을) 띄엄띄엄 읽다

① 아니요, 전 그냥 구경하는 중이에요.
② 나는 여기서 도움을 받지 않을 겁니다.
③ 도와주시겠어요?
④ (당신은) 나에게 어떤 것을 찾아줄 것입니다. 그렇지 않나요?

「A : 어떤 것을 찾으시는지 도와드릴까요?
 B : 아니요, 그냥 구경만 하려고요.」

20 ①

push oneself (~하도록) 스스로를 채찍질하다
have pity on ~을 불쌍히 여기다   exhausted 기
진맥진한, 진이 다 빠진

① 나는 빼 줘!

② 왜 나는 마라톤에 참가하면 안 돼?

③ 내가 왜 그 생각을 못했을까?

④ 나는 그렇게 생각하지 않아.

「A : Kate, 나 너무 피곤해. 아직 7시 30분밖에 안됐어!
　　몇 분만 쉬자.

　B : 아직 멈추면 안 돼. 조금만 더 힘내 봐. 나도 조깅
　　을 처음 시작했을 때, 매우 힘들었어.

　A : 그럼 나 좀 봐줘. 난 오늘이 처음이잖아.

　B : 힘내, Mary. 3개월 정도 하면 마라톤에 나갈 준비
　　가 될 거야.

　A : 마라톤! 마라톤이 몇 마일이나 되지?

　B : 약 30마일 정도야. 내가 매일 조깅을 한다면, 두
　　달 후에는 마라톤에 참가할 수 있을 거야.

　A : 나는 빼 줘! 겨우 반 마일 했는데도 나는 완전 지
　　쳤어. 그만할래.」

01		국어							
1	2	3	4	5	6	7	8	9	10
②	①	②	①	④	③	③	②	③	④
11	12	13	14	15	16	17	18	19	20
②	④	①	②	①	④	③	④	④	③

1 ②

〈보기〉의 '밝다 : 어둡다'는 정도나 등급의 측면에서 반의 관계인 등급(정도) 반의어에 해당한다.
② **상보반의어** : 의미가 서로 배타적으로, 하나가 성립하면 다른 하나는 성립하지 않는다.

2 ①

① **제고**(提高) : 쳐들어 높이다, 수준이나 정도 따위를 끌어올림
② **확산**(擴散) : 흩어져 널리 퍼짐
③ **확충**(擴充) : 늘리고 넓혀 충실하게 함
④ **고무**(鼓舞) : 힘을 내도록 격려하여 용기를 복돋움

3 ②

① 뒷편 → 뒤편
② 장미빛 → 장밋빛, 갯수 → 개수, 뒷처리 → 뒤처리
④ 인삿말 → 인사말, 북어국 → 북엇국

4 ①

② 선생님, 여쭤볼 것이 있습니다.
③ 내일 생신인 할머니를 뵈러 간다.
④ 할머니, 아버지가 오셨어요.

5 ④

앞 문장과 뒤 문장이 순접의 관계이므로 역접의 접속어인 '하지만'은 어울리지 않는다.

6 ③

① 안고[안ː꼬]
② 웃기기도[욷끼기도]
④ 무릎과[무릅꽈]

7 ③

껍질과 껍데기
㉠ **껍질** : 물체의 겉을 싸고 있는 단단하지 않은 물질(귤 껍질, 양파 껍질, 포도 껍질)
㉡ **껍데기** : 달걀이나 조개 따위의 겉을 싸고 있는 단단한 물질(굴 껍데기, 소라 껍데기, 조개 껍데기)

8 ②

① 법썩 → 법석
③ 오뚜기 → 오뚝이
④ 더우기 → 더욱이

9 ③

① Dokdo
② Ulleung
④ Jiphyeonjeon

10 ④

해야할 지 → 해야 할지

11 ②

손 안에 잡아 쥔다는 뜻으로, '무엇을 마음대로 할
수 있게 됨을 이르는 말'을 나타내는 한자는 '場握'
이 아닌 '掌握'으로 쓰는 것이 맞다.
① 으뜸 패, 권세 권. 국제 정치에서, 무력이나 다
른 힘으로 남의 나라를 지배하는 경우에 그 우
월적인 지위 혹은 권력.
③ 다툴 경, 다툴 쟁. 같은 목적을 두고 서로 이기거
나 앞서거나 더 큰 이익을 얻으려고 겨루는 것.
④ 눈 목, 볼 도. (어떤 모습이나 장면을) 눈으로
보는 것.

12 ④

귀가 여리다 : 사람이 모자라거나 솔직해서 남의 말
을 곧이듣기를 잘하거나 잘 속아 넘어간다는 뜻
㉠ 귀가 솔깃하다.
㉡ 귀가 번쩍 뜨이다.
㉢ 귀가 가렵다.
㉣㉤ 귀가 아프다.

13 ①

① 받침 'ㄲ, ㅋ', 'ㅅ, ㅆ, ㅈ, ㅊ, ㅌ', 'ㅍ'은 어말
또는 자음 앞에서 각각 대표음 [ㄱ, ㄷ, ㅂ]으로
발음한다. 이 규정을 적용하여 옷한벌[온한벌]이
된다. 여기에 'ㅎ' 뒤에 'ㄱ, ㄷ, ㅈ'이 결합되는
경우에는 뒤 음절 첫소리와 함쳐서 [ㅋ, ㅌ, ㅊ]
으로 발음한다. 그래서 [온한벌]→[오탄벌]이
되는 것이다.
② 밭아래[받아래] → [바다래]
③ 늙찌[늘찌] → [늑찌]
④ 피읖에[피으페] → [피으베]

14 ②

유리 건물은 은폐 공간을 최소화하여 각종 사고를
예방하고 업무의 생산성도 높이고 있다.

15 ①

제시된 글은 만선의 일부분이다. '곰치'는 아들 도
삼을 풍랑으로 잃고도 만선에의 집념을 버리지 못
하고 있다. 그러면서 뱃놈은 물속에서 죽는 것이
운명이라고 체념하는 듯 하지만 의지를 굽히지 않
는 모습을 보여주고 있다.

Plus TIP

천승세「만선」
㉠ 갈래 : 희곡
㉡ 배경 : 현대의 남해안 작은 어촌
㉢ 주제 : 삶에 대한 집념과 좌절
㉣ 특징
• 억센 사투리를 사용하여 향토적 정서와 친근감을 준다.
• 주인공의 집념과 의지가 오히려 비극의 원인이 된다.

16 ④

제시된 글은 자연미와 소박함에 바탕을 둔 한국 미
술의 특징에 대해 쓴 글이다.

17 ③

(나)는 고려의 청자와 조선의 자기를 마치 그림 그리
듯 묘사하며 내용을 전개시키고 있다.
① 정의 ② 서사 ③ 묘사 ④ 비교 · 대조

18 ④

'면면(綿綿)히'는 '끊어지지 않고 죽 잇따라 있는'의
뜻이며 '여러 면 또는 각 방면으로'는 '면면(面面)이'
이다.

Plus TIP

최순우 「우리의 미술」
ⓐ 갈래 : 논설문(설명문적 논설문)
ⓑ 주제 : 자연미에 바탕을 둔 한국 미술의 특징
ⓒ 성격 : 주관적, 논리적
ⓓ 특징 : 일반적으로 알고 있는 논설문의 문체와 달리 문체가 화려하고 부드럽다.

19 ④

주인공의 생각을 통하여 독자가 판단하도록 하기 위해 '의식의 흐름 수법'을 사용하고 있다.

Plus TIP

오상원 「유예」
ⓐ 갈래 : 단편소설, 심리소설, 전후(戰後)소설
ⓑ 주제 : 전쟁이라는 극한 상황 속에서의 인간의 고뇌와 죽음(전쟁의 비인간성)
ⓒ 시점 : 3인칭 전지적 작가 시점[주인공의 자의식이 깊어질 때 1인칭 주인공 시점으로 바뀜(독백부분)]
ⓓ 표현 : 의식의 흐름 수법(시간의 순차적 진행에서 벗어남)

20 ③

추석 명절을 맞아 모두 명절을 즐기느라 야단인데 흥보네는 가난하기 때문에 상대적으로 더 초라하고 비참하게 명절을 보내고 있다.
① 힘들고 괴로운 일이 자주 닥쳐옴을 이르는 말이다.
② 배가 불러야 체면도 차릴 수 있다는 뜻으로, 먹는 것이 중요함을 비유적으로 이르는 말이다.
③ 다른 사람들은 모두 잘 살아가는데, 자신만 고달프고 서러운 신세를 이르는 말이다.
④ 해 준다는 사람이 너무 많으면 서로 미루다가 결국 안 됨을 이르는 말이다.

02 한국사

1	2	3	4	5	6	7	8	9	10
④	④	③	②	①	④	②	③	①	④
11	12	13	14	15	16	17	18	19	20
③	②	③	④	②	④	①	④	④	④

1 ④

향·소·부곡은 천민거주지로, 망이·망소이의 난은 천민들의 신분해방운동이었다.
① 고려 신종 원년(1198)에 일으켰던 노비 해방 운동, 천민 계층의 주도로 이루어진 최초의 조직적인 신분 해방 운동
② 명종 23년(1193)에 경상북도 청도에서 김사미가 농민들을 모아 일으킨 반란
③ 명종 4년(1174)에 무신정권에 반발하여 평양에서 일어난 대병란

2 ④

조광조(중종) : 소격서 폐지, 현량과 실시, 위훈 삭제, 소학 보급, 공납의 개선

3 ③

ⓐⓓⓕ 무단통치 시기(1910~1919)
ⓑⓒⓔ 문화통치 시기(1919~1937)

4 ②

사간원 : 간쟁기관
사헌부 : 감찰기관
의정부 : 3정승
한성부 : 수도행정기관
※ 조선시대 삼사 : 사헌부, 홍문관, 사간원

5 ①

제시된 글에서 설명하는 조직은 한국 광복군이다.
① 조선의용대(1938)에 대한 설명이다.

6 ④

(가) 1996년
(나) 1972~1976년
(다) 2004년
(라) 1950년대

7 ②

제시된 자료는 청동기시대의 집자리에 대한 설명이
다. 청동기시대에는 농경의 발달과 배산임수의 지
형에 밀집된 취락을 형성하였다. 아울러 신석기시
대보다 높은 지대에 취락이 형성되었는데, 이는 사
적 소유의 발생과 계급의 분화에 따른 정복전쟁에
대처한다는 방어적 목적을 띠고 있다.

8 ③

도조법은 농사의 풍·흉작에 관계없이 해마다 일정
한 지대액(수확량의 3분의 1)을 지주에게 바치는
것으로 소작인에게는 타조법보다 유리하여 생산의
욕을 높일 수 있었다.
※ 타조법과 도조법

타조법	도조법

• 정률지대
  (수확량의 2분의 1)
	• 정액지대
	  (수확량의 3분의 1)

• 경영 자유 없음	• 경영 자유 있음
• 일반적인 현상	• 도지권자에 한정
• 지주에게 유리	• 소작인에게 유리

9 ①

㉠ 고려
㉡ 통일신라 중대
㉢ 고구려(초기국가)
㉣ 통일신라 말기

10 ④

① 지방의 군사조직은 5도에 주현군을, 양계에 주
   진군을 주둔하였다.
② 지방관의 파견은 왕권을 강화시켰으며 반대로
   향리의 역할은 점차 약화되었다.
③ 고려시대 향·소 부곡은 향리가 통치하였다.
④ 성종 때 12목에 지방관을 파견하였다.

11 ③

국학 … 신문왕이 왕권을 강화하고 유교정치이념의
수용을 위해 설립한 것으로 경덕왕 때 태학감으로
명칭이 바뀐 후 혜공왕 때에 이르러 다시 국학으로
환원되었다.
㉠ **입학자격** : 15 ~ 30세의 귀족자제
㉡ **교육기간** : 9년
㉢ **교육내용**
 • 필수과목 : 논어, 효경
 • 선택과목 : 5경(시경, 서경, 역경, 예기, 춘추),
   문선

12 ②

㉢ 당의 3성이 중서성, 문하성, 상서성이며 발해는
정당성, 선조성, 중대성이다.

13 ③

신민회
- ㉠ **설립목적** : 공화정체의 독립국을 건설하여 국민이 주인인 국가가 되어 자주독립을 달성하는 것이었다. 그리고 이러한 근대 국민국가의 주인인 국민을 신민이라 하였다.
- ㉡ **활동목표** : 민족의식과 독립사상의 고취 및 청소년교육을 위한 교육기관의 설치, 상공업체의 운영을 통한 민족자본의 형성 등이다.

14 ②

- ㉠ **화쟁사상** : 여러 종파를 융합, 민중을 중심으로 하는 화합사상이다.
- ㉡ **교관겸수(천태종)** : 교종의 입장에서 선종을 통합하는 것이다.
- ㉢ **정혜쌍수(조계종)** : 선종의 입장에서 교종을 통합하는 것이다.

15 ②

- ㉠ 고려 예종 때 윤관이 동북면 지역의 여진족을 물리치고 축조하였다(1108).
- ㉡ 의천은 교장도감을 설치하여 속장경을 간행하였다(1086).
- ㉢ 서경 길지설, 금국정벌론, 칭제건원 등을 주장하였다(1135).
- ㉣ 최충헌의 노비인 만적이 일으킨 난으로 신분해방의 성격을 띤다(1198).

16 ④

갑오 · 을미개혁이 농민들의 지지를 받지 못한 이유
- ㉠ 일본의 강요에 의한 타율적 개혁이었다.
- ㉡ 너무 급진적으로 추진되었다.
- ㉢ 동학농민군의 요구사항이었던 토지개혁을 수용하지 않았다.

17 ①

제시된 사상은 동학사상에 관한 내용이다. 동학사상은 반봉건적인 성격을 띠고 있었기 때문에 보수적인 집권층은 동학사상을 지지하지 않았다.

18 ④

공장과 상인은 농민에 비해 천대를 받았다.

19 ④

㉠은 대동법, ㉡은 균역법에 대한 설명으로, 균역법 실시 당시 양반, 상민의 구별 없이 군포를 내자는 호포론이 제기되기도 하였으나 반 · 상의 구별이 없어진다 하여 양반의 반발이 심했다.

20 ④

치외법권조항으로 조선내 거주일본인의 불법행위에 대한 조선의 사법권을 배제하였다. 해안측량권, 치외법권 등은 불평등조약의 대표적 사례이다.

03	영어								
1	2	3	4	5	6	7	8	9	10
③	①	①	①	④	③	④	④	②	④
11	12	13	14	15	16	17	18	19	20
②	③	②	④	②	②	②	④	②	④

1 ③

get over ~을 넘다, 건너다 put off 연기하다
take after ~을 닮다

「그녀는 자신을 지지하는 사람들을 절대 실망시키지 않는다.」

2 ①

contract 계약(서) conclude 결론을 내리다, 체결하다 tentative 잠정적인, 머뭇거리는 reliant 의존(의지)하는 favorable 호의적인

「어제 체결한 우리의 계약은 5년간 유효하다.」

3 ①

nourish 영양분을 공급하다, (감정, 생각 등을) 키우다 finish 끝내다, 끝나다 perish 죽다, 소멸되다 vanish 사라지다

「이것은 모두가 보고 싶어 하는 공연이다. 그리고 그들은 그것을 계속 보고자 하는 꿈을 키운다.」

4 ①

stem from ~에서 유래하다, 생기다, 일어나다 come from 발생하다, (결과로) 생기다 result in (~의 결과로서) 되다 run for (선거에) 입후보하다 stand for ~을 상징하다, ~을 대표하다 suffer from 해(손해)를 입다

「그의 병은 교통사고로 생긴 것이다.」

5 ④

consequence 결과, 결말, 영향(력), 중대성, 중요함 enormous 거대한, 막대한, 매우 큰, 극악한, 무도한 astute 기민한, 빈틈없는, 교활한 attune (마음·이야기 등을) 맞추다, 조화시키다, 조율하다
④ more는 competent를 수식하므로 어순이 'who are emotionally more competent'로 되어야 한다.

「부모들이 어떻게 자녀들을 다루는가가 아이들의 정서 생활에 강하고 지속적인 결과를 가져온다는 것을 보여주는 수많은 연구들이 있다. 정서적으로 이해력이 뛰어난 부모를 갖는 것 자체가 아이에게 엄청난 이득이 된다는 것을 보여주는 믿을 수 있는 자료가 최근에 와서야 나왔다. 부부가 그들의 감징을 다루는 방식은 빈틈없이 모두 배우는 아이들에게 많은 교훈을 주어 가족 간의 가장 미묘한 감정의 교류에도 동조하게 된다. 결혼생활을 정서적으로 보다 유능하게 하는 부부들은 또한 그들의 자녀들이 감정적인 기복을 겪을 때 가장 효과적으로 도와준다.」

6 ③

weary 지친, 피곤한
① While절은 분사구문으로 주절의 주어 she가 생략되었다. 그녀가 일을 하는 것(능동)이므로 working으로 맞게 쓰였다.
While she worked at a hospital, she saw her first air show. =(While) working at a hospital, she saw her first air show.
② how(ever) + 형용사 + S + V : S가 아무리 V하든지 간에
③ 'one of the exciting games ~'에서 수일치 시켜야 하는 주어 부분은 one이므로 동사 were를 단수주어에 맞춰 was로 고쳐야 한다.
④ It was the main entrance + she was looking for the main entrance
→It was the main entrance(선행사) that/which she was looking for.
→It was the main entrance for which she was looking

관계대명사 that은 전치사(for) 다음에 오지 못한다. 따라서 which가 적절하다.

「① 병원에서 일하는 동안에, 그녀는 그녀의 첫 번째 에어쇼를 봤다.

② 네가 얼마나 지치게 되든지 간에, 너는 그 프로젝트를 반드시 해야 한다.

③ 내가 본 흥미진진한 게임들 중 하나는 2010년 월드컵 결승전이었다.

④ 그것은 그녀가 찾고 있었던 중앙출입구였다.」

7 ④

fluently 유창하게 law of gravitation 중력법칙

① as if he were an American에서 가정법을 나타내므로 were가 맞게 쓰였다.

② what if는 '~하면 어쩌지'의 뜻이며 should는 가정법과 함께 쓰여 '혹시라도 ~한다면'의 뜻을 나타낸다.

③ if절이 조건의 뜻을 나타내므로 현재 시제가 미래 시제를 대신할 수 있다.

④ 과거 사실에 반대되는 것을 가정하는 것이므로 가정법 과거완료 시제가 되어야 한다.

→ If it had not been for Newton, the law of gravitation would not have been discovered.

※ 가정법 : ~이 없다면/ ~이 없었더라면

가정법 과거 (지금) ~이 없다면	가정법 과거 완료 (그 때) ~이 없었더라면
= if it were not for	= if it had not been for
= were it not for	= had it not been for
= but for	= but for
= without	= without

8 ④

peel off ~의 껍질을 벗기다 layer 층

① 잃어버린 당신 자신

② 곤란한 처지에 빠진 당신 자신

③ 당신이 위험에 빠져 있는 것

④ 아무것도 없다는 것

「인생은 양파와 같다 : 당신이 한 꺼풀씩 껍질을 벗겨내고 나면, 아무것도 없다는 것을 발견한다.」

9 ②

'present-day laptop computers' 또는 'notebooks'라고도 불린다.

「불과 몇 년 전만 해도 소위 '휴대용' 컴퓨터는 무거운 기계 덩어리였다. 그것들은 무게가 15파운드였고 실제로는 한 장소에 머물도록 고안되었다. 옛날 '휴대용 컴퓨터'를 들고 여행한다는 생각은 불가능했다. 그것은 심지어 비행기 좌석에도 들어맞지 않았다. 하지만 오늘날의 랩탑 컴퓨터는 완전히 다르다. 이 '휴대용 컴퓨터'는 정말로 가지고 다니도록 고안되었다. 그것들은 때때로 '노트북'이라고 불리우기도 한다. 과거의 무거운 괴물과는 달리, 랩탑 컴퓨터는 겨우 5파운드밖에 나가지 않는다. 그것들은 서류가방에 쉽게 들어간다. 그 크기에도 불구하고 옛날 컴퓨터보다 기억용량은 훨씬 많다.」

10 ④

lightning 번개, 전광 shooting star 유성 the Milky Way 은하수 rainbow 무지개

「옛날에 어떤 사람들은 그것을 신들이 하늘을 떠나 땅으로 내려오고 싶을 때 하늘에 나타나는 다리라고 믿었다. 오늘날, 우리는 그것이 단지 빗방울에 비치는 햇빛에 의한 것이라는 것을 알고 있다. 그것을 보기 위해 당신은 해를 등지고 앞에는 내리는 비를 마주해야 한다.」

11 ②

코끼리의 조상이 한때 바다에서 살았다는 증거를 열거하는 글이다.

「코끼리는 세상에서 가장 큰 육지동물이다. 고래는 가장 큰 바다동물이다. 사실, 이 두 종류의 거대한 동물들은 연관성이 있다. 생물학자들은 현재 코끼리의 조상이 한때 바다에 살았다고 믿는다. 이런 생각을 뒷받

침하는 많은 증거가 있다. 가령, 코끼리의 머리형태는 고래의 것과 유사하다. 또한, 코끼리는 수영을 매우 잘한다. 어떤 것들은 먹이를 구하기 위해 해안에서 300마일이나 떨어진 섬까지 헤엄치기도 한다. 고래처럼, 코끼리 역시 분노를 나타내거나 다른 종류의 의사소통을 위해서 소리를 사용한다. 마지막으로 어떤 면에서, 암코끼리는 암고래와 매우 흡사하게 행동한다. 새끼 코끼리나 새끼 고래가 태어나면, 친구 암컷이 가까이에 머물면서 어미를 돕는다.」

12 ③

파스퇴르는 장차 광견병에 걸린 사람들을 돕겠다고 결심했다.

「"엄마!" 루이 파스퇴르는 소리쳤다. "미친 개가 제 친구 조셉을 물어서 사람들이 빨갛게 달군 젓가락으로 그 애를 지지고 있어요. 너무 끔찍해요! 왜 그렇게 조셉을 아프게 하죠?"
"광견병 때문이란다, 루이. 물린 데를 지지는 게 조셉이 광견병에 안 걸리게 하는 유일한 희망이란다. 만약 그 애가 광견병에 걸리게 되면, 아무도 그 애를 구할 수 없게 될거야." 조셉은 며칠 후 광견병에 걸려서 심한 고통 가운데 죽었다. 루이 파스퇴르는 그 일을 결코 잊지 않았다. "언젠가는 조셉 같은 사람들을 도울 수 있는 어떤 일을 하고 싶어."라고 그는 생각했다.」

13 ②

solar system 태양계 **hydrogen** 수소 **give off** (빛·열·냄새 등을) 방출하다 **heat up** 뜨겁게 하다

「태양계에서 가장 크고, 밝으며, 뜨거운 물체인 태양은 대부분이 수소라고 불리는 가스로 만들어졌다.
(A) 태양의 중심에는 수소원자가 1,500만℃까지 이를 수 있다.
(C) 그렇게 높은 온도에서, 일부 원자는 매우 빠르게 움직여 서로 충돌하여 헬륨이라고 불리는 기체를 형성한다.
(B) 수소원자가 헬륨으로 변하면, 그것들은 에너지를 방출하는데, 이 에너지가 태양을 뜨겁게 하고 빛나게 한다.」

14 ④

「오늘날 우리는 우리가 생각하는 것보다 전기에 의지하고 있다. 전기는 우리에게 어두울 때 빛을 주고 여름에는 시원함을 주고, 겨울에는 따스함을 준다. 전기는 우리의 음식을 요리하고 옷을 빨 수 있게 하고 설거지도 해준다. 전기는 우리의 한가한 시간에 즐겁게 영화와 텔레비전도 보게 해준다. (때때로 폭풍이 전기 공급을 차단시킨다.)」

15 ②

octopus 문어 **squid** 오징어 **rely on B to A** A하는 데 있어 B에 의존하다 **tentacle** 촉수, 촉각 **identify** 알아내다, 확인하다 **likely** 안성맞춤의(= apparently suitable) **free swimming** (동물 등의) 자유롭게 헤엄치는 **tactile** 촉각의 **deep-sea fishing(fishery)** 원양(심해)어업 **diver** 잠수부, 다이빙선수
① 물고기를 기르는 새로운 방법
② 두 동물 사이의 생물학적 차이
③ 원양어업을 나가는 방법
④ 심해 잠수부들에 대한 경고(주의)

「학습과 기억에 관한 연구목적으로 사용할 때 문어는 오징어보다 더 흥미 있는 연구대상이다. 오로지 눈에만 의존하여 여기저기 자유롭게 헤엄쳐서 스스로 맛있는 생선이나 게에게로 가는 오징어와는 달리, 문어는 흔히 바다 밑바닥에 있는 것을 먹이로 한다. 문어는 먹이로 알맞을 듯한 것을 알아내기 위해 눈뿐만 아니라 촉수도 사용한다. 문어의 두뇌에는 두 개의 분리된 기억저장 영역이 있는데, 하나는 시각기억을, 또 하나는 촉각기억을 저장하기 위한 것이다.」

16 ②

nugget 천연상태의 금속 덩어리
첫문장의 내용으로 금속과 바위를 비교하고 있음을 알 수 있다. 본문은 금속이 바위에 비해 흔하지 않음을 말하고 있다.

「하지만 금속은 바위보다 훨씬 더 드물었다. 때로는 금속이 천연 상태의 덩어리로 발견되기도 했지만, 대개는 그리 흔하지 않은 어떤 바위(광석)에 열을 가해서 추출해야만 했다. 마침내 약 3,500년 전쯤에 사람들은 광석에서 철을 뽑아내는 법을 발견했다. 철은 특히 흔한 금속으로 심지어는 오늘날에도 가장 값이 싼 금속이다. 철을 다루면 강철이 되는데 이것은 특히 단단하고 견고하다. 하지만, 철과 강철은 녹이 스는 경향이 있다.」

17 ②

ultasonic 초음파의(=supersonic) **blip** 삑 하는 소리, 삑 소리를 내다

「돌고래들도 역시 어떤 종류의 반사기구를 이용하여 움직이며, 모종의 방법으로 소리에 의해 통신한다는 것은 거의 확실하다. 예를 들면 머리를 이리저리 흔들고, 어떤 형태의 초음파 소리를 냄으로써 돌고래는 물속에서 20피트를 꿰뚫어 볼 수 있고 또 어떤 물고기가 먹기에 적당한지를 알 수 있다. 미국 해군은 자기들이 가지고 있는 장치로는 기술이 부족하기 때문에 돌고래가 어떻게 이런 일을 하는지 배울 수 있다면 많은 돈을 낼 것이다.」

【18 ~ 19】

nominate 지명하다 vice president 부통령
introduction 소개 convention 관습, 대회
frankly 솔직히 declare 선언하다 firm 굳은
separation 분리 assemble 모으다 attract 마음을 끌다, 끌어 모으다 doubting 의심하는, 불안한
delegate 대표, 위임하다, 뽑다 primary 주된, 최초의 nomination 지명, 추천, 임명 highlight 강조하다 significant 중요한 innovation 혁신
election 선거, 당선 breathtakingly 숨이 막히는
close 접전 margin 차이 fraction 부분

「Kennedy 1956년 시카고에서의 민주당 전당 대회에서 약간의 표차이로 부통령에 임명되는 것을 놓쳤다. 그러나 그는 텔레비전으로 그 대회를 지켜본 수백만의 미국인들에게 소개되었다. 그리고 1960에 그가 대통령 출마를 결심했을 때, 그의 이름을 널리 알려졌다. 많은 사람들은 그의 종교와 그의 젊은 외모가 그에게 장애요소로 작용할 것이라고 생각했다. Kennedy는 솔직하게 종교적 이슈에 직면하고, 교회와 국가의 분리에 대한 그의 확고한 믿음을 분명히 했다. 그는 그가 많은 구성원들을 모으고 개인 비행기로 나라 곳곳을 돌아다닐 수 있게 한 그의 집안의 부유함 때문에 몇몇의 비판을 일으켰다. 그러나 그는 그가 참가했던 모든 주의 예비선거의 대표자 대회에서 승리함으로써, 많은 의심을 하는 민주당 정치인들을 그의 편으로 만들었다. 그의 당에서 임명권을 얻자, Kennedy는 그를 임명하는 것에 반대를 했던 Lyndon B. Johnson을 그의 부통령 러닝 메이트로 선택함으로써 많은 사람들을 놀라게 했다. 다시, 그는 의심 많은 친구들에게 이것이 실질적인 방안이라는 확신을 주기 위해 그의 많은 정치적 기술들을 사용했다. Kennedy와 공화당 후보자인 Richard M. Nixon의 네 번의 텔레비전 토론은 1960년 선거운동의 하이라이트였다. 한 방송망의 회장의 이견에 따르면 그들은 "보통 선거들이 시작된 이래로 대통령 선거에서 가장 의미있는 혁신"이었다. 그 토론들은 선거에서의 Kennedy의 승리에 가장 중요한 것이었다. 그 보통 선거는 숨이 막히는 접전이었다. Kennedy의 승리 차이는 전체 투표의 1% 비율이었다.」

18 ④

① 그의 젊은 외모
② 종교에서 그의 정치적 기술들
③ 그의 거대한 구성원
④ 그의 텔레비전 토론

19 ②

ultimately 궁극적으로   misfortune 불운, 불행
blessing 축복

① 모든 예비선거의 대표자 대회에서 Kennedy의 승리는 많은 의심을 하는 정치인들을 그의 편으로 이끄는 것을 가능하게 했다.

② Kennedy는 대통령 선거에서 압도적인 승리를 거두었다.

③ Kennedy는 부통령에 임명되는 것에 실패한 후에 4년 만에 대통령에 출마했다.

④ 부통령으로 임명되는 것에 대한 Kennedy의 실패는 불행을 축복으로 바꾸는 궁극적인 하나의 사례가 되었다.

20 ④

stuffed 배부른, 속을 채운

「① A : 당신의 컴퓨터 좀 사용해도 될까요?
　　 B : 지금은 안 됩니다.

② A : 여기가 박사님의 사무실이죠, 그렇죠?
　　 B : 죄송하지만, 박사님의 사무실은 옆방입니다.

③ A : 오, 이런! 너 Barbara구나?
　　 B : 그래, 맞아! 다시 만나서 반갑구나, Danny.

④ A : 디저트 드시겠습니까? 아이스크림이 있는데요.
　　 B : 그럼요, 주세요. 배부르네요.」

01		국어							
1	2	3	4	5	6	7	8	9	10
③	①	④	④	④	①	③	②	②	②
11	12	13	14	15	16	17	18	19	20
①	①	③	②	④	④	③	④	③	③

1 ③

제시된 내용은 교통사고가 교통 법규를 제대로 지키지 않은 데서 발생하며, 이를 근절하기 위해 보다 엄격한 교통 법규가 필요함을 강조하고 있다.

2 ①

① 降(내릴 강, 항복할 항) : 투항(投降), 강등(降等)
② 易(쉬울 이, 바꿀 역) : 무역(貿易), 역학(易學)
③ 著(나타날 저, 붙을 착) : 저명(著名), 저술(著述)
④ 則(법칙 칙, 곧 즉) : 규칙(規則), 원칙(原則)

3 ④

제시된 내용은 심포지엄의 식순이다. 심포지엄은 공개토론회 형식의 하나로 특정한 의제에 관해 토의할 때, 다른 입장과 각도에서의 분석이나 논구가 깊어지도록 여러 명의 전문가를 선발하여 참가자가 자기 견해를 발표하고, 그들의 전문적인 지식에 바탕을 둔 전체토론회로 이행하는 형식이다.
※ '청중의 질문 생략, 발표자간 토의 생략'의 참고 사항으로 보아 공청회보다 심포지엄이 알맞다.

4 ④

ⓒ은 문화의 개념을 구체화한 글이며, ⓓ 역시 ⓑ에서 언급한 문화적 정체성에 대하여 지금까지의 인식을 상세하게 덧붙인 글이다.

5 ④

① 금새 → 금세
② 웬지 → 왠지
③ 세워 → 새워

6 ①

글쓴이는 영어 수용을 필요성에 대해 공감하면서도 그보다 앞서 우리말을 바로 살리기 위한 주체적인 노력이 필요함을 강조하고 있다.

7 ③

글쓴이는 외래종인 블루길과 황소개구리가 토종 물고기와 참개구리를 집어삼키는 현상을, 영어가 우리 언어를 침범하는 현상으로 유추하여 내용을 전개하고 있다.
유추 : 두 개의 사물이 여러 면에서 비슷하다는 것을 근거로 다른 속성도 유사할 것이라고 추론하는 방법

8 ②

주객전도(主客顚倒)는 사물의 경중, 선후, 완급 따위가 서로 뒤바뀜을 이르는 말로 ㉮ 상황에 가장 적절하다.
① 부화뇌동(附和雷同) : 줏대 없이 남의 의견에 따라 움직임
③ 건곤일척(乾坤一擲) : 주사위를 던져 승패를 건다는 뜻으로, 운명을 걸고 단판걸이로 승부를 겨룸을 이르는 말
④ 표리부동(表裏不同) : 마음이 음흉하고 불량하여 겉과 속이 다름

최재천 「황소개구리와 우리말」
㉠ 갈래 : 논설문
㉡ 주제 : 우리말 바로 세우기의 필요성
㉢ 성격 : 유추적, 논리적, 설득적
㉣ 문체 : 건조체
㉤ 특징 : 유추의 방법으로 우리말에 대한 소중함을 일깨우고 있으며, 국어에 대한 사랑을 세계화 시대에 대응하기 위한 전략으로 제시하고 있다.

9 ②

제시된 글은 윤흥길의 「장마」이다. 할머니의 행동은 삼촌의 한을 씻어 주었다는 것에 대한 안도감의 표현이다.

10 ②

답답한 가슴에 창(窓)을 내고 싶다는 심정을 해학적으로 표현하였다.
① 성미가 몹시 조급하고 도량이 좁은 사람 또는 외부환경에 즉각적으로 반응함을 이르는 말
② 답답한 사정이 있어도 남에게 말하지 못하고 혼자만 괴로워하며 걱정하는 경우를 이르는 말
③ 계획 없이 이곳저곳에서 돈을 빌려 빚을 많이 지고 있음을 비유한 말
④ 매우 자주 드나드는 모양을 비유적으로 이르는 말

11 ①

① '주체(화자)의 의지'를 나타내는 어미
② '헤아리거나 따져보면 그렇게 된다'는 뜻을 나타내는 어미
③④ '미래의 일이나 추측'을 나타내는 어미

12 ①

이 글의 표기상 특징
㉠ 분철현상 : 벋이오, 들온, 해로온이라
㉡ 모음조화 파괴 : 들온
㉢ 'ㆁ' 사용 : 거동, 아당ᄒᆞ기
㉣ 'ㄱ' 탈락 : 벋이고 > 벋이오
㉤ 초성의 합용병서 : 뻐(명륜제이편)

13 ③

이규보 「슬견설」 … 대화체의 수필로 변증법적인 논리전개방식으로 사물에 대한 편견의 배제라는 주제를 표현하고 있다(교훈적, 극적).
※ **변증법** : 정(正), 반(反), 합(合)의 원리로 모순되는 개념을 초월하여 제3의 개념(合)으로 통일시키는 방법이다.
예 • 정독은 세밀하나 폭넓지 못하다(정).
• 다독은 폭넓으나 세밀하지 못하다(반).
• 따라서 효과적인 독서는 정독과 다독을 겸해야 한다(합).

14 ②

생명의 존귀함을 설명한 것이다[측은지심(惻隱之心)].

15 ④

열심히 실력을 쌓아라 → 열심히 실력을 쌓으라
신문 기사처럼 특정한 독자가 정해지지 않은 때에는 간접의 명령을 나타내는 종결 어미인 '-으라'를 쓴다.

16 ④

걸맞는 → 걸맞은

'걸맞다'는 형용사이므로 관형사형 어미 '-는'은 사용할 수 없으며 진행형과 명령형으로 사용할 수 없다.

17 ③

쉬운 '게젓'이란 우리말이 있는데도 어려운 '동난지이'란 말을 사용하는 장사꾼을 통해 지식의 현학적인 태도(虛張聲勢)를 비판하고 있다.

③ 실속 없이 허세만 떠벌린다.

18 ④

이육사 「절정」 … 암담한 식민지 시대의 절망적 상황 속에서 그것을 초극하려는 의지를 표현한 작품이다.

19 ③

㉠의 '강철로 된 무지개'는 시의 표면적 진술과 내적 의미 사이에 모순이 있는 역설법이다. ③의 '분수처럼 흩어지는 푸른 종소리'는 공감각적 이미지(청각의 시각화)이다.

20 ③

㈐는 노래를 통해 시름을 잊겠다는 신흠의 시조로 개인의 정서를 표출하고 있으며 나머지는 교술성이 강한 시조들이다.

① 이황의 「도산십이곡」으로 '학문에 대한 정진'이 글의 주제이다.

② 정철의 「훈민가」로 '부모에 대한 효도'가 글의 주제이다.

④ 변계량의 시조로 '義(의)를 따르는 삶을 살겠다'는 것이 주제이다.

02		한국사							
1	2	3	4	5	6	7	8	9	10
①	②	①	①	③	③	①	①	②	②
11	12	13	14	15	16	17	18	19	20
④	③	③	④	③	④	④	②	①	③

1 ①

지문에서 설명하는 국가는 '가야'이다.

②③ 신라

④ 백제

2 ②

㉡ 「농사직설」: 1429년(조선시대, 세종) 편찬

※ 고려시대 농서: 「농상집요」

3 ①

조사 시찰단(신사 유람단)은 1881년, 일본의 근대 문물을 배워 오기 위해 조선 정부가 파견한 시찰단이다.

※ 조미수호통상조약(1882)…조선과 미국간에 체결된 국교와 통상을 목적으로 한 불평등한 통상 조약

4 ①

㈎는 '어보'에 대한 설명이다.

어책: 세자와 세자빈의 책봉, 비와 빈의 직위 하사 때 내린 교서

5 ③

① 1940년, 중국 충칭에서 조직된 항일군대

② 1919년, 남만주에서 결성된 항일독립운동단체

④ 1930년 중국 상하이에서 창당한 한국의 민족주의 민주주의 보수정당

6 ③

6·25 전쟁은 1950년에 발발하였으며, 「반민족행위처벌법」은 1948년 9월 시행되었다.

7 ④

탄약 제조, 화약 제조, 제도, 전기, 소총 수리 등 청의 무기제조법과 근대적 군사훈련법을 배우도록 청에 파견된 것은 영선사(1881)이다. 유학생들은 1882년 1월 톈진의 기기국에 배속되어 화약탄약 제조법, 기계 조작법 등 근대적 군사 지식뿐 아니라 자연과학 및 외국어 등도 학습하였다. 임오군란의 발발로 소기의 성과를 거두지 못하고 1년 만에 귀국하였으나, 이를 계기로 서울에 근대적 무기제조 기구인 기기창이 세워지게 되었다.

8 ①

19세기 초부터 예언사상이 현저하게 나타나고 탐관오리를 비방하는 벽서사건이 빈발하였다. 예언사상의 현실부정적인 성격은 당시 농민들에게 혁명적 기운을 불어넣기도 하였다.
※ 조선후기 문화의 특징
　㉠ **서민문화의 대두**
　　• 의식의 확대와 현실에 대한 새로운 인식 반영, 지배층문화 퇴조
　　• 한글소설(홍길동전, 춘향전), 사설시조(서민의 감정을 사실적으로 묘사), 판소리 등장, 한문학 발달(사회의 부조리 비판)
　㉡ **예술의 새 경향**
　　• 실학적 학풍 : 진경산수화(정선), 풍속화(김홍도, 신윤복)
　　• 복고적 화풍 : 문인화(김정희, 장승업), 민화의 발달(서민적, 도교의 영향)
　　• 서예 : 추사체(김정희)
　㉢ **자연과학의 발달**
　　• 서양의 과학기술 수용(실학자, 천주교 선교사)
　　• 천문학(이수광 – 일식·월식, 정약용 – 지전설), 지리학, 수학의 발달
　　• 의학의 발달(허준 – 동의보감)

9 ②

① 유향소(향청)
③ 서원, 향약, 유향소
④ 조선의 관찰사

10 ②

　㉠ **향약의 시행** : 사림의 농민지배력 강화
　㉡ **도교행사 폐지** : 오직 성리학만 믿음(16C 사림)
　㉢ **현량과 실시** : 사림을 무시험으로 등용

11 ④

　㉠ **고려시대의 법률** : 고려의 형법은 당률을 참작하여 만들어졌으며 일상생활에 관계되는 것은 대개 전통적인 관습법을 따랐다. 지방관은 중요한 사건만 개경의 상부기관에 올려보내고 대개는 스스로 처결하였다. 형벌에는 5종(태·장·도·유·사)이 있었는데, 특히 국가에 대한 반역죄와 불효죄는 중죄로 다스려 무거운 형벌을 가하는 등 유교윤리를 강조하였다.
　㉡ **대가족사회(천민 제외)** : 가부장의 권한을 강화시키고 조세를 가족단위로 징수하였다. 본관, 성(姓)을 사용하였는데 귀족은 삼국시대부터, 일반 평민은 고려전기부터 사용하였고 천민은 사용하지 못하였다.

12 ③

남인들은 서인들이 추진한 북벌운동의 무모함을 비판하면서 예송논쟁을 일으켜 서인들과 정치적으로 대립하였는데, 예의가 기본적 규범이었던 당시 사회에서 예송논쟁은 붕당정치의 필연적 결과였다고 할 수 있다.
※ **붕당정치(16세기 이후)**
　㉠ 배경 : 제한된 관직을 획득하기 위한 양반 상호 간의 대립과 반목이 불가피

ⓛ **시작** : 인사의 권한을 가졌던 이조전랑의 자리를 두고 동인과 서인으로 양분

ⓒ **토대** : 지방의 서원, 농장을 근거로 대립

ⓔ **기능** : 긍정적 측면으로는 정치세력간 상호비판과 견제의 기능을 가지고, 부정적 측면으로는 당파의 이익을 앞세우고 학벌·문벌·지방의식과 연결되어 국가사회 발전에 지장을 줌

13 ③

고려의 서경과 간쟁, 조선시대의 양사, 경연, 서연제도, 상소·구언제도의 공통된 기능은 왕권을 견제하는 것이다. 조선시대에는 언론과 학문이 중시되어 군주의 독재와 관료의 횡포를 견제하고 신민의 여론을 정치에 반영할 수 있는 제도를 마련하였다.

14 ④

도방은 무신정권의 신변경호를 담당하였으며, 삼별초가 항몽세력의 중추적 역할을 하였다.

15 ②

제시된 내용은 동학농민운동 때의 폐정개혁안의 일부이다. 동학농민운동은 아래로부터 일어난 최대규모의 농민운동이었고, 실패하기는 했으나 근대사회로 발전하는 계기가 되었다.

② 위정척사론자들의 주장이다.

16 ④

세종, 세조 때의 과학기술의 발달은 농정과 밀접한 관련이 있다. 특히 농지의 요체는 오시를 지키는 문제와 직결되었다. 아울러 백성들이 농시를 제대로 지킬 수 없었던 것이 관리들이 농사철에 농민들을 부역에 많이 동원하기 때문이라고 판단하고 이를 법으로 금하였다.

17 ④

ㄱ 회사령(1910)은 허가제로 민족기업의 성장을 억압하기 위해 실시하였다.

ⓛⓒ 전매제도나 항만·철도·도로 직영은 민족자본을 위축하기 위해 실시한 일제의 산업침탈이다.

18 ②

제시된 글은 물산장려회의 궐기문으로, 제1차 세계대전 직후 일본 상품과 일본인 자본이 밀려드는 것을 우려하여 국산품을 애용하자는 운동을 펼친 것으로 자본가와 지도층이 주도하였다.

19 ①

가쓰라·태프트밀약 … 일본 수상 가쓰라(桂太郎)와 미국 특사 태프트(Taft) 사이에 이루어진 밀약으로, 일본이 미국의 필리핀 점령을 승인하는 대가로 미국은 일본의 한국침략을 승인하고 상호묵인하기로 하였다.

20 ③

① 북한의 공산주의자들이 남한의 공산주의자들을 사주하여 일으켰다.

② 3년간 미·소군정이 정권을 인수하였다(1945. 8. 15 ~ 1948. 8. 18).

④ 농지개혁(1949. 6)은 유상몰수, 유상분배를 원칙으로 하였다.

1	2	3	4	5	6	7	8	9	10
④	①	②	①	④	③	③	①	④	③
11	12	13	14	15	16	17	18	19	20
②	④	④	②	③	②	④	②	④	④

1 ④

disintegrated 붕괴된 integrated 통합적인
segregated 분리된, 갈라진

「모두 정원에 모여 있었다.」

2 ①

boastful of ~에 대해 자랑하는 end up 결국 ~
처하게 되다 sympathetic to ~을 동정하는

「결국 David는 그의 친구 Jessie의 우유부단함 때문에
싫증이 나기 시작했다.」

3 ②

accepting 쾌히 받아들이는, 솔직한 distributing
분배의, 분포의 emerging 최근 생겨난

「이 상품의 가격은 부가세를 제외하고 5달러입니다. 따
라서 이것을 구매하려면 10%의 부가세를 추가로 지불
해야 합니다.」

4 ①

ill health 좋지 못한 건강
① not until ~ that … : ~하고 나서야 …하다
 not until절을 it is ~ that 구문을 사용하여
 강조한 표현이다.
 It is <u>not until</u> we lost our health <u>that</u> we
 realize the value of it. → 우리는 건강을 잃고
 나서야 비로소 그 가치를 깨닫는다.
② No sooner ~ than(when → than) : ~하자마자
 …하다

비교급(sooner)과 같이 오는 것은 than이므로
when을 than으로 고쳐야 한다.
<u>No sooner</u> had we realized the value of our
health <u>than</u> we lost it. → 우리 건강의 가치를
깨닫자마자 우리는 건강을 잃는다.
부정어(No)가 문장 맨 앞에 왔으므로 주어 동사
위치가 도치(we had realized ~ → had we
realized ~)되었다.
③ even though : 비록 ~일지라도
 We will realize the value of our health even
 though we lose it. → 우리가 건강을 잃게 되더
 라도 우리는 그 가치를 깨닫게 될 것이다.
④ It will not be long before ~ : 머지않아 ~일
 것이다
 It will not be long before we realize the
 value of our health. → 머지않아 우리는 건강
 의 가치를 알게 될 것이다.

5 ④

responsive 즉각 반응하는
① 과거 일을 기억하지 못하는 것이므로 remember
 -ing형태로 쓰는 것이 맞다. remember to V-
 는 '(앞으로) ~할 것을 기억하다'라는 뜻이 된다.
② take+사람+시간 : ~에게 ~(시간)이 걸리게 하다
③ blow의 목적어로 my umbrella, 부사구로 inside
 out(뒤집어)이 쓰인 문장이다. home은 부사어
 로, 앞에 전치사 to를 쓰지 않도록 주의한다.
④ '~도, ~도 아니고, ~이다'로 열거를 이어주고
 있는 문장이므로 not A but B or C보다 not A
 nor B but C로 표현하는 것이 적합하다.

6 ③

unified 단일화된 do full justice to 공평[공정,
정당]하게 평하다 metaphorical 은유적인
enormously 막대하게, 엄청나게

'~do full justice to~'의 주어는 that앞에 있는 subject matter이다. 주어가 단수이므로 수의 일치를 위해서 do가 아닌 does가 문법에 맞다.

「당신이 아마도 할 수 없는 것은 개념의 모든 발상들을 공정하게 평하는 주제에 관한 각각의, 단일화된, 객관적인, 정확한 이해에 도달하는 것이다. 심지어 우리가 가진 은유적인 개념의 한계 내에서 시간 연구는 엄청나게 유용한 기획이다.」

7 ③

intimately 친밀히, 충심으로 insist on ~을 고집(요구)하다 break out 발발(발생)하다 vary 달라지다, 달리 하다 significantly (두드러질 정도로) 상당히

① 동등비교로 as intimately as 가 되어야 한다.

② company는 회사, 동료의 명사이다. '~를 동반하다'는 뜻을 가진 타동사 accompany가 와야 적합하다.

④ the number of 는 셀 수 있는 복수명사와 써야 한다. sugar는 불가산명사이기 때문에 the amount of로 써야 옳다.

「① 벌과 꽃처럼 친밀이 연관된 생명체는 거의 없다.

② 아버지는 그들이 머물고 있는 곳에 우리와 함께 가지 않았다. 그러나 내가 가라고 주장했다.

③ 이라크의 상황이 너무 심각해 보였기에 마치 언제라도 제3차 세계대전이 발발할 것처럼 보였다.

④ 최근의 보도에 따르면, 미국인들이 소비하는 설탕의 양은 해마다 두드러지게 크게 달라지지 않는다고 한다.」

8 ①

'전치사 + 추상명사'는 형용사나 부사 역할을 하며, 여기서는 능력, 용도, 도움 등을 나타내는 전치사가 필요하다.

of help = helpful 도움이 되는

「오늘날 컴퓨터는 매우 도움이 된다.」

9 ④

from cradle to grave 요람에서 무덤까지, 일생동안 penetrate 관통하다, 침입하다, 스며들다 literary 문학의 literature 문학 literate 읽고 쓸 수 있는, 학식이 있는 literacy 읽고 쓰는 능력, 학식

「TV는 다른 모든 대중매체들과는 다르다. 일생동안 TV는 한 나라의 거의 모든 가정을 침입한다. 신문이나 잡지와는 달리 TV는 읽고 쓰는 능력을 요구하지 않는다.」

10 ③

welcome 환영받는, 반가운 wet 젖은, 축축한, 비 내리는 familiar 잘 알려진, 익숙한, 친근한 taxi cab 택시 approach 접근하다, 다가가다(오다) wheelchair 휠체어

「춥고 비 내리는 런던의 겨울밤에 가장 반가운 광경은 노란색의 "빈 차"라는 표시를 밝게 빛내며 다가오는 런던 택시의 친근한 모습이다. 그것은 당신을 태울 준비가 되어 있다는 것을 보여준다.

지금 런던에는 12,000대의 택시가 있다. 몇몇의 택시들은 현재 짙은 빨간색 또는 흰색이지만, 대부분의 택시들은 여전히 구식인 검은색이다. 어떤 차도 택시처럼 "둥근" 모양을 하고 있지 않다. 런던에서 신부들이 그들의 결혼용 차로서 택시를 이용하는 것은 아주 흔한 일이다. 택시들은 뒷좌석에 휠체어가 쉽게 들어갈 수 있도록 특별히 고안되어 있다.」

11 ②

wretched 가엾은, 불쌍한 feel sorry for ~에 대해 가엾게 여기다 soak 젖다 pay attention to ~에 주의하다 out of pity 불쌍히 여겨

「어느 날 우리 정원 담 위에 불쌍하게 생긴 고양이 한 마리가 나타났다. 우리 집 아이들이 그 고양이를 가엾게 여기고 우유에 적신 빵을 갈대 끝에 매달아 주었다. 그 고양이는 그것을 가져 가서 모두 먹어 버렸다. 그리고 나서 그의 친구들이(우리 아이들이) "이봐, 고양아! 고양아!" 하는 말에도 들은 체 않고 가버렸다.」

12 ④

앞에 나온 내용은 wool의 종류에 대한 것이다.

「모직은 의복에 사용되는 가장 오래된 재료 중의 하나이다. 우리는 정확히 언제부터 사람들이 의복을 만드는 데 모직을 사용했는지 알지 못한다. 하지만 사람들이 인류 역사의 초기부터 모직으로 된 의복을 입고 있었음을 알고 있다. 사람들은 모직을 양에게서만 아니라 다른 동물에게서도 얻어 냈다. 가령, 사막에서는 낙타에서 모직을 얻는다. 인도의 산악지역에서는 캐쉬미어 염소에게서 모직을 얻는다. 그리고 남아메리카에서는 라마에게서 모직을 얻는다. 이 모든 종류의 모직에는 한 가지 공통점이 있는데, 신체를 외부의 온도변화로부터 보호해 준다는 점이다. 이렇게 모직은 신체를 여름에는 시원하게, 겨울에는 따뜻하게 유지시킨다.」

13 ④

official opposition 공식적인 반대   electronic petroleum society 오늘날의 전자사회(현대과학의 시대)   afford 제공하다

「장발에 대한 공식적인 반대가 오늘날 현대과학의 시대에만 특별한 것은 아니다. 알렉산더대왕은 수염은 백병전에서 너무나 손쉽게 적에게 기회를 준다고 믿었기 때문에 자기 휘하의 전군에게 수염을 깎도록 명령했다.」

【14 ~ 16】

heroic 영웅적인   ensure ~을 책임지다, 보증하다, 지키다   progeny (집합적) 자손, 후계자, 결과, 소산   gene 유전자   evolutionary 발달의, 진화의   pass on 나아가다, 반복하다

「안드레아의 이야기는, 그 마지막의 영웅적 행동이 자식의 생명을 지키는 것이었던 부모들에 관한 것인데, 거의 신화적인 용기의 순간을 포착한다. 의심할 바 없이 자신의 자식을 위한 부모의 희생에 관한 그러한 사건들은 인간의 역사에서 셀 수 없이 반복되어 왔다. 진화론의 생물학자들의 관점에서 볼 때, 그러한 부모의 자기 희생은 그들의 유전자를 미래세대에 전해 주는 가운데 "재생산적인 성공"이라는 일 가운데에도 있다. 그러나 위기의 순간에 필사적인 결정을 내리는 부모의 관점에서 보면, 그것은 오직 희생에 관한 것일 뿐이다.」

14 ②

15 ③

수동의 의미로 쓰였으므로 (Being) Seen이 맞다.

16 ②

obligation 의무, 책임   sacrifice 희생   service 봉사, 시중

17 ④

미국인들이 왜 TV 뉴스를 좋아하는지에 관한 글이다.

「TV 저녁뉴스는 많은 미국인들에게 인기가 있다. 그들은 세상에서 어떤 일이 일어나는지 알기를 좋아한다. TV에서 그들은 진짜 사람들과 장소를 볼 수 있다. 그들은 그것이 신문을 읽는 것보다 쉽다고 여긴다. 많은 사람들은 TV 때문에 뉴스가 더욱 사실적이 된다고 생각한다. (미국에는 두 종류의 TV 방송국이 있다.) 그들은 또한 TV 뉴스가 더 흥미롭다고 생각한다.」

18 ②

「많은 나라의 사람들이 농장을 위한 공간을 만들기 위하여 열대우림을 벌목하고 있다.
(B) 그들은 농장이 그들을 위해 돈을 벌게 해줄 것을 바란다.
(A) 그러나 새로운 단체는 이런 나라들이 그들의 산림을 보호하도록 노력한다.
(C) 그 단체는 이 나라들이 그들의 열대우림을 벌목하지 말라고 충고한다.」

19 ④

in ages 오랫동안(= long time)   What's going on? 일은 어떻게 진행되고 있니? get together 모이다, 만나다

① 응, 그래.

② 기꺼이, 좋아!

③ 고마워!

④ 훌륭히, 썩 잘(= very well)!

「A : 오랫동안 널 보지 못했구나(정말 오랜만이다)! 어떻게 지냈어?

 B : 잘 지냈어. 그저, 잘. 넌?

 A : (나야) 최고지! 그래, 지금은 뭐해? 너에게 말할 것이 너무 많아!

 B : 나도 그래! 근데, 우리 언제 만날 수 있을까?

 A : 곧, 곧 다시 만나자.」

20 ④

city hall 시청   turn to ~쪽으로 방향을 돌리다, 향하다   on one's right ~의 오른쪽(편)에   order 주문   look around 둘러보다, 관광하다   anyway 어쨌든, 하여튼

A의 call(이름을 부르다)과 B의 call(방문하다, 전화하다)의 의미가 어긋난다.

「① A : 실례합니다만, 시청으로 가려면 어떻게 가지요?

  B : 아, 예. 오른쪽으로 돌아가세요. 그러면 오른편에 시청이 보일 것입니다.

 ② A : 지금 주문하시겠어요?

  B : 예. 오늘의 특선요리로 먹겠습니다.

 ③ A : 무엇을 도와드릴까요?

  B : 그냥 둘러보고 있는 중이었습니다. 어쨌거나 감사합니다.

 ④ A : 내 이름은 Patricia Smith야. 그저 Pat이라고 불러줘.

  B : 그래. 5시에 전화할게(방문할게).」

01		국어							
1	2	3	4	5	6	7	8	9	10
③	④	④	③	④	④	④	①	①	④
11	12	13	14	15	16	17	18	19	20
②	④	③	③	②	②	③	①	②	③

1 ③

수필의 소재는 일상 체험에서 얻을 수 있지만 그 체험은 특수하고 가치 있는 것이라야 한다.

2 ④

'수필의 빛깔은 황홀 찬란하거나 진하지 아니하며~'에서 알 수 있듯이 수필은 화려하진 않지만 은은한 매력을 가진 글임을 알 수 있다.

Plus TIP

피천득의 「수필」
㉠ 갈래 : 수필
㉡ 주제 : 수필의 본질과 특성
㉢ 성격 : 주관적, 비유적, 설득적, 서정적
㉣ 문체 : 간결체, 우유체
㉤ 특징 : 수필이라는 문학 장르에 대한 개념적 지식을 비유적 언어로 친절하게 서술하고 있다.

3 ④

㉠ **의존형태소** : 조사, 용언의 어간, 어미, 접사 등이 해당된다(는/가/되/었/다).
㉡ **실질형태소** : 명사, 대명사, 수사, 관형사, 부사, 감탄사, 어간이 해당된다(철수/농부/되).
㉢ **형식형태소** : 조사, 용언의 어미, 접사 등이 해당된다(는/가/었/다).

㉣ 단어 : 최소의 자립단위로 일정한 의미를 가진 소리의 연속으로 표시되며, 조사도 뜻을 지닌 자립형식은 아니지만 단어로 인정된다(철수/는/농부/가/되었다).

4 ③

① 어절
② 음운
③ 형태소
④ 단락

5 ④

㉠ 중복(重複)   ㉡ 부활(復活)   ㉢ 회복(恢復)
① 生(날 생)
② 死(죽을 사)
③ 佳(아름다울 가)
④ 復(회복할 복, 다시 부)

6 ④

의존명사 … 형식적인 의미를 나타내며, 반드시 관형어와 함께 쓰이는 명사로 띄어쓰기를 하여야 한다. 의존명사가 용언의 관형사형에 오면 의존명사이지만 체언 뒤에 오면 조사로 붙여 써야 한다.
① 먹을 만큼 먹어라.
② 원하는 대로 하여라.
③ 떠난 지가 오래다.

7 ④

향가는 한자의 음과 훈을 빌려 '향찰'로 표기했다.

8 ①

백성을 잘 먹여 살림을 통치의 기본으로 삼고 있다.

Plus TIP

충담사「안민가」
당시 대다수의 향가작품들이 불교적이었던 것과는 달리 유교적 이념을 담고 있다. 즉 군·신·민이 각자의 본분을 다할 때 국가가 태평할 수 있다는 교훈적 의미를 노래하고 있다. 또 당시의 시대상에 빗대어 현실의 어지러움에 대한 따끔한 충고로도 볼 수 있다(왕에 대한 권계).

9 ①

② 담임[다밈]
③ 설익다[설릭따]
④ 여덟[여덜]

10 ④

가름→갈음
• 가름 : 쪼개거나 나누어 따로따로 되게 하는 일
• 갈음 : 다른 것으로 바꾸어 대신함

11 ②

경합(競合) : 둘 이상의 사람이나 단체 등이 거의 비등하게 서로 실력이나 승부를 겨루는 것
① 병합(倂合) : 둘 이상의 기구나 단체, 나라 따위가 하나로 합쳐짐, 또는 그렇게 만듦
③ 화합(和合) : 화목하게 어울림
④ 수합(收合) : 거두어서 합침, 또는 모아서 합침

12 ④

① 박목월의「나그네」: 한국적인 체념과 달관의 경지
② 정인보의「자모사」: 어머니의 자애와 희생을 회고하고 그리워함
③ 서정주의「귀촉도」: 사랑하는 임과 사별한 여인의 정한과 변함없는 사랑
④ 심훈의「그 날이 오면」: 환희의 극한, 절정이 될 광복의 그 날을 염원하는 간곡한 절규, 저항시 (참여시)

13 ③

생각과 말은 일정한 관련이 있으므로(전제) 생각은 말로 표현되어야 한다(주장).

14 ③

③은 이어진 문장이고 ①②④는 안은문장이다.
① 명사절로 안긴문장
② 관형절로 안긴문장
③ 대등하게 이어진문장
④ 부사절로 안긴문장

15 ②

① 쓰여지는 지(이중피동, 띄어쓰기) → 쓰이는지
② '추어올리다'느 '실제보다 높여 칭찬하다'의 뜻으로 바르게 쓰였다.
③ 나룻터 → 나루터
④ 서슴치 → 서슴지
※ 추켜올리다와 추어올리다
'위로 끌어 올리다'의 뜻으로 사용될 때는 '추켜올리다'와 '추어올리다'를 함께 사용할 수 있지만 '실제보다 높여 칭찬하다'의 뜻으로 사용될 때는 '추어올리다'만 사용해야 한다.

16 ②

앞의 배는 과일을 의미하고 뒤의 배는 사람의 신체의 일부를 의미하므로 동음이의어이다.
①③④ 동음이의어 : 소리는 같지만, 그 뜻은 다른 말
② 다의어 : 한 낱말에 두 가지 이상의 뜻이 있는 말

17 ③

강도는 자신의 정체를 들켰다는 것을 인지하지만 마지막까지 자신의 자존심을 지키기 위해 ㉠과 같은 말을 하는 것으로 이해할 수 있다.

18 ①

'내 방법이 결국 그를 편안케 하기는커녕 외려 더욱 더 낭패케 만들었음을 깨닫고 나는 그의 등을 향해 말했다.' 등을 통해 서술자인 '나'가 직접 등장하여 자신이 직접 겪은 사건에 대한 판단을 제시하고 있다.

Plus✚
TIP

윤흥길 「아홉켤레 구두로 남은 사내」
㉠ 갈래 : 현대소설, 중편소설, 세태소설
㉡ 성격 : 사실적, 비판적, 사회 고발적
㉢ 시점 : 1인칭 관찰자 시점
㉣ 제재 : 도시 개발 과정에서 밀려난 가난한 이의 삶과 자존심
㉤ 주제 : 산업화 과정에서 소외된 계층의 어려운 삶과 부조리한 현실 고발

19 ②

㉠ 쑥쓰럽다 → 쑥스럽다
㉢ 내가 갈께 → 내가 갈게
㉣ 요컨데 → 요컨대

20 ③

① 개구장이 → 개구쟁이
② 더우기 → 더욱이
④ 희노애락 → 희로애락, 전셋방 → 전세방

02		한국사							
1	2	3	4	5	6	7	8	9	10
②	③	④	②	④	①	①	①	②	③
11	12	13	14	15	16	17	18	19	20
③	①	①	①	①	④	①	②	④	①

1 ②

㈎ 김구, 통일 정부론

㈏ 이승만, 정읍발언

① 김구는 반대, 이승만은 찬성하였다.

②③ 이승만과 김구 모두 신탁통치에 반대하는 입장이었고, 좌우 합작 운동에 불참하였다.

④ 좌우 합작 7원칙에 대해 이승만, 한국 민주당, 조선 공산당은 반대하였고, 김구(한국 독립당)는 찬성하였다.

2 ③

③ 퇴계 이황

①②④ 율곡 이이

3 ④

㉠ 고려시대 화폐 : 건원중보(성종, 966), 활구(은병)(숙종, 1101), 삼한통보(숙종, 1102), 해동통보(숙종, 1102)

㉡ 조선시대 화폐 : 조선통보(조선 전기, 세종), 상평통보(조선, 인조), 당백전(조선 후기, 흥선대원군), 백동화(근대)

4 ②

② 6 · 10 만세운동

①③④ 광주학생항일운동

5 ④

공민왕의 개혁정치

㉠ 반원자주정책 : 친원 세력 숙청, 격하된 관제 복구, 정동행성 이문소 폐지, 쌍성총관부 수복, 요동 공략

㉡ 왕권강화책 : 신돈 등용, 신진 사대부의 정계 진출, 유교 정치, 정방 폐지, 전민변정도감 설치

6 ①

밑줄 친 학자는 박지원이다. 박지원의 한전론은 토지 소유의 상한선을 설정, 이익의 한전론은 토지 소유의 하한선을 설정한다는 점에서 차이가 있다.

② 정약용

③ 홍대용

④ 유수원

7 ①

기인제도와 사심관제도는 중앙에서 향리세력을 견제 · 감독하는 제도였다.

8 ①

이식사업의 장려는 농민생활의 어려움을 초래하였고, 벽란도가 국제무역항으로 발전한 것은 귀족들의 사치생활과 관계가 있다.

9 ②

경당은 평민에게도 개방되어 평민이 무예를 할 수 있었다. 화랑도도 평민이 가입할 수 있었으므로 평민의 불만을 완화하고, 국력을 강화할 수 있었다.

10 ③

황룡사 9층목탑은 선덕여왕 때 일본, 말갈, 중국 등 9개국의 복속과 통일을 기원하며 건립한 목탑으로 호국불교와 관련된 유산으로는 고려시대 거란족과 몽고족의 침입을 불력으로 물리치기 위해 조판된 대장경을 들 수 있다.

11 ③

이승휴의 「제왕운기」에는 우리나라 역사를 단군으로부터 서술하면서 우리 역사를 대등하게 파악하는 자주성을 나타내었다.

12 ①

신라말기의 진골귀족은 골품제도 특권을 향유하면서 보수적 성격이 강했다.

13 ①

제시된 글은 대각국사문집 「청주전표」의 일부로, 물품화폐의 가치저장 문제점을 예를 들어 물품화폐 대신에 금속화폐를 사용하도록 주장한 내용이다.

14 ①

대동법의 실시결과
㉠ 농민의 부담 감소(지주, 토호의 부담 증가)
㉡ 공인의 등장(지방장시 성장)
㉢ 국가재정 회복에 기여
㉣ 조세금납화의 계기 마련(공납의 전세화)
㉤ 상업도시의 성장
㉥ 양반지배체제의 붕괴 초래

15 ①

계해약조 … 삼포개항 이후 일본인의 왕래가 빈번해지고 수입량이 늘었다. 이에 따라 발생한 문제를 해결하기 위해 세종 25년(1443)에 쓰시마도주와 맺은 조약이다. 이 약조를 통해 세견선은 50척, 세사미두는 200석, 거류왜인은 60여명으로 제한을 두었다.

16 ④

㉠ 보안회의 황무지개척요구 철회운동(1904)
㉡ 1920년대의 물산장려운동
㉢ 방곡령의 선포(1889)

17 ①

오랜 전쟁으로 농촌이 황폐화되자 국가 재정의 궁핍과 식량 부족으로 인한 미봉책으로 공명첩을 발급하였다.
※ 왜란의 영향
　㉠ **국내에 끼친 영향**
　　• 비변사의 기능 강화, 국방력의 강화
　　• 농토의 황폐화
　　• 신분제도의 동요(신분의 구별이 모호)
　　• 문화재의 소실
　　• 민족의식의 고조, 자아반성운동의 전개
　㉡ **명에 끼친 영향** : 여진족의 성장으로 명·청 교체의 계기를 마련하게 되었다.
　㉢ **일본에 끼친 영향** : 정권교체, 우리나라의 문화재와 인재의 약탈로 일본문화의 발전을 가져왔다.

18 ②

① 조선물산장려회가 주도한 국산품 애용운동이다.

③ 노동쟁의 · 소작쟁의를 옹호하고 광주학생항일운동에 조사단을 파견하였으며, 민중대회 · 전국순회강연 등 적극적인 활동을 하였다.

④ 서울에서 발족하여 각지에 20여개의 지회 · 분회를 설치함으로써 전국적인 규모로 발전하였다.

19 ④

제시된 자료의 내용으로 볼 때 유통경제를 활성화시키자는 것이 필자의 주장임을 알 수 있다.

20 ①

청동기 · 초기철기시대의 특징

㉠ **경제생활** : 간석기 다양화, 농기구 사용(반달돌칼), 벼농사 시작, 가축사육

㉡ **주거생활** : 읍락형성(집단적 취락생활 시작), 장방형 움집

㉢ **사회변화** : 계급발생(잉여생산물의 사적 소유, 고인돌, 선민사상 대두, 군장의 출현 · 등장)

㉣ **예술생활** : 종교 · 정치적 요구와 밀착, 청동제 의기, 토우 · 바위그림 등

② 신석기시대 ③④ 철기시대

03		영어							
1	2	3	4	5	6	7	8	9	10
③	④	①	③	②	④	③	②	①	②
11	12	13	14	15	16	17	18	19	20
③	②	①	③	④	④	④	④	③	④

1 ③

totter 비틀거리다 exploit 이용하다, 착취하다
impose 도입(시행)하다, 부과하다, 강요하다

「인어공주는 거품이 되어 한순간에 사라졌다.」

2 ④

in a sense 어떤 뜻으로, 어느 정도 in general 보통, 전반적으로 in sequence 차례차례로

「전에는 몰랐는데, 돌이켜보면 다 내 잘못이었어.」

3 ①

go through 통과(성사)되다 come up with ～생산하다, 제시(제안)하다 get along with ～와 잘 지내다

「안전운전이 어렵기 때문에, 우리는 오래된 차를 버리기로 했다.」

4 ③

불변의 진리, 속담, 격언 등은 시제일치에 관계없이 항상 현재형을 쓴다.

「정직이 최상의 정책이라고 아버지가 말씀하셨다.」

5 ②

apologize 사과하다

① information은 셀 수 없는 명사이다. 따라서 all of information에서 informations로 쓸 수 없고, 동사 또한 단수형(was)으로 써주어야 한다.

② may have apologized → should have apologized 의미상 should have p.p(~했어야 했다)로 써야 맞다. may have p.p.는 '~했을지도 모른다'의 뜻을 가진다.

③ 주절의 주어가 when we arrived 보다 더 과거임(already)을 알 수 있으므로 과거완료형을 써서 had started로 나타내었다.

④ 분사구문을 만들 때 주절의 주어와 일치할 때에만 분사 구문 내에서 주어를 생략할 수 있다.
'It' 없이 Being cold outside로 표현하게 되면 주절의 주어 I가 생략된 것으로 되어 주어진 '바깥 날씨가 춥다' 지문과 다른 뜻이 된다. 날씨를 나타낼 때는 비인칭 주어 it을 써서 It was cold outside로 나타내므로, 주절의 주어와 같지 않아서 생략할 수 없다.

6 ④

amusement park 놀이공원

① find your tongue twisted에서 find는 5형식 동사로 쓰일 수 있으므로 your tongue는 목적어, twisted는 목적보어가 된다. 목적어와 목적보어가 수동관계(혀가 꼬이는 것)에 있으므로 p.p형 twisted로 쓴 것이 맞다.

② six-year-old는 '여섯 살짜리, 여섯 살의' 형용사로 쓰였으며, 하이픈(-)으로 이어져 하나의 한정용법으로 쓰이는 단어를 이룰 때 year를 복수명사로 쓰지 않는 것에 주의한다.

③ 주어가 선행사 the amusement park로 쓰인 관계대명사절이며, 관계대명사 that이 바르게 쓰였다.

④ find의 가목적어, 진목적어 구문에 해당하므로 wait → to wait로 고쳐야 한다.

「텔레비전에 광고된 놀이공원에 갈 수 없는 이유를 여섯 살짜리 딸에게 설명할 방법을 찾다가 당신의 혀가 꼬이는 것을 발견하면, 그때 당신은 우리가 기다리는 걸 어렵게 생각하는 이유가 무엇인지 이해할 것이다.」

7 ③

assignment 과제, 임무

① 앞 문장이 부정문(not completed)이므로, too가 아닌 either를 쓴다.

② homework는 불가산 명사이므로 much로 수식한다.

③ 'If 주어 had p.p, 주어 +조동사 과거형+have p.p' 형태의 과거완료 문장으로 써야 하므로 could buy → could have bought으로 쓴다.

④ 'so- that절' 구문이다. that절 안에서 감각동사 hear는 목적보어로 동명사(being blown)를 취할 수 있으므로 맞는 문장이다. 나무에서 떨어져서 (off) 바람에 (의해) 불리는 것이므로 be+p.p의 형태를 취했다.

「① George는 아직 과제를 마치지 못했고, Mark 또한 그렇다.

② 우리 언니는 어젯밤에 너무 많은 과제를 해야 해서 속상해 했다.

③ 만약 그가 은행에서 돈을 좀 더 찾았었더라면, 신발을 살 수 있었을 텐데.

④ 방이 너무 조용해서 나는 바깥에서 나뭇잎이 떨어지는 소리를 들을 수 있었다.」

8 ②

application 신청(서), 지원, 적용 **appointment** 임명, 임용 **admission** 입학(허가) **award** 수상, 상품 **Graduate School** 대학원

「(조교 등의) 임용과 장학금에 대한 신청은 대학원 입학 신청의 일부로 포함되어 있다. 신청서의 해당 항목을 적어 넣어라. 마감시한은 3월 1일이다. 대학원장학금에 대한 더 자세한 정보는 대학원 편람에서 얻을 수 있다. 이 책은 Roudebush관 102호에서 구할 수 있다.」

9 ①

「모든 나라들이 그들의 역사를 수정한다. 불행한 일들을 승리라고 고쳐 쓴다. 또한 쓰라린 것은 좋은 것으로 고쳐 쓴다. 영국 사람들은 던커크에서의 고통스런 후퇴를 정신적 승리라고 바꿔 썼다. 일본 사람들 역시 과거를 다루는 데 있어서 다른 민족들과 아주 유사하다. 예를 들어 일본의 중국에 대한 무자비한 침략을 '중국으로의 진출'이라고 기술하고 있다. 대부분의 침략사건들은 그 불쾌한 것들에 관한 것을 논하지 않는 것이 어쨌든 그 사실을 사라지게 하는 방법이길 바라면서 전적으로 무시된다.」

10 ②

situation 위치, 경우, 상태 signal 신호 crossing 횡단, 교차, 건널목 emergency 비상사태
위급도로 상태, 노후한 신호등, 비상전화의 수 등은 본문에 언급되어 있다.

「보고서는 페어필드에서의 높은 교통사고 발생률의 몇몇 원인들을 설명하고 도로안전상태를 개선시키기 위한 해결책들을 제안하고 있다. 대부분의 지방도로들은 좁고 위험한 커브가 있다. 페어필드의 철도건널목 신호등은 30년 이상 되었다. 이러한 악조건에도 불구하고 페어필드지방은 주 내에서 비상전화의 수가 가장 적다.」

11 ③

unpack 풀다 stand 참다, 견디다 do a back flip 공중제비를 돌다 in the middle of ~의 중앙(한가운데)에, ~의 도중에 clap 손뼉을 치다 bow 허리를 굽히다, 머리를 숙이다, 인사하다, 절하다 break the ice 긴장을 풀다, 이야기를 시작하다

「겨울방학캠프의 첫날이었다. 네 소년은 그들의 옷가지를 풀기 시작했고 조용히 잠자리를 만들기 시작했다. 소년들 중의 누구도 서로 몰랐고 아무도 무엇을 말해야 할지 몰랐다. Bob은 침묵을 더 이상 참을 수가 없었다. "헤이, 보라구!"라고 그가 말했다. 다른 세 소년이 돌아보았고, Bob은 방 가운데에서 뒤로 공중제비를 넘었다. 모두 웃으며 손뼉을 쳤고, 그는 인사를 했다. 마침내 그들은 이야기를 하기 시작했다.」

【12 ～ 13】

「자신의 취향과는 상관없이 어떤 사람들은 자신의 직업을 선택하는 데 있어 무엇보다도 돈을 우선한다. 당신은 자신에게 자신의 삶에서 가장 중요한 질문을 해야 한다. 나는 도대체 무엇을 위하여 살고 있는가? 단지 돈 때문인가? 돈이란 단지 수단에 불과하다. 그 자체로는 목적이 될 수 없다. 오직 강한 사명감을 통해서만 당신은 당신의 직업에서 진정한 전문가가 될 수 있다.」

12 ②

③ 적어도
④ 많아야, 기껏해서

13 ①

14 ③

shark 상어 dinosaurs 공룡 dawn 새벽

「대부분의 사람들은 상어를 두려워하지만, 대개 상어에 대해 잘 알지 못한다. 예를 들어 350가지 종류의 상어들이 있으며 모두 육식을 한다. 상어가 출현한 지는 1억 년 정도 되었다. 사실 상어는 공룡과 동시대에 살았다. 오늘날 상어는 세계의 모든 바다에 산다. 그들은 병든 물고기와 동물들을 잡아먹기 때문에 바다를 깨끗하게 유지시킨다. 상어는 귀가 없다. 그러나 물속의 소리와 움직임을 '감지'한다. 또한 상어는 먹이를 찾기 위해 커다란 눈을 사용한다. 대부분의 상어들은 흐릿한 빛 속에서 가장 잘 본다. 그들은 종종 새벽에, 저녁에, 또는 한밤중에 먹이를 사냥한다.」

15 ④

be capable of ~ ~할 수 있다　self–defense 자기방어　instinct 본능　genetically 유전적으로　colt 망아지　herd 무리, 떼, 군중　purr (고양이가) 목을 가르랑거리다

「태어난 지 몇 시간 내에 말은 달릴 수도 있고, 자기방어로서 발을 찰 수도 있는데 말의 행동의 대부분이 본능 및 유전적으로 프로그램화된 행동유형에 의해 지배되기 때문이다. 망아지는 무리들과 함께 달리는 것을 배울 필요가 없다. 강아지가 고양이와 함께 길러진다고 하더라도 짖고 꼬리를 흔들면서 성장하지 야옹하고 울거나 가르랑거리지 않는다.」

16 ④

첫문장에서 컴퓨터의 두 가지 타입을 언급하고 있으며, 본문의 내용은 아날로그 컴퓨터에 관한 것이다.

「컴퓨터에는 크게 아날로그와 디지털 두 종류가 있다. 아날로그 컴퓨터는 온도와 속도를 기록하거나 끊임없이 변하는 다른 것들을 측정할 수 있는 특수용 컴퓨터이다. 아날로그 컴퓨터는 공학용 설계를 시험하고, 우주로 가기 전에 우주비행사들이 타는 우주선을 모의비행시키고 날아가는 로켓이나 미사일의 경로를 조정하는 데 쓰인다.」

17 ③

architecture 건축　play an important part 중요한 역할을 하다　shared culture isn't our only link to Europe 그러나 문화를 나누었다는 것만으로 유럽과 관계가 있는 것은 아니다. bloody 치열한, 피의　NATO 북대서양조약기구

「(B) 유럽의 미술, 음악, 문학과 건축은 미국 문화발전에 중요한 역할을 해왔다.
(A) 그러나 문화를 나누었다는 것만으로 유럽과 관계가 있는 것은 아니다.
(D) 유럽대륙은 제1차 세계대전과 제2차 세계대전을 함께 싸운 전우이기도 하다.
(C) 이 치열한 전쟁역사로 인해 미국, 캐나다, 아이슬란드와 9개의 유럽국가들이 1949년에 북대서양조약기구에 조인했다.」

18 ④

crop 곡식　symbolic 상징적인　express one's feeling 감정을 나타내다　decorate 장식하다

「초기 인류에게는 신체의 율동이 우선이었다. ⓐ춤은 삶에 필요하고 중요한 일부분이었다. ⓑ초기 인류는 곡식을 자라게 하고 비를 내리게 하고 태양을 비추게 하기 위하여 춤을 추었다. ⓒ그들은 특별하고 비밀스러운 장소, 때로는 상징적인 나무 주위에서 춤을 추었다. (ⓓ춤은 아이들이 그들 자신의 감정을 표현하는 최초의 방법 중의 하나였다.) 유럽의 많은 지역에서 아직도 사람들이 꽃과 리본으로 장식된 상징적인 나무 주위에서 춤추는 것을 볼 수 있다.」

19 ③

현재분사는 능동과 진행을, 과거분사는 수동과 완료를 나타낸다는 사실에 유의한다. 능동의 뜻을 나타내는 현재분사 구문이기 때문에 waited가 waiting이 되어야 한다.

「"글쎄, 생각 좀 해보자." 김 선생님이 말씀하였다. "우리가 너의 서브를 이용할 수 있을 텐데. 시간을 좀 조절할 수 없겠니?" 나의 친구인 민수와 프랭크가 밖에서 나를 기다리고 있다가 물어 보았다. "김 선생님이 너보고 팀에 가입하라고 하셨니?" 나는 고개를 끄덕였다. "내가 바쁘다고 말씀드렸지."」

20 ④

④는 다음과 같은 경우에 사용된다.

Do you mind if I smoke? → Never mind.

「A : 이 무거운 가방 좀 들어 주시겠어요?

B : 물론이죠.

A : 도와 주셔서 감사합니다.

B : 천만에요.」

2021. 9. 11.
지역인재 9급 선발시험

최신 기출문제

2021. 9. 11 지역인재 9급 선발시험

---

01 국어 🔍

1 밑줄 친 부분의 표준발음이 올바른 것은?

① 작년까지만 해도 <u>빚이</u>[비시] 있었는데 지금은 다 갚았다.

② 이 이야기의 <u>끝을</u>[끄츨] 지금은 누구도 예상할 수가 없다.

③ 당연한 일을 했을 뿐인데 <u>뜻있는</u>[뜨딘는] 상을 받게 되었다.

④ 큰누나가 요리를 하는지 <u>부엌에서</u>[부어게서] 소리가 들렸다.

 뜻있는 : 음절의 끝소리 규칙 적용 후[뜯읻는] → 비음화(자음동화) 적용하여 [뜨딘는]으로 발음한다.
①②④는 모두 연음현상에 의해 앞말 받침이 그대로 뒤에 오는 모음으로 시작하는 형식형태소로, 연음하여 발음
한다.
① 빛이[비지]
② 끝을[끄틀]
④ 부엌에서[부어케서]

2 밑줄 친 부분의 어법이 맞지 않는 것은?

① 주전 선수들의 <u>잇딴</u> 부상으로 선수가 부족하다.

② 그녀는 얼굴에 미소를 <u>띠고</u> 우리에게 다가왔다.

③ 우리는 음식을 <u>만들려고</u> 재료를 다듬기 시작했다.

④ 오랜만에 선생님을 뵐 생각에 벌써 마음이 <u>설렌다</u>.

 ① 잇딴 → 잇단
잇단 : '잇달다'의 어간 '잇달' + 관형사형 어미 'ㄴ'
② 띠다 : 지니다
🕮 미소를 띠고 있는 그녀
띄다 : 눈에 얼핏 보이다. 사이를 띄게 하다
🕮 영수가 내 눈에 띄었다. 글을 쓸 때는 올바르게 띄어 써야 한다.
③ 만들려고 : '만들다'의 어간 '만들' + 려고
④ 설렌다 : '설레다'의 어간 '설레' + 현재형 어미 '-ㄴ다'

3 밑줄 친 부분의 표기가 틀린 것은?

① 그녀는 자기가 보고 들은 일을 <u>세세히</u> 기록했다.

② 그는 일을 하면서도 <u>틈틈히</u> 외국어 공부를 했다.

③ 우리는 회사에서 보내온 계약서를 <u>꼼꼼히</u> 검토했다.

④ 형은 내 친구의 태도를 <u>섭섭히</u> 여겼다고 나에게 말했다.

TIP ② 틈틈이 → 틈틈이

※ 중요 맞춤법(한글맞춤법 제25항)

'-하다'가 붙는 어근에 '-히'나 '-이'가 붙어서 부사가 되거나, 부사에 '-이'가 붙어서 뜻을 더하는 경우에는 그 어근이나 부사의 원형을 밝히어 적는다.

ㄱ '-하다'가 붙는 어근에 '-히'나 '-이'가 붙는 경우

예 세세히, 꼼꼼히, 섭섭히, 급히, 꾸준히, 도저히, 딱히, 어렴풋이, 깨끗이

단, '-하다'가 붙지 않는 경우에는 반드시 소리대로 적는다.

예 갑자기, 반드시(꼭), 슬며시

ㄴ 부사에 '-이'가 붙어서 역시 부사가 되는 경우

예 곰곰이, 더욱이, 생긋이, 오뚝이, 일찍이, 해죽이

4 ㈎에 들어갈 한자성어로 가장 적절한 것은?

> 이 책에서는 일상에서 일어나는 우연한 사건이나 깜짝 놀랄 만한 일들도 모두 통계나 수학으로 설명할 수 있다며 많은 사례를 제시한다. 제시되는 통계적·수학적 개념들도 상식의 수준에서 충분히 이해할 만 하다. 그래서 무엇보다 재미가 있다. 다만 가끔은 신비로워야 할 세상사를 모두 일련의 법칙으로 풀어내는 방식에 다소간의 저항감을 갖는 독자도 있을 것이다. 또한, 책에 등장하는 일부 사례들은 고개를 갸우뚱하게 한다. 예를 들어, '로또 복권의 모든 경우의 수를 전부 구입하면 그중의 하나는 반드시 1등 당첨이 된다.'라는 내용이 나오는데, 개념적으로 이해는 되지만 현실의 국면에서는 이치에 맞지 않을 수도 있는 사례를 통해 주장을 피력하는 것은 아닌가 하여, [㈎] (이)라는 말을 떠올리게 한다.

① 目不識丁   ② 牽強附會

③ 緣木求魚   ④ 不問可知

TIP 지문의 마지막 문장에서 '현실의 국면에서 이치에 맞지 않을 수도 있는 사례를 통해 주장을 피력하는 것은 아닌가 하여'라는 말로 미루어 보아 ㈎에 들어갈 적절한 한자 성어는 ② 견강부회(牽強附會)임을 알 수 있다.

② 견강부회(牽強附會) : 이치에 맞지 않는 말을 억지로 끌어다 붙임

① 목불식정(目不識丁) : 눈을 뜨고도 고무래를 알아보지 못한다는 뜻으로, 아주 무식함을 비유하는 말

③ 연목구어(緣木求魚) : 나무에 올라가 물고기를 구한다는 뜻으로 불가능한 일을 굳이 하려고 함을 비유하는 말

④ 불문가지(不問可知) : 묻지 아니하여도 알 수 있음

🔑**Answer**   1.③ 2.① 3.② 4.②

5 다음 시에 대한 설명으로 적절하지 않은 것은?

> 여승은 합장하고 절을 했다
> 가지취의 내음새가 났다
> 쓸쓸한 낯이 옛날같이 늙었다
> 나는 불경(佛經)처럼 서러워졌다
>
> 평안도의 어늬 산 깊은 금점판
> 나는 파리한 여인에게서 옥수수를 샀다
> 여인은 나어린 딸아이를 때리며 가을밤같이 차게 울었다
>
> 섶벌같이 나아간 지아비 기다려 십년이 갔다
> 지아비는 돌아오지 않고
> 어린 딸은 도라지꽃이 좋아 돌무덤으로 갔다
>
> 산꿩도 설게 울은 슬픈 날이 있었다
> 산절의 마당귀에 여인의 머리오리가 눈물방울과 같이 떨어진 날이 있었다
>
> — 백석, 「여승」 —

① 작품 내적 사건들을 역순행적으로 구성하여 제시하고 있다.

② 감정을 드러내는 시어들을 통해 비애의 정서를 나타내고 있다.

③ 공감각적 심상이 드러나는 시구를 통해 시적 대상의 심리를 표현하고 있다.

④ 가족과의 이별로 인해 속세를 등진 시적 화자의 심리적 고통을 표현하고 있다.

TIP 시적화자가 여승을 관찰하는 관찰자의 입장에서 서술하고 있는 작품으로, 가족과의 이별로 속세를 등진 것은 시적 화자가 아니라 '여승'이다.

※ 백석 「여승」
　　㉠ 감상의 길잡이
　　　• 이 시는 일제 강점기에 비극적 삶을 살아가는 한 여인의 모습을 형상화하고 있다.
　　　• 가난 때문에 가족을 잃고 여승이 되기까지의 일생을 서사적으로 잘 그려 내고 있다.
　　　• 이 시는 역순행적 구성 방법으로 시상을 전개시키고 있는데, 1연은 여승의 현재 모습이며, 2~4연은 여승이 되기까지의 여인의 비극적인 삶의 모습을 보여 주고 있다
　　㉡ 핵심정리
　　　• 갈래 : 자유시, 서정시
　　　• 성격 : 서사적, 애상적
　　　• 제재 : 여인의 일생
　　　• 주제 : 한 여인의 비극적인 삶(일제 강점기 우리 민족의 비극적인 삶)
　　　• 특징
　　　－역순행적 구성으로 여승의 삶의 과정을 압축적으로 제시함
　　　－화자(나)를 관찰자로 설정해 여승의 삶을 사실적으로 전달
　　　－감각적 어휘 구사와 적절한 비유를 통해 비극적 여인의 삶을 형상화
　　　• 출전 : 「사슴」(1936)

6 다음 글의 ㉠~㉢ 중 성격이 다른 것은?

자신의 신념과 일치하는 정보는 받아들이고 ㉠<u>그렇지 않은 정보</u>는 무시하는 경향을 확증 편향(confirmation bias)이라고 한다. 기존의 믿음이나 견해와 일치하는 정보는 적극적으로 수용하되 ㉡<u>그에 반대되는 정보</u>는 무시하거나 주목하지 않는 심리경향을 말한다. 사회심리학자인 로버트 치알디니에 따르면 자신이 가진 기존의 견해와 일치하는 정보에는 두 가지 이점이 있다고 한다. 첫째, ㉢<u>그러한 정보</u>는 어떤 문제에 대해 더 이상 고민하지 않고 마음의 휴식을 취할 수 있도록 해 준다. 둘째, 그러한 정보는 우리를 추론의 결과로부터 자유롭게 해 준다. 즉 추론의 결과 때문에 행동을 바꿔야 할 필요가 없는 것이다. 첫 번째 이점은 생각하지 않게 하고, 두 번째 이점은 행동하지 않게 한다는 것인데, 이를 입증하기 위해 특정의 정치 성향을 가진 사람들을 대상으로 실험을 실시하였다. 그 결과, ㉣<u>반대 당 후보의 주장</u>에 대해서는 거의 기억하지 못한 반면, 지지하는 당 후보의 주장에 대해서는 거의 대부분을 기억해 냈다.

---

① ㉠

② ㉡

③ ㉢

④ ㉣

TIP ㉠㉡㉣ 자신의 신념이나 견해와 일치하지 않는 정보
㉢ 바로 앞 문장에 제시된 자신이 가진 기존의 견해와 일치하는 정보

Answer 5.④ 6.③

7 (가)에 들어갈 내용으로 가장 적절한 것은?

　　당신이 런던과 파리의 호텔 요금을 비교하려 한다고 가정해 보자. 당신은 여섯 살짜리 딸을 컴퓨터 앞으로 보내 인터넷 검색을 시킨다. 왜냐하면 딸의 컴퓨터 실력이 당신보다 훨씬 더 낫기 때문이다. 아이는 1박에 180유로인 파리의 호텔 요금이 1박에 150파운드인 런던의 호텔에 비해 상대적으로 비싸다고 말할 것이다.

　　당신은 아이에게 파운드와 유로의 차이를 설명할 것이고, 정확한 비교를 위해 아이로 하여금 두 통화 간의 환율을 찾게 할 것이다. 아이는 1유로와 1파운드가 달러로 환산했을 때 각각 얼마인지를 확인하게 될 것이며, 아이는 간단한 산수를 통해 180유로는 약 216달러, 150파운드는 약 210달러여서 겉으로 보이는 차이보다 실제의 차이는 훨씬 작다는 것을 알게 될 것이다. 이렇듯 우리가 서로 다른 두 개의 단위를 비교 가능한 동일한 단위로 바꾸기 전까지 다른 나라의 통화가 나타내는 숫자 그 자체는 아무런 의미가 없다. 이때 필요한 것은 파운드와 유로간의 환율이 동일한 단위인 달러로 얼마인가의 여부이다.

　　이러한 문제는 인플레이션 개념을 이해하는 데에도 유사하게 발생한다. 오늘날의 1달러는 구매력이 크게 떨어진다는 점에서 60년 전의 1달러와 같지 않다. 인플레이션으로 인해 1950년에 1달러로 구매할 수 있던 상품을 2011년 현재에 구매하려면 9.37달러가 필요하다. 따라서 1950년과 2011년 간 통화에 대한 비교를 할 때 달러 가치의 변화를 감안하지 않는다면 이는 유로와 파운드로 표시된 금액을 비교하는 것보다 더 부정확해진다. 이는 |　　　　　(가)　　　　　|

---

① 인터넷의 정보가 항상 정확한 것은 아니기 때문이다.
② 과거의 화폐 가치를 정확하게 파악하는 일이 거의 불가능하기 때문이다.
③ 유럽의 경제 위기로 인해 유로의 화폐 가치가 큰 폭으로 변동하기 때문이다.
④ 1950년과 2011년 달러의 가치 차이가 유로와 파운드의 2011년 현재 가치 차이보다 크기 때문이다.

> **TIP** (가)의 바로 앞 문장의 내용 '따라서 1950년과 2011년 간 통화에 대한 비교를 할 때 달러 가치의 변화를 감안하지 않는다면 이는 유로와 파운드로 표시된 금액을 비교하는 것보다 더 부정확해진다.'라는 진술을 참고해 보면, 달러 가치의 변화를 감안하지 않으면 더 부정확해진다는 것이므로, 이는 달러 가치의 차이가 유로와 파운드의 현재가치의 차이보다 크기 때문이라는 것을 알 수 있다.

---

8 (가)와 (나)가 모두 포함된 문장은?

　(가) 명사가 관형어로 쓰인 경우　　　　　　　(나) 형용사가 부사어로 쓰인 경우

---

① 두려운 마음을 버리고 새 시대를 맞이하자.
② 나는 호수 주변을 산책하며 깊은 상념에 잠겼다.
③ 아이들조차 학교 운동장에 무심코 쓰레기를 버린다.
④ 그는 시험 날짜가 다가올수록 차분하게 행동하였다.

TIP ㈎ 시험 : 품사는 명사이면서 문장 성분상 뒤에 오는 '날짜'를 수식하는 관형어로 쓰임
㈏ 차분하게 : 품사는 형용사로 문장 성분상 뒤에 오는 '행동하였다'를 수식하는 부사어로 쓰임

9 밑줄 친 부분의 의미가 ㉠의 '에'와 가장 가까운 것은?

> 우리는 더운 여름날이면 시냇가에서 미역을 감고 젖은 옷을 ㉠햇볕에 말리고는 했다.

① 매일 화분에 물을 주는 일은 동생의 몫이었다.
② 나는 요란한 소리에 잠을 깨서 한동안 뒤척였다.
③ 예전에는 등잔불에 책을 읽는 일이 흔했다고 한다.
④ 어머니께서 끓여 주신 차는 특히 감기에 잘 듣는다.

TIP 햇볕에 : '수단'의 의미를 지니며, '~을 이용하여' 라는 의미를 갖는 조사
③ 등잔불에 : '수단'의 의미, '등잔불을 이용하여' 라는 의미
① 처소(장소)
② 원인
④ 목적

10 밑줄 친 부분의 한자가 나머지 셋과 다른 것은?

① 백주에 일어난 사건에 주민들은 모두 경악했다.
② 그녀는 자신의 결백을 입증하기 위해 노력했다.
③ 그의 소식을 알려고 백방으로 수소문하고 다녔다.
④ 형은 시험지의 여백을 활용하여 수학문제를 풀었다.

TIP ③ 백방(百方) : 여러 가지 방법, 온갖 수단과 방도
① 백주(白晝) : 환한 밝은 낮
② 결백(潔白) : 깨끗하고 흼, 행동이나 마음씨가 조촐하여 아무런 허물이 없음
④ 여백(餘白) : 글씨를 쓰거나 그림을 그리고 남은 빈자리

Answer 7.④ 8.④ 9.③ 10.③

11 다음 글의 ⊙에 해당하는 것은?

인화가 눈물을 지으며 이르되,

"나는 무슨 죄로 포락지형(炮烙之刑)을 받아 활활 타오르는 불에다가 내 낯을 지지고, 딱딱하게 굳은 것을 부드럽게 하는 일을 다 날 시키니 내 서럽고 괴로움을 측량하지 못할레라."

울 낭자가 근심스러운 얼굴로 이르되,

"나는 그대와 맡은 바가 같고 욕되기도 한가지라. 자기 옷을 문지르려고 내 목을 잡아 들어서는 있는 힘껏 우겨 누르니, 하늘이 덮치는 듯 심신이 아득하야 내 목이 떨어져 나갈 뻔한 적이 몇 번인줄 알리오."

칠우가 이렇듯 담론하여 회포를 이르더니, 자던 여자가 문득 깨어나 칠우에게 말하기를,

"칠우는 내 허물을 이와 같이 말하느냐."

⊙감토 할미 머리를 조아리며 이르되,

"젊은것들이 망령되어 생각이 없는지라. 저희들이 재주는 있으나 공이 많음을 자랑하고 급기야 원망까지 하였으니 마땅히 곤장을 맞을 만하되, 평소의 깊은 정과 저희의 작은 공을 생각하여 용서하심이 어떨까 하나이다."

여자 답하여 이르기를,

"할미 말을 좇아 용서하리니, 내 손부리가 성한 것이 다 할미의 공이라. 꿰차고 다니며 은혜를 잊지 아니하리니, 비단 주머니를 만들어 그 가운데 넣고서 내 몸에서 떠나지 않게 하리라."

하니, 할미는 머리를 조아려 사례를 표하고 칠우는 부끄러워하며 물러나더라.

— 작자 미상, 「규중칠우쟁론기」에서 —

---

① 바늘
② 가위
③ 인두
④ 골무

> **TIP** 지문 후반부의 여자의 대사 "내 손부리가 성한 것이 다 할미의 공이라."를 참고하면 ⊙은 바느질 도구 중 '골무'임을 알 수 있다.
>
> ※ **지문 후반부 여자의 대사 전문**
>   여자 답하여 이르기를,
>   할미 말을 좇아 용서하리니, 내 손부리가 성한 것이 다 할미의 공이라. 꿰차고 다니며 은혜를 잊지 아니하리니, 비단 주머니를 만들어 그 가운데 넣고서 내 몸에서 떠나지 않게 하리라
>
> ※ **규중칠우쟁론기 – 고전 수필**
> • 조선 시대의 한글 수필
> • 바늘, 자, 가위, 인두, 다리미, 실, 골무 따위를 의인화하여 인간 사회를 풍자
> • ≪망로각수기(忘老却愁記)≫에 실려 있으며, 작가와 연대는 알 수 없다.
> • 주제 : 공을 다투는 인간의 세태 풍자, 성실한 직무 수행

12 다음 글의 시점에 대한 설명으로 적절한 것은?

> 집에 오니 어머니는 문간에서 기다리고 있다가 나를 안고 들어왔습니다.
>
> "그 꽃은 어디서 났니? 퍽 곱구나."
>
> 하고 어머니가 말씀하셨습니다. 그러나 나는 갑자기 말문이 막혔습니다. '이걸 엄마 드릴라구 유치원서 가져왔어.' 하고 말하기가 어째 몹시 부끄러운 생각이 들었습니다. 그래 잠깐 망설이다가,
>
> "응, 이 꽃! 저, 사랑 아저씨가 엄마 갖다주라구 줘."
>
> 하고 불쑥 말하였습니다. 그런 거짓말이 어디서 그렇게 툭 튀어나왔는지 나도 모르지요.
>
> 꽃을 들고 냄새를 맡고 있던 어머니는 내 말이 끝나기가 무섭게 무엇에 몹시 놀란 사람처럼 화닥닥하였습니다. 그러고는 금시에 어머니 얼굴이 그 꽃보다 더 빨갛게 되었습니다. 그 꽃을 든 어머니 손가락이 파르르 떠는 것을 나는 보았습니다. 어머니는 무슨 무서운 것을 생각하는 듯이 방안을 휘 한번 둘러보시더니,
>
> "옥희야, 그런 걸 받아 오문 안 돼."
>
> 하고 말하는 목소리는 몹시 떨렸습니다. 나는 꽃을 그렇게도 좋아하는 어머니가 이 꽃을 받고 그처럼 성을 낼 줄은 참으로 뜻밖이었습니다. 어머니가 그렇게도 성을 내는 것을 보니까 그 꽃을 내가 가져왔다고 그러지 않고 아저씨가 주더라고 거짓말을 한 것이 참 잘되었다고 나는 속으로 생각하였습니다. 어머니가 성을 내는 까닭을 나는 모르지만 하여튼 성을 낼 바에는 내게 내는 것보다 아저씨에게 내는 것이 내게는 나았기 때문입니다. 한참 있더니 어머니는 나를 방안으로 데리고 들어와서,
>
> "옥희야, 너 이 꽃 이 얘기 아무보구두 하지 말아라, 응."
>
> 하고 타일러 주었습니다. 나는,
>
> "응."
>
> 하고 대답하면서 고개를 여러 번 까닥까닥하였습니다.
>
> 어머니가 그 꽃을 곧 내버릴 줄로 나는 생각하였습니다마는 내버리지 않고 꽃병에 꽂아서 풍금 위에 놓아두었습니다. 아마 퍽 여러 밤 자도록 그 꽃은 거기 놓여있어서 마지막에는 시들었습니다. 꽃이 다 시들자 어머니는 가위로 그 대는 잘라내 버리고 꽃만은 찬송가 갈피에 곱게 끼워 두었습니다.
>
> – 주요섭, 「사랑손님과 어머니」에서 –

① 주인공이 자신의 이야기를 하면서 다른 인물의 심리도 함께 서술한다.

② 서술자가 작품 외부에서 사건을 서술하여 인물의 내면까지 파악하고 있다.

③ 작품 밖의 서술자가 자신의 주관을 배제하고 객관적인 사건을 서술하고 있다.

④ 이야기 속 인물이 서술자가 되어 주인공을 관찰하는 방식으로 서사가 전개되고 있다.

TIP 이 작품은 작품 속 인물인 '나(옥희)'가 서술자가 되어서 주인공인 어머니와 사랑손님을 관찰하고 있는 1인칭 관찰자 시점의 소설이다. 여섯 살인 나(옥희)의 눈을 통해 본 어른들의 세계 즉 어머니와 사랑 손님과의 미묘한 사랑의 감정을 아이의 시점에서 순수하게 그려내고 있다.

※ 주요섭 「사랑 손님과 어머니」
  ㉠ 갈래 : 현대 소설, 단편 소설
  ㉡ 시점 : 1인칭 관찰자 시점
  ㉢ 배경 : 시간적 – 1930년대, 공간적 – 어느 작은 마을
  ㉣ 주제 : 어머니와 사랑 손님과의 사랑과 이별
  ㉤ 특징 : 순수한 아이의 시점에서 어른들의 사랑을 그려냄

Answer 11.④ 12.④

13 다음 작품의 정서와 가장 유사한 것은?

雨歇長堤草色多 비 갠 긴 둑에 풀빛 더욱 짙어졌는데
送君南浦動悲歌 남포(南浦)에서 임 보내니 슬픈 노래 울린다.
大同江水何時盡 대동강 물은 언제나 다할 것인고?
別淚年年添綠波 해마다 흘린 이별의 눈물이 푸른 물결에 더해지니.

― 정지상, 「송인」 ―

---

① 청산(靑山)는 엇뎨ᄒᆞ야 만고(萬古)애 프르르며
　 유수(流水)는 엇뎨ᄒᆞ야 주야(晝夜)애 긋디 아니는고
　 우리도 그치디 마라 만고상청(萬古常靑) 호리라.

② 백구(白鷗)ㅣ야 말 무러보쟈 놀라지 마라스라
　 명구승지(名區勝地)를 어듸 어듸 ᄇᆞ렷ᄃᆞ니
　 날ᄃᆞ려 자세(仔細)히 닐러든 네 게 가 놀리라.

③ 어져 내 일이야 그릴 줄을 모로ᄃᆞ냐
　 이시라 ᄒᆞ더면 가랴마는 제 구ᄐᆡ야
　 보내고 그리는 정(情)은 나도 몰라 ᄒᆞ노라.

④ 강호(江湖)에 녀름이 드니 초당(草堂)에 일이 업다
　 유신(有信)ᄒᆞᆫ 강파(江波)는 보내ᄂᆞ니 ᄇᆞ람이로다
　 이 몸이 서늘ᄒᆡ옴도 역군은(亦君恩)이샷다.

> **TIP** 정지상의 「송인」은 사랑하는 임과 이별한 슬픔을 드러낸 작품으로, '이별의 정한'을 자연과의 대비를 통해 빼어나게 드러낸 한시의 대표작이라고 할 수 있다.
> ③은 황진이의 시조로 임을 떠나보내고 그리워하는 마음을 드러낸 '이별의 정한'을 드러낸 작품이다.
> ① 이황 「도산십이곡」: 변함없는 학문 정진의 자세
> ② 김천택의 시조: 아름다운 자연을 즐기고 싶은 마음
> ④ 맹사성 「강호사시가」: 초당에서 한가로이 보내는 생활
> ※ 정지상 「송인」
> 　⊙ 감상의 길잡이
> 　　'송인(送人)'은 임과 이별하는 애달픈 정서가 애틋하게 표현된 작품으로, 한시의 전통적인 형식에 따라 서경과 서정의 세계를 함께 보여준다. 이별가의 백미(白眉)로 평가받는 작품으로 이별의 슬픔을 절묘하게 드러낸다.
> 　⊙ 핵심정리
> 　　• 갈래: 한시
> 　　• 형식: 칠언절구
> 　　• 성격: 서정적
> 　　• 표현: 도치법, 과장법, 대조법, 설의법 / 시각적 이미지
> 　　• 주제: 이별의 정한(슬픔)
> 　　• 출전: 〈파한집〉
> 　　• 구성: 기 – 강변의 서경　승 – 이별의 전경(이별의 슬픔)　전 – 이별의 한　결 – 이별의 정한

14 (개)~(래)의 전개 순서로 가장 자연스러운 것은?

> (개) 이뿐만 아니라 중앙부의 돌길 좌우에는 정일품부터 종구품의 품직을 새겨 넣은 품석(品石)들이 중앙부의 돌길보다 낮은 위치에 세워져 있어 마치 만조백관들이 아래에서부터 위로 왕을 호위하는 형상을 나타내고 있다.
>
> (내) 왕이 거처하는 궁궐은 그것을 구성하는 모든 요소들이 왕의 권위를 드러내는 방향으로 설계되어 있다. 좁게는 궁궐 안의 돌길에서부터 넓게는 부속 건물의 배치에 이르기까지 궁궐 안의 크고 작은 부분들에 이러한 의도가 반영되어 있다.
>
> (다) 예를 들어, 경복궁의 중문(中門)에서부터 왕이 조회를 행하던 근정전 사이에는 세 겹의 돌길이 나란히 놓여 있다. 중앙의 돌길은 양측의 돌길보다 높이 솟아 있으며, 이곳은 왕만이 지나갈 수 있었다. 중앙의 돌길은 근정전으로 올라가는 계단까지 직선으로 곧게 뻗어 있는데, 이는 왕의 정사(政事)가 조금의 막힘도 없이 순탄하기를 기원하는 것으로 보인다.
>
> (래) 이와 같이 조선의 궁궐은 신하를 포함한 백성들의 삶을 높은 곳에서 굽어살피고 어루만지는 절대적인 존재가 왕이라는 의미를 외적으로 구현하고 있으며, 그러한 왕의 보살핌 아래 조선의 무궁한 번영을 기원하는 의미 역시 내재되어 있다. 이렇게 볼 때, 조선의 궁궐은 조선 전체를 작게 옮겨 놓은 일종의 축도(縮圖)와 같다.

① (내) – (개) – (다) – (래)

② (내) – (다) – (개) – (래)

③ (내) – (래) – (개) – (다)

④ (내) – (래) – (다) – (개)

TIP 제시된 글의 중심 내용은 궁궐은 왕의 권위를 드러내는 방향으로 의도하여 설계되었다는 것으로, 이러한 글의 화제를 제시하며 글을 시작하는 (내)가 제일 처음에 와야 한다. → (내)의 마지막 문장에 '이러한 의도가 반영되어 있다.'라는 문장을 참고할 때 다음으로 이에 대한 예시 문단 (다)가 나와야 함을 알 수 있다. → (개)의 '이뿐만 아니라'라는 말로 보아 (내)의 내용에 더해지는 또 다른 예시의 첨가 문단임을 알 수 있다. → 마지막으로 (래)의 '이와 같이'라는 접속어로 보아 글의 마지막에서 요약·정리, 마무리하는 성격의 문단임을 알 수 있다.
지시어와 접속어를 잘 활용한다면 글의 순서를 보다 쉽게 파악할 수 있다.

15 다음 글에 대한 이해로 적절하지 않은 것은?

> 자본주의 시스템하에서 성공의 판타지는 어려운 현실을 극복하고 모든 것을 거머쥐는 소수의 영웅들을 전면에 내세움으로써 그 이면에 있는 다수의 실패자들을 은폐하는 역할을 한다. 예를 들어, 공개 오디션 프로그램에서는 본선에 오른 십여 명의 성공을 화려하게 비추는 대신, 본선에 오르지 못한 나머지 수백만 명의 실패에 대해서는 주목하지 않는다. 합리적으로 이해하기 힘든 이 방정식은 '너희도 열심히 노력하면 이 사람들처럼 될 수 있다'는 자본주의의 정언명령 앞에서 이상한 것으로 인식되지 않는다. 이 때문에 자본주의는 지극히 공정하고 정당한 방식으로 운영되고 있으며, 오직 부족한 것은 개인의 능력과 노력인 것처럼 보인다. 슬라보이 지젝이 "왜 오늘날 그 많은 문제들이 불평등, 착취 또는 부당함의 문제가 아닌 불관용의 문제로 여겨지는가?"라고 말했듯, 이 성공의 판타지는 가장 순수한 의미에서 이데올로기적인 기능을 수행한다. 사회적 불평등과 부당함이 관용과 불관용이라는 문화적 차원으로 환원돼 버리는 현상과 마찬가지로 자본주의 체제가 만들어 내는 여러 가지 사회적 문제들은 '그럼에도 불구하고 승리한' 영웅의 존재 때문에 능력과 노력이라는 지극히 개인적 차원으로 환원된다.

① 자본주의 사회에서 경쟁은 합리적이고 공정한 방식으로 이루어진다.

② 공개 오디션 프로그램은 탈락한 대다수의 실패자들을 주목하지 않는다.

③ 자본주의 사회는 열심히 노력하면 누구나 성공할 수 있다는 판타지를 제시한다.

④ 자본주의 체제하의 사회적 문제들은 성공한 소수의 존재로 인해 개인적 차원으로 치부될 가능성이 있다.

> **TIP** 글의 초반부에서 '소수의 영웅들을 전면에 내세움으로써 그 이면에 있는 다수의 실패자들을 은폐하는 역할을 한다.'는 진술을 통해 ①의 내용이 잘못되었음을 알 수 있다. 또한 '자본주의는 지극히 공정하고 정당한 방식으로 운영되고 있으며, 오직 부족한 것은 개인의 능력과 노력인 것처럼 보인다.'고 진술된 부분은 겉으로 그렇게 보일뿐이지 실제는 그렇지 않다는 진술이므로 결국 ①의 진술은 틀린 것이다.
> ② '공개 오디션 프로그램에서는 본선에 오른 십여 명의 성공을 화려하게 비추는 대신, 본선에 오르지 못한 나머지 수백만 명의 실패에 대해서는 주목하지 않는다.'는 진술을 통해 알 수 있다.
> ③ '너희도 열심히 노력하면 이 사람들처럼 될 수 있다'는 자본주의의 정언명령 앞에서 이상한 것으로 인식되지 않는다.'라는 진술을 참고하면 알 수 있다.
> ④ '마찬가지로 자본주의 체제가 만들어 내는 여러 가지 사회적 문제들은 '그럼에도 불구하고 승리한' 영웅의 존재 때문에 능력과 노력이라는 지극히 개인적 차원으로 환원된다.'라는 진술을 통해 알 수 있다.

16 (개)～(래)에 들어갈 말로 가장 적절한 것은?

> 데이비드슨 박사는 뇌파 전위 기록술인 'EEG'를 사용하여 사람들의 두뇌 활동을 측정하였는데, 이를 통해 일상생활에서 행복 또는 불행한 사람들의 두뇌 활동에서 발견되는 특이한 비대칭성을 발견하게 되었다. 그리하여 그는 좌뇌와 우뇌에 대한 뇌 과학적 사실에 비추어 스스로 행복하다고 말한 사람들의 경우, 좌측 전두엽이 우측 전두엽에 비해 더 많이 활성화될 것이고, 불행하다고 말한 사람들의 경우, 그 반대의 결과가 나타날 것이라고 가정하였다.
>
> 그는 이 가정을 입증하기 위해 추가 실험을 진행하였다. 첫 번째로는 신생아들에게 빨기 좋은 물건을 주고 뇌의 활성화 패턴을 측정하였으며, 두 번째로는 성인들을 대상으로 코미디 영화를 보여 주고서는 한창 즐거워할 때 뇌의 활성화 패턴을 분석하였다. 첫 번째 실험 결과, 위의 가정에 부합하였는데, 신생아들은 주어진 물건을 빨면서 즐거워할 때 ☐ (개) ☐ 전두엽이 ☐ (나) ☐ 전두엽에 비해 더 활성화되었다. 반면, 빨고 있던 물건을 강제로 빼앗았을 때는 그 반대의 결과가 나타났다.
>
> 두 번째 실험 역시 마찬가지였다. 실험 대상에게 코미디 영화를 보여 주었을 때 ☐ (다) ☐ 전두엽은 ☐ (래) ☐ 전두엽에 비해 활성화 정도가 낮았던 반면, 공포 영화를 보여 주었을 때 뇌의 활성화 패턴은 정반대로 나타났다. 이러한 실험 결과는 뇌 과학의 발전을 통해 사람들을 인위적으로 행복하게 만들 수 있는 방법이 있을 수 있음을 말해 준다.

	(개)	(나)	(다)	(래)
①	좌측	우측	우측	좌측
②	좌측	우측	좌측	우측
③	우측	좌측	우측	좌측
④	우측	좌측	좌측	우측

> **TIP** 첫 번째 문단의 '그리하여 그는 좌뇌와 우뇌에 대한 뇌 과학적 사실에 비추어 스스로 행복하다고 말한 사람들의 경우, 좌측 전두엽이 우측 전두엽에 비해 더 많이 활성화될 것이고, 불행하다고 말한 사람들의 경우, 그 반대의 결과가 나타날 것이라고 가정하였다.'라는 진술을 참고하여 문맥에 맞는 적절한 단어를 넣어보면 (개)는 '좌뇌', (나)는 '우뇌', (다)는 '우뇌', (래)는 '좌뇌'가 적절하다는 것을 알 수 있다.

Answer 15.① 16.①

17 ㉠~㊀을 문맥적 의미가 유사한 것끼리 올바르게 묶은 것은?

> 　한때 ㉠가족의 종말을 예견하는 목소리가 유행했었다. 19세기 초에 샤를 푸리에는 상부상조에 기반한 공동체인 '팔랑스테르'를 만들었고, 그 뒤를 계승한 실험이 유럽 곳곳에서 이루어졌다. 또한 엥겔스는 사유 재산의 종말과 함께 가족 역시 종말을 맞을 것이라고 예언했다. 어쩌면 유토피아에 대해 꿈꾸는 일은 근본적으로 ㉡가족의 개념에 배치될 수밖에 없는지도 모른다. 토머스 모어의 '유토피아'는 예외적으로 기존의 가부장제 ㉢가족을 사회 구성의 핵심 요소로 제안했지만, 섬 전체가 '한 ㉣가족, 한 가정'을 이루어야 한다는 사회적 단일체의 이상에 대한 강조를 잊지 않았다. 이러한 ㉤가족은 사적 재산을 소유할 수 없으며, 똑같이 생긴 집을 10년마다 바꿔 가며 살아야 한다. 유토피아의 가족은 사회의 거센 바람을 피하는 둥지가 아니라 사회 그 자체이며, 그런 의미에서 더 이상 ㉥가족이 아닌 ㊀가족인 것이다.

① ㉠,㉡,㉥/㉢,㉣,㉤,㊀
② ㉠,㉡,㉢,㉥/㉣,㉤,㊀
③ ㉠,㉣,㉤,㊀/㉡,㉢,㉥
④ ㉠,㉣,㊀/㉡,㉢,㉤,㉥

> **TIP** ㉠㉡㉢㉥ 기존의미의 가족, 전통적 가족
> ㉣㉤㊀ 새로운 의미의 가족

18 (가)에 들어갈 반대 신문으로 가장 적절한 것은?

> 　찬반으로 나누어 토론을 진행하는 과정에서 반대 측의 반대 신문은 질문의 형식으로 이루어지는 것이 일반적이다. 이때, 찬성 측의 발언에 대한 검증의 역할을 해야 하기 때문에 반대 신문은 '예, 아니요'로 답할 만한 폐쇄형 질문으로 이루어진다. 또한, 반대 신문은 찬성 측 발언의 허점이나 오류를 짚어 내기 위한 내용이어야 한다.

찬성 측의 주장	국민 건강 증진을 위해 건강세를 도입해야 합니다.
반대 측의 반대 신문	(가)

① 건강세 이외에 국민 건강 증진을 위한 또 다른 효과적 대안은 무엇입니까?
② 건강세 도입의 경제성이나 효과성에 대해 찬성 측은 어떻게 생각하십니까?
③ 찬성 측에서 말씀하신 건강세 도입은 구체적으로 어디에 세금을 부과하는 것입니까?
④ 건강세 도입으로 제품의 가격이 인상되면 결국 국민들이 과세 부담을 안는 것 아닙니까?

> **TIP** 찬성 측의 주장은 '건강세 도입'이 핵심이므로, 반대 신문의 세 가지 조건(찬성 측의 발언에 대한 검증의 역할, '예, 아니오'로 답할 만한 폐쇄형 질문, 발언의 허점이나 오류를 짚어내기 위한 내용)을 모두 충족하는 질문은 ④이다.

19 밑줄 친 단어에 대한 설명으로 적절하지 않은 것은?

> 형성 방식에 따라 우리말 단어는 단일어와 복합어로 나눌 수 있다. 후자는 다시 합성어와 파생어로 나눌 수 있다. 또한, 합성어는 통사적 합성어와 비통사적 합성어로, 파생어는 접두 파생어와 접미 파생어로 나눌 수 있다.

① '아이가 <u>예쁘다</u>.'의 '예쁘다'는 어근이 하나인 단일어이다.
② '아기를 <u>재우다</u>.'의 '재우다'는 파생 접미사가 포함된 파생어이다.
③ '꽃이 <u>피었다</u>.'의 '피었다'는 둘 이상의 형태소로 구성된 복합어이다.
④ '색깔이 <u>검붉다</u>.'의 '검붉다'는 연결 어미가 없는 비통사적 합성어이다.

TIP 피(어간) + 었(과거시제 선어말 어미) + 다(어말 어미) : 세 개의 형태소로 구성된 단일어
① 예쁘(어간) + 다(어말 어미)
② 자(어간) + 이(파생 접미사) + 우(파생 접미사) + 다(선어말 어미)
④ 검(다) + 붉다 : 용언의 어간이 연결 어미 없이 바로 결합하였으므로 비통사적 합성어이다.

20 다음 대화에 대한 설명으로 적절하지 않은 것은?

A : 오늘은 갈수록 심각해지는 미세 먼지 문제의 원인을 진단하고 실효성 높은 대책을 수립하기 위한 논의를 진행하고자 합니다. 그간 관련 연구를 지속적으로 수행해 오셨고, 환경부의 자문 위원으로도 활동하고 계시는 전문가 한 분을 모셨습니다. 안녕하십니까? 박사님.

B : 네, 반갑습니다.

A : 먼저, 국내 미세 먼지의 주요 오염원에는 어떤 것들이 있을까요?

B : 네, 미세 먼지는 질산염, 암모늄, 황산염, 탄소 화합물, 금속 화합물 등으로 이루어져 있으며, 입자 크기가 매우 작아 우리 눈에는 잘 보이지 않는 유해 물질을 말합니다. 흔히들 봄철에 계절풍의 영향으로 국외에서 유입되는 오염원만을 그 원인으로 생각하시는 경우가 많은데, 국내에서 자체적으로 배출되는 오염 물질 역시 큰 영향을 끼치고 있습니다.

A : 아, 우리나라 밖에서 들어오는 미세 먼지뿐 아니라 국내에서도 상당한 양의 오염 물질이 배출되고 있다는 말씀이시군요. 그렇다면, 우선 국내 오염원을 적극적으로 관리하는 일이 대책 수립의 한 방향이 될 수 있을 텐데요.

B : 네, 맞습니다. 그래서 산업계를 대상으로 한 오염물질의 배출 규제를 현재 수준보다 강화하는 정책이 필요한 것입니다.

A : 그렇지만, 모든 규제가 그러하듯이 산업계에서 수용하기 어려운 수준으로 규제를 강화한다면 산업계의 거센 반발도 충분히 예상되는데요. 어떻게 하면 좋을까요?

B : 네, 그렇습니다. 그 점 때문에, 산업계와 충분한 협의를 거쳐 산업계에서 수용 가능한 수준의 규제 기준을 마련해야 합니다. 동시에 규제를 이행하는 기업들에 다른 부분의 규제를 완화해 주거나 세금을 감면해 주는 등의 보완 정책도 후속되어야 합니다.

---

① A는 대화의 주제를 소개하고 전문가의 대화 참여 배경에 대해 설명한다.

② A는 B의 발화를 요약적으로 환언한 뒤 '원인 진단'에서 '대책 수립'으로 화제를 전환한다.

③ B는 미세 먼지의 개념을 정의하며 관련 실태 조사의 미비가 이 문제의 핵심 원인이라고 지적한다.

④ A는 '규제 강화'에 대해 예상되는 반발을 언급함으로써 이를 해소하기 위한 B의 의견을 이끌어 낸다.

> **TIP** B의 두 번째 발화를 참고하면, 관련 실태 조사 미비가 이 문제의 핵심원인이라고 지적한다는 진술은 잘못되었음을 알 수 있다. 미세먼지의 개념 정의 후 미세먼지의 원인을 구체적으로 밝히고 있다.
> ① '오늘은 갈수록 심각해지는 미세 먼지 문제의 원인을 진단하고 실효성 높은 대책을 수립하기 위한 논의를 진행하고자 합니다. 그간 관련 연구를 지속적으로 수행해 오셨고, 환경부의 자문 위원으로도 활동하고 계시는 전문가 한 분을 모셨습니다.'라는 A의 발화를 통해 적절한 진술임을 알 수 있다.
> ② '아, 우리나라 밖에서 들어오는 미세 먼지뿐 아니라 국내에서도 상당한 양의 오염 물질이 배출되고 있다는 말씀이시군요. 그렇다면, 우선 국내 오염원을 적극적으로 관리하는 일이 대책 수립의 한 방향이 될 수 있을 텐데요.'라는 A의 진술을 참고하면 적절함을 알 수 있다.
> ④ '그렇지만, 모든 규제가 그러하듯이 산업계에서 수용하기 어려운 수준으로 규제를 강화한다면 산업계의 거센 반발도 충분히 예상되는데요. 어떻게 하면 좋을까요?'라는 A의 발화에서 적절한 진술임을 알 수 있다.

02 한국사

1 ㈎가 등장한 시대의 모습으로 옳은 것은?

> 우리나라에는 세계에서 가장 많은 ㈎ 가/이 분포하고 있다. 많은 노동력을 동원해야 만들 수 있는 ㈎ 는/은 지배층의 무덤으로 알려졌다. 유네스코는 2000년 우리나라의 ㈎ 유적지를 세계유산으로 지정하였다.

① 농경과 목축을 시작하였다.
② 뗀석기를 이용해 채집과 사냥을 하였다.
③ 계급 분화가 발생하고 군장이 등장하였다.
④ 빗살무늬 토기를 제작하여 생활에 사용하였다.

TIP 제시문의 ㈎는 고인돌이다. 고인돌은 청동기 시대 군장을 비롯한 지배 세력의 무덤으로 해당 시기에 사유재산제와 계급이 출현했음을 알 수 있다. 또한 청동기 시대에는 일부 저습지에서 벼농사가 시작되었고 비파형 동검, 거친무늬 청동 거울 등 다양한 청동 도구와 미송리식 토기, 반달돌칼 등이 제작되고 사용되었다.
① 신석기 ② 구석기 ④ 신석기

2 ㈎ 국가에 대한 설명으로 옳은 것은?

> ㈎ 는/은 고구려의 옛 땅에 있다. 그 나라는 2,000리에 걸쳐 있다. 주현(州縣)과 관역(館驛)은 없고 곳곳에 마을이 있는데, 모두 말갈의 마을이다. 그 백성은 말갈인이 많고 원주민은 적은데, 모두 원주민을 마을의 우두머리로 삼는다.
>
> – 『유취국사』 –

① 5경 15부 62주를 두어 지방을 다스렸다.
② 독서삼품과를 실시하여 관리를 선발하였다.
③ 당항성을 개설하여 중국과 직접 교역하였다.
④ 지방의 22담로에 왕족을 파견하여 지방통제를 강화하였다.

TIP 제시문의 ㈎는 대조영을 중심으로 한 고구려 출신이 지배층을 이루고 말갈족이 피지배층을 형성한 발해이다. 발해의 중앙 정치 조직은 당의 3성 6부를 수용했지만 그 명칭과 운영은 발해의 독자성을 반영하였고, 지방은 5경 15부 62주로 나누어 통치하였다. 한편 중국 당의 정치와 문화를 수용하는 것에 그치지 않고 고구려의 후예를 자처하고 온돌과 같은 고구려 문화를 계승하였다.
② 신라 원성왕 ③ 신라의 국제무역항 ④ 백제 무령왕

Answer 20.③ / 1.③ 2.①

3 밑줄 친 '왕'에 대한 설명으로 옳지 않은 것은?

> 어머니가 노비 출신이었던 신돈은 원래 승려였으나, 이 왕에게 발탁되어 정계에 진출하였다. 이후 신돈은 전민변정도감의 책임자가 되어 권세 있는 자들이 빼앗은 토지와 노비를 원래 주인에게 돌려주었다.

① 쌍성총관부를 공격하여 철령 이북 땅을 되찾았다.
② 성균관을 개편하여 신진 세력을 양성하였다.
③ 원으로부터 성리학을 처음 들여왔다.
④ 기철 등 친원 세력을 제거하였다.

> **TIP** 신돈을 적극 기용한 인물은 고려 말 공민왕이다. 공민왕은 원 간섭으로부터 벗어나고자 반원 자주 개혁과 적극적인 영토 수복을 시도하였다. 이를 위해 기철을 중심으로 한 친원파 권문세족을 숙청하고, 전민변정도감을 설치하고 신돈을 책임자로 하여 토지 개혁과 노비 개혁을 시도하였다. 또한 몽고식 관제와 정동행성 이문소를 폐지하고, 몽고풍을 금지하였다. 한편 왕권 강화를 위하여 정방을 폐지하고, 교육 및 과거제도를 개편하여 성리학 중심의 신진사대부를 적극 기용하고, 원에게 빼앗긴 쌍성총관부를 공격하여 철령 이북 영토를 회복하고 요동을 공략하는 등 대내외적 개혁을 시도하였다.
> ③ 고려 후기 충렬왕 때 안향이 성리학을 처음 소개하였다.

4 밑줄 친 '이들'의 활동으로 옳지 않은 것은?

> 이들은 왕도 정치를 강조하며, 유교적 이상 정치를 펼치기 위해 과감한 개혁을 추진해 나갔다. 그러나 급진적인 개혁 정치에 부담을 느낀 중종에 의해 결국 제거되었다.

① 위훈 삭제를 추진하였다.
② 소격서의 폐지를 주장하였다.
③ 향약(鄕約)을 지방 곳곳에서 실시하였다.
④ 『국조오례의』를 편찬하여 유교 의례를 정비하였다.

> **TIP** 제시문은 중종 때 발생한 기묘사화(1519)이고 밑줄 친 이들은 조광조를 중심으로 한 사림 세력이다. 훈구파의 세력 확대를 견제하고자 중종은 조광조를 기용하여 개혁을 시도하였다. 조광조는 새로운 관리 선발 제도로 현량과를 실시하고 전국에 서원과 향약을 보급하였으며, 소격서를 폐지하고 위훈삭제를 주장하였다. 하지만 훈구파의 반대로 조광조의 급진적인 개혁정치는 실패하였다.
> ④ 조선 성종 때 편찬한 국가와 왕실의 행사에 관한 책으로 신숙주 등이 왕명에 따라 편찬을 주도하였다.

5 ㈎에 들어갈 내용으로 옳은 것은?

> 조선 후기에는 아버지 쪽의 혈연이 중시되면서 외가나 처가 쪽 친척은 특별한 경우가 아니면 족보에 기재하지 않았고, 아들이 없으면 양자를 들이는 경우가 많았으며, | ㈎ |

① 제사는 아들과 딸이 돌아가며 지냈다.
② 재산은 아들과 딸에게 고르게 분배하였다.
③ 같은 성씨의 사람이 모여 사는 동족 마을이 생겨났다.
④ 신랑이 신붓집으로 가 혼례를 올리고 거기서 생활하였다.

> **TIP** 조선 전기의 사회문화 현상은 고려의 풍습이 이어져 재산 상속이나 제례 문화에 있어서 여성의 사회적 지위가 남성과 대등하였다. 하지만 점차 유교 문화가 정착되면서 조선 후기에는 남성 중심의 가부장제 특징이 반영되었다. 외가나 처가 쪽 친척은 족보에 기재되지 않았고, 아들이 없는 경우 양자를 들여 제사를 지냈으며 재산 상속에 있어서도 아들과 딸의 균등 상속이 아닌 아들 우대 풍습이 정착되었다. 또한 부계 중심의 집성촌이나 동족촌이 발달하기도 하였다.
> ①②④ 조선 중기까지의 풍습이다.

6 밑줄 친 '왕'에 대한 설명으로 옳지 않은 것은?

> 왕께서는 종친과 귀족이라고 치우치지 않으셨고, 항상 세력이 강한 자를 물리치셨습니다. 즉위한 해로부터 8년까지 정치와 교화가 청렴하고 공평하였으며 형벌과 상이 남발되지 않았습니다. 쌍기를 등용한 뒤부터 문사를 높이고 중용하여 대접이 지나치게 후하셨습니다.
>
> –『고려사절요』–

① 과거제를 시행하여 신진 인사를 등용하였다.
② 개경에 국자감을 설치하여 유학의 진흥에 힘썼다.
③ 백관의 공복을 제정하여 관리의 위계질서를 확립하였다.
④ 노비안검법을 실시하여 호족의 기반을 약화하고자 하였다.

> **TIP** 제시문의 왕은 고려 광종이다. 광종은 고려 초 중앙과 지방에서 막강한 권한을 행사하던 지방호족 세력을 숙청하여 강력한 왕권 중심의 통치체제를 정비하고자 하였다. 이를 위해 노비안검범을 시행하여 지방호족의 경제력과 군사력을 약화시키고 쌍기의 건의로 과거제를 시행하여 신진 관료를 육성하고자 하였다. 또한 백관의 공복을 제정하고 광덕, 준풍 등 독자적인 연호를 사용하였으며 귀법사를 창건하였다.
> ② 고려 성종

Answer 3.③ 4.④ 5.③ 6.②

7   밑줄 친 '서양의 사설'에 대한 설명으로 옳은 것은?

> 서양의 사설(邪說)이 언제부터 나왔으며 누구를 통해 전해진 것인지 모르겠으나, 세상을 현혹하고 백성을 속이며 윤리와 강상을 없애고 어지럽히는 것이 어찌 진산(珍山)의 권상연, 윤지충보다 더한 자가 있겠습니까. 제사를 폐지하는 것으로도 부족해서 위패를 불태우고, 조문을 거절하는 것에 그치지 않고 그 부모의 시신을 내버렸으니, 그 죄악을 따져 보자면 어찌 하루라도 이 하늘과 땅 사이에 그대로 살려 둘 수 있겠습니까.
>
> –『정조실록』–

① 왜양일체론을 주장하였다.
② 남인 계열의 일부 학자가 신앙으로 받아들였다.
③ 새로운 세상을 열어 줄 진인(眞人)의 출현을 예고하였다.
④ 인내천(人乃天) 사상을 내세워 인간의 평등성을 강조하였다.

> **TIP** 제시문의 서양의 사설은 천주교이다. 서양 선교사들에 의해 서양의 학문과 기술을 소개하며 전래된 천주교는 전례문제(제사)로 청에서 탄압을 받았고 조선도 이와 다르지 않았다. 조선의 천주교 역시 서학으로 전래되어 남인과 소론 계열에 의해 수용되어 종교화되었지만 제사 거부와 평등 사상을 주장하여 사교로 지정되어 탄압받았다. 전라도 진산에서 윤지충과 그의 외사촌인 권상연이 윤지충 모친상 때 신주를 불사르고 천주교 의식을 행하여 천주교가 탄압받은 사건(신해사옥, 진산사건) 등이 대표적이다.
> ① 위정척사파   ③ 비기 도참설   ④ 동학

8   ㈎에 들어갈 기구로 옳은 것은?

> 처음에 최우가 나라 안에 도적이 많은 것을 염려하여 용사를 모아 매일 밤 순찰하여 포악한 짓을 막았으므로 이를 야별초라 하였다. 도적이 여러 도에서 일어나자 야별초를 나누어 보내 잡게 하였는데, 그 군사가 매우 많아져 마침내 나누어 좌우별초로 만들었다. 또 고려 사람으로서 몽골로부터 도망하여 온 자들로 하나의 부대를 만들어 신의군이라 불렀다. 이것을 합쳐서 ㄱㄱㄱㄱㄱㄱ ㈎ ㄱㄱㄱ를/을 만들었다.
>
> –『고려사』–

① 도방   ② 중추원
③ 별무반   ④ 삼별초

> **TIP** 제시문의 ㈎는 삼별초이다. 최우 집권 시 편성된 군대로 처음에는 야별초를 조직하였는데 이후 분화되어 좌·우별초로 편성되었고, 몽골에 포로가 되었다가 도망친 인원을 신의군에 포함하여 삼별초를 완성하게 되었다. 삼별초는 최씨 무신 정권의 군사적 기반이 되었으며 이후 몽골 침입 과정에서 대몽 항쟁을 전개하였다.
> ① 무신집권기 경대승에 의해 설치된 군사 기반
> ② 군사기밀과 왕명출납을 담당하는 고려 중앙 정치 기구
> ③ 여진족 정벌을 위해 윤관이 편성한 군사 조직

9 밑줄 친 '5소경'과 현재의 지역을 옳게 짝지은 것은?

> 통일 이후 신라는 넓어진 영토와 늘어난 인구를 다스리고자 통치 제도를 정비하였다. 지방 행정은 전국을 9주로 나누고, 그 아래 군·현을 두어 지방관을 보내 다스리게 하였다. 또, 수도인 금성(경주)이 동남쪽에 치우친 점을 보완하고자 <u>5소경</u>을 설치하고 지방 정치와 문화의 중심지로 삼았다.

① 북원경 – 원주
② 중원경 – 청주
③ 서원경 – 충주
④ 금관경 – 남원

TIP 신라의 삼국 통일 이후 신문왕 대에 이르러 통치 체제가 정비되었다. 지방 행정 조직으로 전국을 9주 5소경으로 나누어 통치하였는데, 이 중 5소경은 신라 수도인 경주가 동쪽으로 치우친 약점을 보완하기 위하여 설치하였고 동시에 피정복민을 회유하고 통치하는 역할을 담당하였다. 5소경의 현재 위치는 다음과 같다. 북원경은 원주, 중원경은 충주, 서원경은 청주, 남원경은 남원, 금관경은 김해다.

10 (개)~(라)를 시기가 이른 것부터 바르게 나열한 것은?

> (가) 노량 해전   (나) 행주 대첩
> (다) 동래 전투   (라) 한산도 대첩

① (나)→(가)→(다)→(라)
② (나)→(다)→(라)→(가)
③ (다)→(나)→(가)→(라)
④ (다)→(라)→(나)→(가)

TIP 제시문은 임진왜란 당시 발생한 사건이며 순서는 다음과 같다.
(다) **동래전투**(1592. 4) : 동래부사 송상현이 일본군에 맞서 싸운 전투
(라) **한산도대첩**(1592. 7) : 전라좌수사 이순신을 중심으로 일본군과 벌인 해전
(나) **행주대첩**(1593. 2) : 전라 순찰사 권율을 중심으로 항전
(가) **노량해전**(1598. 11) : 정유재란 당시 이순신이 항전한 마지막 해전으로 조명연합군이 일본군에 항전

Answer 7.② 8.④ 9.① 10.④

11 ㈎에 대한 설명으로 옳은 것은?

> 일제는 을사늑약을 강요하여 대한제국의 외교권을 빼앗고 통감부를 설치했다. 이처럼 일제의 침략이 본격화됨에 따라 국권을 빼앗길 수 있다는 위기감이 높아졌다. 이러한 가운데 안창호와 양기탁 등은 공화정에 바탕을 둔 국가 건설을 목표로 ㈎ 를/을 조직하였다. 이 단체는 태극서관을 통해 대중을 계몽하기 위한 서적을 보급하였으며, 산업 육성을 목적으로 평양에 자기회사를 설립해 운영하기도 하였다. 이 단체는 일제가 조작한 105인 사건으로 국내 활동을 이어갈 수 없게 되었다.

① 이인영을 중심으로 서울 진공 작전을 주도하였다.
② 국정 개혁의 기본 강령인 「홍범 14조」를 채택하였다.
③ 무장 투쟁을 위해 독립운동 기지 건설을 준비하였다.
④ 만민공동회를 열어 러시아의 절영도 조차 시도를 막아냈다.

TIP 제시문의 ㈎는 신민회(1907~1911)이다. 을사늑약(1905) 체결을 전후로 애국계몽운동이 전개되었고 신민회 역시 실력 양성을 통한 애국계몽 운동을 전개하였다. 안창호와 양기탁이 중심이 되어 설립한 신민회는 공화정에 입각한 근대국가 설립을 목표로 결성된 비밀 결사 단체로 교육 진흥(오산 학교, 대성 학교), 민족 산업(태극서관, 자기회사 운영)을 육성하였다. 또한 일제에 저항하기 위한 군사적 기반 마련을 위해 남만주 삼원보에 신흥강습소를 설치하는 등 국외 독립운동기지 건설을 주도하였지만 이후 일제가 조작한 105인 사건으로 조직이 해체되었다.
① 정미의병(13도 창의군)
② 2차 갑오개혁
④ 독립협회

12 밑줄 친 '개혁'의 내용으로 옳은 것은?

> 일본이 경복궁을 점령한 후에 들어선 김홍집 내각은 군국기무처를 설치했다. 이 기구는 신분제 폐지를 비롯한 여러 가지 개혁 안건을 의결하였다.

① 과거제 폐지
② 「헌의 6조」 채택
③ 광무 양전 시행
④ 「대한국 국제」 발표

TIP 일제의 경복궁 무단 점령 후 김홍집 내각을 중심으로 군국기무처를 설치하여 개혁을 강요한 것은 1차 갑오개혁(1894)이다. 정치적으로는 왕실 사무(궁내부)와 국정 사무(의정부) 분리, 6조를 8아문으로 개편, 과거제를 폐지하였다. 사회적으로는 신분제 철폐(공사 노비제 혁파), 봉건적 악습 타파(조혼 금지, 과부 재가 허용), 고문 및 연좌제를 폐지하였다. 경제적으로는 탁지아문으로 재정 일원화, 은 본위 화폐제 채택, 도량형 통일, 조세 금납화를 시행하였다.
② 독립협회
③④ 광무개혁

13 밑줄 친 '그'에 대한 설명으로 옳은 것은?

> 그는 실천적 유교 정신을 강조하는 '유교 구신론'을 통해 유교의 개혁을 주장했으며, 나라가 없어졌다고 하더라도 정신은 살아남아야 한다는 주장을 내세웠다. 독립운동가로도 잘 알려진 그는 독립운동의 역사를 정리한 「한국독립 운동지혈사」를 쓰기도 했다.

① 『한국통사』를 저술하였다.
② 한글 맞춤법 통일안을 발표하였다.
③ 실증사학을 지향하는 진단학회를 조직하였다.
④ 유물사관에 바탕을 둔 『조선사회경제사』를 펴냈다.

> **TIP** 제시문의 인물은 박은식이다. 그는 민족주의 사학자로서 근대 시기에 〈유교구신론〉을 통해 성리학 중심의 유교를 개혁하고 양명학 중심의 실천 유학을 실행할 것을 주장하였다. 한편 이승만에 이어 대한민국 임시정부의 2대 대통령을 역임하는 등 독립운동에 적극 참여하면서 동시에 민족 정신(혼)을 강조하며 〈한국통사〉, 〈한국독립운동지혈사〉 등을 저술하면서 민족의식을 고취시키고자 하였다.
> ② 조선어학회(주시경, 김정진 등)
> ③ 이병도, 손진태
> ④ 백남운

14 (가)에 들어갈 단체는?

> 신분제가 폐지된 후에도 백정에 대한 차별은 쉽게 사라지지 않았다. 백정의 자녀는 차별로 인해 학교에 다니기도 쉽지 않았다. 이러한 차별을 철폐할 필요가 있다고 생각한 사람들은 1923년 진주에서 [(가)]를/을 조직하였다. 이 단체의 활동은 언론의 지지에 힘입어 전국적인 운동으로 발전하였다.

① 근우회   ② 조선 형평사
③ 조선 청년 총동맹   ④ 조선 노동 총동맹

> **TIP** 제시문의 단체는 조선형평사(1923)이다. 갑오개혁에서 법제적으로 신분제가 철폐되었지만 실생활 속에서는 여전히 신분 차별이 잔존하여 진주의 이학찬, 신현수, 강상호 등이 주도하여 백정에 대한 차별 반대 운동을 전개하였다. 이후 평등 사회 건설을 위한 전국적 운동으로 확대되기도 하였다.
> ① 근우회(1927) : 신간회의 자매 단체로 항일 독립 운동 및 여성 운동을 전개
> ③ 조선 청년 총동맹(1924) : 1920년대 사회주의 사상의 유입으로 조직된 사회주의 청년 단체
> ④ 조선 노동 총동맹(1927) : 조선노농총동맹(1924)에서 분화된 노동 단체

⚲Answer   11.③   12.①   13.①   14.②

15 (가)에 들어갈 사실은?

전봉준이 이끄는 농민군이 황토현에서 관군을 물리쳤다.
⇩
(가)
⇩
농민군이 공주 우금치에서 벌어진 전투에서 관군과 일본군에 패하였다.

① 구식 군인들에 의해 임오군란이 일어났다.

② 농민군을 이끌던 전봉준이 관군에 체포되어 처형되었다.

③ 농민군과 관군이 폐정 개혁을 조건으로 전주 화약을 맺었다.

④ 일본 공사관에 경비병을 둔다는 내용의 제물포 조약이 체결되었다.

> **TIP** 동학농민운동(1894)은 교조신원운동 이후 동학교세가 확장되면서 발생하였다. 고부군수 조병갑의 횡포에 저항하여 전봉준을 중심으로 고부민란(1894. 2)이 발생했지만 사태 수습을 위해 부임한 안핵사 이용태의 폭정으로 동학농민군은 백산에서 재봉기(1차 봉기)하였다. 이후 황토현, 황룡촌(1894. 5) 전투에서 동학농민군이 승리하며 전주성까지 진격하여 전주성을 점령하였다. 이에 위협을 느낀 정부는 청에 원군을 요청했고 갑신정변 이후 체결된 톈진 조약에 의거하여 일본도 동시에 군대를 파견했다. 하지만 정부와 동학농민군 사이에 전주화약이 체결(1894. 6)하고 집강소가 설치되었다. 그 해 7월 일본군이 청일전쟁을 일으키며 경복궁을 무단 점령하였고, 이에 손병희를 중심으로 한 북접과 전봉준의 남접이 충남 논산에서 집결하여 일본군을 몰아내기 위해 서울로 진격하였다. 하지만 충남 공주 우금치 전투에서 일본군에 패배하며 동학농민운동은 실패하였다.
> ① 임오군란(1882) : 신식군대에 대한 구식군대의 차별 대우에 구식군인이 불만을 품고 일으킨 사건
> ② 전봉준이 관군에 체포되어 처형된 것은 동학농민운동 이후이다.(1895)
> ④ 제물포조약(1882) : 임오군란 이후 일본과 체결한 조약으로 일본에 배상금 지불, 일본 공사관 경비를 위한 일본군 주둔을 허용하였다.

16 다음 강령을 내세운 단체에 대한 설명으로 옳은 것은?

• 우리는 정치적, 경제적 각성을 촉구함.
• 우리는 단결을 공고히 함.
• 우리는 기회주의를 일체 부인함.

① 순종의 장례일을 이용해 6·10 만세 운동을 준비하였다.

② 고율 소작료에 반대하는 암태도 소작 쟁의를 주도하였다.

③ 한국인의 힘으로 대학을 세우자는 민립 대학 설립 운동을 펼쳤다.

④ 사회주의 세력과 비타협적 민족주의 세력이 민족 협동 전선을 결성하고자 만들었다.

TIP 제시문의 단체는 신간회(1927~1931)이다. 1920년대를 전후로 사회주의 사상이 국내로 유입되면서 국내 민족독립 운동은 비타협적 민족주의 세력과 사회주의 세력의 이원화 체제로 전개되었다. 하지만 친일 세력인 타협적 민족주의의 회유와 일제의 사회주의 탄압 정책(치안 유지법 제정 등)으로 인하여 독립운동 세력이 위축되자 정우회 선언을 계기로 비타협적 민족주의 세력과 사회주의 세력이 연대하여 민족 유일당 운동을 전개하였다. 그 결과 신간회와 자매 단체인 근우회가 결성되었고 광주학생항일운동(1929)에 진상 조사단을 파견하는 등의 활동을 수행하고 이를 알리는 민중 대회를 개최고자 하였으나 실패하였다.

① 6.10 만세운동(1926) : 사회주의 세력이 지원한 항일 운동

② 암태도 소작 쟁의(1923) : 암태소작인회를 중심으로 식민 지주에 저항한 소작인 운동

③ 민립 대학 설립 운동(1922) : 이상재, 이승훈 등이 중심이 되어 결성한 조선민립대학기성회를 중심으로 전개한 교육 운동

17 밑줄 친 '이 시기'에 있었던 사실로 옳은 것은?

> 3·1 운동을 계기로 강압적인 통치를 이어갈 수 없다고 판단한 일제는 무단통치방침을 버리고 이른바 '문화정치'를 표방하였다. 당시 일제는 저항을 무마할 목적으로 또 헌병경찰제를 없애는 3·1 운동으로 확인된 한국인의 친일 세력을 양성하고자 하였다. 대신 보통경찰의 수를 늘렸다. 일제가 '문화정치'라는 방침을 내세웠던 <u>이 시기</u>에는 산미 증식계획이 시행되기도 하였다.

① 전국적으로 국채 보상 운동이 전개되었다.

② 한글 연구를 목적으로 국문 연구소가 설립되었다.

③ 백동화 유통을 정지한 화폐 정리 사업이 시작되었다.

④ 『조선일보』와 『동아일보』 등 한국인 발행 신문이 창간되었다.

TIP 제시문은 1920년대 일제의 문화통치기이다. 이전의 무단통치로 인하여 3·1 운동이 발발하자 일제는 기만적 식민통치 체제인 문화통치로 전환하였다. 헌병경찰제의 보통경찰제로의 전환, 문관 총독 임명 가능 규정 신설, 보통학교의 수업 연한 연장, 언론·집회·출판·결사의 자유를 부분적으로 허용하는 등의 정책을 시행하였지만 실효성이 없는 정책이었다. 이 과정에서 신문 발간을 허용하여 『조선일보』, 『동아일보』가 창간되었지만 이전 보다 검열을 강화하고 식민통치를 인정하는 범위 내에서만 허용되는 등의 부작용이 나타났다.

① 국채 보상 운동(1907)

② 국문 연구소(1907)

③ 화폐 정리 사업(1905)

Answer 15.③ 16.④ 17.④

18 ㈎에 속한 인물의 활동으로 옳은 것은?

> 1919년 김원봉 등은 일제 식민 통치 기관을 파괴하고 그 주요 인물을 응징하는 의열 투쟁을 전개하고
> 자 ㈎ 를/을 조직했다. 이 단체는 김원봉의 요청으로 신채호가 작성한 「조선혁명선언」을 받아들여 활
> 동을 펼쳐나갔다.

① 이봉창이 일왕의 행렬에 폭탄을 던졌다.
② 이회영이 삼원보에 신흥강습소를 세웠다.
③ 김익상이 조선총독부 건물에 폭탄을 투척하였다.
④ 임병찬이 고종의 밀명을 받아 독립 의군부를 조직하였다.

> **TIP** 제시문의 단체는 김원봉이 중심이 되어 결성된 의열단(1919)이다. 의열단은 만주에서 조직된 항일독립운동단체로 투탄
> 의거 활동을 일으켰는데, 김상옥은 종로경찰서, 나석주는 동양척식주식회사, 김익상은 조선총독부, 최수봉은 밀양경찰
> 서, 박재혁은 부산경찰서 등을 대상으로 하였다. 한편 신채호는 「조선혁명선언」을 통해 의열단 선언문을 작성하였다.
> ① 한인애국단(1931) ② 신민회(1907) ④ 독립의군부(1912)

19 ㈎의 활동에 대한 설명으로 옳은 것은?

> 모스크바 3국 외상 회의의 결정에 따라 미국과 소련은 1946년에 미·소 공동위원회를 열어 민주주의
> 임시정부 수립 문제를 논의하였다. 이 자리에서 양측은 민주주의 임시정부 수립 문제를 논의할 협의 대
> 상 선정 문제에 대해 이견을 드러냈다. 양측의 의견 대립이 지속한 결과, 미·소 공동위원회는 성과를 내
> 지 못하고 휴회하였다. 이후 여운형과 김규식은 좌우의 이견을 조율하고 미·소공동위원회 재개를 촉구
> 하기 위해 ㈎ 를/을 구성하였다.

① 조선 건국 준비 위원회를 조직하였다.
② 좌우 합작 7원칙을 만들어 발표하였다.
③ 「반민족 행위 처벌법」을 제정해 시행하였다.
④ 삼균주의에 바탕을 둔 「대한민국 건국 강령」을 공포하였다.

> **TIP** 제시문의 단체는 좌우합작위원회(1946)이다. 광복 이후 개최된 모스크바 3상 회의(1945. 12)에서 한반도에 대한
> 신탁통치안이 결정되자 국내에서는 좌익과 우익 중심의 찬탁과 반탁으로 국론이 분열되어 대립과 갈등이 심화되었
> 다. 이에 미국과 소련은 1차 미소공동위원회를 열어 신탁통치에 대한 문제를 논의하고자 하였지만 미소 의견 대
> 립으로 회담이 결렬되자 여운형과 김규식을 중심으로 좌우합작위원회가 조직되어 미소공동위원회 재개를 촉구하고
> 좌우합작 7원칙을 제시하였다. 좌우합작 7원칙에는 토지개혁과 친일파 처단을 포함하고 있었다.
> ① **조선건국준비위원회**(1945.8) : 여운형, 안재홍을 중심으로 조직
> ③ 제헌의회(1948)에서 제정되어 반민족 행위 특별조사 위원회가 조직
> ④ **충칭 임시정부**(1940) : 조소앙의 삼균주의에 근거한 대한민국 건국 강령 공포

20 (가) 시기에 있었던 사실로 옳은 것은?

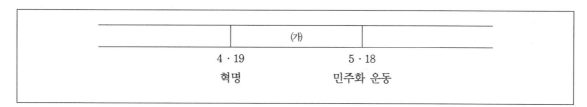

	(가)	
4 · 19 혁명	5 · 18 민주화 운동	

① 발췌 개헌
② 국군의 베트남 파병
③ 남북한 유엔 동시 가입
④ 6 · 15 남북 공동 성명 발표

TIP 4 · 19 혁명(1960)은 이승만 정권의 3.15 부정선거에 대한 저항으로 일어난 민주화 운동이다. 4 · 19 혁명의 결과 이승만 정권을 대신하여 장면 내각이 수립되었지만 박정희를 중심으로 하는 군부 세력이 5 · 16 군사쿠데타(1961)를 통해 지속되지 못했다. 이후 박정희 정부(1963~1979)가 들어서며 3선 개헌을 통과시키고 유신헌법(1971)을 제정하며 장기 집권을 계획했지만 10 · 26사건(1979)으로 박정희 대통령이 사망하면서 유신체제는 막을 내렸다. 이후 전두환을 중심으로 한 신군부 세력이 12 · 12 군사반란을 일으키자 이에 반대하는 5 · 18 광주 민주화 운동(1980)이 전개되었지만 실패하고 전두환이 집권하였다. 제시문 (가)는 박정희 정권에 해당하고 이 시기에 미국의 요청으로 국군의 베트남 파병(1964-1973)이 이루어졌다.
① 발췌개헌(1952)
③ 남북한 유엔 동시 가입(1991)
④ 6 · 15 남북 공동 선언(2000)

Answer   18.③   19.②   20.②

1 밑줄 친 부분의 의미와 가장 가까운 것은?

> Over the last 10years, thousands of products have been released, and while some are definitely cooler than others, their impact on the past decade, and the decade to come, is by no means <u>identical</u>.

① particular
② enormous
③ alike
④ inevitable

TIP release 풀어 놓다 definitely 분명히 cool 멋진 impact 영향 by no means 결코 ~이 아닌
① 특정한
② 막대한, 거대한
③ 같은
④ 피할 수 없는
「지난 10년 동안, 수천 개의 제품이 출시되었으며, 일부 제품은 다른 제품보다 확실히 더 훌륭하지만, 지난 10년과 향후 10년에 미치는 영향은 결코 <u>동일하지</u> 않습니다.」

2 밑줄 친 부분에 들어갈 말로 가장 적절한 것은?

> For thousands of years, Tulou, akind of earth building, has not only served as a self-defense system for the Hakka people, but the small community it _____ also completely retains and carries on the long-standing Hakka culture.

① houses
② inhibits
③ destroys
④ modifies

TIP earth building 토건물(흙건물) retain 보유하다 long-standing 오래 지속되는
① 수용하다
② 억제하다
③ 파괴하다
④ 수정하다
「수천 년 동안, 토건물의 일종인 토루는 하카인들을 위한 자기 방어 시스템으로서 역할을 했을 뿐만 아니라, 토건물이 수용한 작은 마을도 오랜 하카 문화를 완전히 간직하고 계승하고 있다.」

※ 밑줄 친 부분의 의미와 가장 가까운 것을 고르시오. 【3 ~ 4】

3

> By the time he was 17, he had been laboring for more than 7 years to help his family <u>make ends meet.</u>

① pay a reasonable price

② get along harmoniously

③ live within their income

④ break up with each other

 ① 적당한 대가를 치르다

② 사이좋게 지내다

③ 그들의 수입 범위 내에서 생활하다.

④ 서로 헤어지다

「그가 17살이 되었을 무렵, 그는 가족이 <u>생계를 꾸려가는 것을</u> 돕기 위해 7년 넘게 일해왔습니다.」

4

> This results in <u>a lack of</u> coordination between the left and right arms.

① sturdy

② insufficient

③ balanced

④ adequate

TIP result in ~를 초래하다 lack 부족, 결핍 coordination 협조

① 튼튼한

② 불충분한

③ 균형 잡힌

④ 충분한

「이것은 왼팔과 오른팔의 협응력의 부족을 초래한다.」

Answer 1.③ 2.① 3.③ 4.②

5 밑줄 친 (A), (B)에 들어갈 말로 적절한 것은?

> One of the marvels of language is how we use a limited number of sounds to create an unlimited number of words and sentences. In English, there are only about 45 sounds and 30 patterns for combining these sounds. _____(A)_____ we can communicate whatever we want simply by combining this limited number of sounds and patterns. _____(B)_____, we can recombine the sounds in the word "string" to form "ring, sing, sin, grin." We can rearrange the words in a sentence to mean entirely different things, as in "John saw Sally" and "Sally saw John." This is what makes languages so marvelous.

	(A)	(B)
①	Yet	Nevertheless
②	Yet	For instance
③	Unfortunately	Likewise
④	Unfortunately	As a result

TIP marvel 경이로움 combine 결합시키다 communicate 전달하다 recombine 재결합하다 rearrange 재배열하다
entirely 완전히 marvelous 경이로운 yet 하지만

「언어의 경이로운 점 중 하나는 우리가 제한된 수의 소리를 사용하여 무한한 수의 단어와 문장을 만든다는 것이다. 영어에는 약 45개의 소리와 이 소리들을 조합하는 30개의 패턴이 있다. 그러나 우리는 제한된 수의 소리와 패턴을 조합하는 것만으로 우리가 원하는 어떤 것이라도 전달할 수 있다. 예를 들어, 우리는 "string"이라는 단어의 소리를 "ring, sing, sin, grin"으로 재결합할 수 있다. 우리는 "John saw Sally"와 "Sally saw John"에서처럼 문장의 단어들을 완전히 다른 의미들로 재배치할 수 있다. 이것이 언어를 매우 굉장한 것으로 만드는 것이다.」

6 어법상 옳은 것은?

① David loosened his grip and let him to go.

② Rarely Jason is sensitive to changes in the workplace.

③ The author whom you criticized in your review has written a reply.

④ The speed of the observed change is very greater than we expected.

TIP loosen 풀다 grip 꽉쥠 rarely 거의 ~않다 sensitive 민감한 criticize 비판하다 reply 회신
① let은 사역동사로서 목적격 보어의 자리에 동사원형(to go → go)이 와야 한다.
② Rarely가 문두로 왔기 때문에 주어 동사가 도치(Jason is → is Jason) 되어야 한다.
④ 비교급 강조는 even, much, still, a lot, far(very → even 등)와 같은 부사를 써야 한다.

「① David은 붙잡던 손을 풀고 그를 놓아주었다.
② 제이슨은 직장에서의 변화에 거의 민감하지 않다.
③ 당신이 리뷰에서 비판한 저자가 답장을 썼습니다.
④ 관측된 변화의 속도는 우리가 예상했던 것보다 훨씬 빠르다.」

7 어법상 옳지 않은 것은?

① Bees are exposed to many dangerous things.

② Japanese tourists came here but few stayed overnight.

③ I saw Professor James to work in his laboratory last night.

④ She insists that he should not be accepted as a member of our board.

> **TIP** **Bee** 꿀벌 **expose** 노출 시키다 **stay** 머물다 **laboratory** 실험실 **insist** 주장하다 **board** 위원회
> ③ 지각동사 see는 목적격 보어 자리에 동사원형(to work → work)이 와야 한다.
>
> 「① 벌들은 많은 위험한 것들에 노출된다.
> ② 일본인 관광객은 이곳에 왔지만 하룻밤을 묵은 사람은 거의 없었다.
> ③ 나는 어젯밤에 제임스 교수가 연구실에서 일하는 걸 봤어요.
> ④ 그녀는 그가 우리 이사회의 일원으로 받아들여져서는 안 된다고 주장한다.」

8 우리말을 영어로 잘못 옮긴 것은?

① 그녀는 마치 빌이 자신의 남동생인 것처럼 도와준다.
  → She helps Bill as if he had been her younger brother.

② 그 식당은 진짜 소고기 맛이 나는 채식 버거를 판다.
  → The restaurant sells veggie burgers that taste like real beef.

③ 그들의 좋은 의도가 항상 예상된 결과로 이어지는 것은 아니다.
  → Their good intention does not always lead to expected results.

④ 교통 체증을 고려하면 그 도시에 도착하는 데 약 3시간이 걸릴 것이다.
  → It will take about three hours to get to the city, allowing for traffic delays.

> **TIP** ①번은 가정법 과거 문장으로서, as if 절의 시제가 had been이 아닌 were가 되어야 한다.

⚷Answer 5.② 6.③ 7.③ 8.①

9 우리말을 영어로 바르게 옮긴 것은?

① 나는 책 읽는 것을 멈추고 산책을 했다.

→ I stopped to read a book and took a walk.

② 국가는 개인과 마찬가지로 크기로 판단할 것은 아니다.

→ A nation is not to be judged by its size any less than an individual.

③ 동물학자들은 그 개가 집으로 어떻게 성공적으로 돌아올 수 있었는지 여전히 혼란스러워하고 있다.

→ Zoologists are still confusing about how the dog managed to find its way back home.

④ 상층의 공기에 일단 끌려 들어가면 곤충, 씨앗 등은 쉽게 다른 곳으로 운반될 수 있다.

→ Once drawn into the upper air, insects, seeds, and the like can easily be carried to other parts.

TIP ① stop to read는 읽기 위해서 멈춘다는 의미이고, 문제와 같은 의미가 되기 위해서는 to read 대신 reading이 되어야 한다.
② ~와 마찬가지로 라는 의미로 any less than이 아닌 any more than이 되어야 한다.
③ 동물학자들이 혼란스러운 수동의 의미이기 때문에 confusing이 아닌 confused가 되어야 한다.

10 밑줄 친 부분에 들어갈 말로 가장 적절한 것은?

I also found that we encounter more distraction today than we have in the entire history of humanity. Studies show we can work for an average of just forty seconds in front of a computer before we're either distracted or interrupted. (Needless to say, we do our best work when we attend to a task for a lot longer than forty seconds.) I went from viewing multitasking as a stimulating work hack to regarding it as a trap of continuous interruptions. While trying to do more tasks simultaneously, we prevent ourselves from finishing any one task of _____. And I began to discover that by focusing deeply on just one important thing at a time—hyperfocusing—we become the most productive version of ourselves.

① distraction
② significance
③ multiple
④ pettiness

encounter 만나다 distraction 주의산만 humanity 인류 distracted 마음이 산란한 interrupted 방해받는 needless to say 말할 필요 없이 stimulate 자극하다 trap 함정 interruption 방해 simultaneously 동시에 significance 중요성 productive 생산적인

① 산만함
② 중요성
③ 다수의
④ 하찮음

「저는 또한 오늘날 우리가 인류 역사상 경험했던 것보다 더 많은 산만함을 경험한다는 것을 알게 되었습니다. 연구에 따르면 우리는 컴퓨터 앞에서 산만해지거나 방해를 받기 전에 평균 40초 동안만 일할 수 있습니다. (말할 것도 없이, 우리는 작업에 40초 이상 집중해야 최선을 다할 수 있습니다.) 멀티태스킹을 자극적인 작업 해킹으로 보던 것에서 지속적인 중단의 덫으로 여기게 되었습니다. 동시에 더 많은 작업을 수행하려고 노력하면서, 우리는 우리가 중요한 작업 하나를 완료하지 못하게 합니다. 그리고 저는 한 번에 한 가지 중요한 일에만 집중함으로써(과집중) 우리가 우리 자신의 가장 생산적인 버전이 된다는 것을 깨닫기 시작했습니다.」

11 두 사람의 대화 중 어색한 것은?

① A : Oh, I am starving!

　B : Why don't we go grab a bite?

② A : Did he win any prize in the singing contest?

　B : Yes, he won the second prize.

③ A : It's so good to see you here. Can't we sit down somewhere and talk?

　B : Sure, I'd love to touch base with you.

④ A : I'm an economist. I've just finished writing a book on international trade.

　B : Oh? That's my field, too. I work in entertainment.

starve 굶주리다 grab a bite 요기를 채우다 touch base with 대화하다 economist 경제학자

「① A : 아, 배고파!
　 B : 가서 뭐 좀 먹을래?
② A : 노래대회에서 상을 받았나요?
　 B : 네, 그는 2등을 했어요.
③ A : 여기서 만나서 정말 반가워. 어디 앉아서 얘기할까?
　 B : 좋아, 나도 대화하고 싶어.
④ A : 나는 경제학자야. 나는 방금 국제 무역에 관한 책을 다 썼어.
　 B : 그래? 그건 내 분야이기도 해. 나는 연예계에서 일해.」

🔍**Answer**　9.④　10.②　11.④

12 밑줄 친 부분에 들어갈 말로 적절한 것은?

A : What do you feel like eating?

B : I'm not sure. How about you?

A : I went to a Japanese restaurant last night and I don't like Chinese dishes. How about some spaghetti?

B : _____

---

① I'm up for that.

② I'm sorry. I can't find it.

③ I love traveling overseas. I'll see you as planned.

④ Thanks a lot. I'll try to get there as soon as possible.

> **TIP** **be up for** 찬성이다, ~할 의향이 있다
> ① 난 찬성이야.
> ② 미안해. 못 찾겠어.
> ③ 나는 해외여행을 좋아해. 계획대로 보자.
> ④ 정말 고마워. 최대한 빨리 갈게.
> 「A : 뭐 먹고 싶어?
> B : 잘 모르겠어. 너는 어때?
> A : 어젯밤에 일식집에 갔었고 중국 요리는 좋아하지 않아. 스파게티는 어때?
> B : 그건 찬성이야.」

13 글의 내용과 일치하지 않는 것은?

Bad back? You're not alone. Back pain affects about 80 percent of people at some point, and according to the World Health Organization, it's the leading cause of disability and missed workdays. In Britain it affects about nine million people, according to the charity BackCare UK, and yet fixes remain pretty elusive. The trouble is that about 85 percent of cases of chronic back pain are described by doctors as "non-specific," meaning that there is no precise cause (such as a slipped disc or a pulled muscle), making treatment extremely difficult. What's more, research is increasingly showing that many of the approaches we have used to tackle back pain are ineffective.

① 만성 허리 통증의 85퍼센트는 특정한 원인이 있다.

② 인생에서 어느 순간 허리 통증을 느끼는 사람은 약 80퍼센트이다.

③ 세계보건기구(WHO)에 따르면 허리 통증은 장애의 주요 원인이다.

④ 허리통증을 없애기 위해 사용하는 많은 방법이 효과가 없다는 것을 점점 더 많은 연구가 보여주고 있다.

> **TIP** bad back 요통 leading 주된 disability 장애 fix 해결법 elusive 파악하기 어려운 chronic 만성의 non-specific 비특이적인 precise 정확한 slipped disc 디스크 treatment 치료 extremely 매우 what's more 더욱이 tackle 다루다 ineffective 효과적이지 않은
>
> 'The trouble is~ there is no precise cause' 문장으로 보아 ①번은 틀린 지문이다.
>
> 「허리가 안 좋으십니까? 당신은 혼자가 아닙니다. 세계보건기구에 따르면, 요통은 어느 시점에 약 80%의 사람들에게 영향을 미치고, 그것은 장애와 결근의 주요 원인이 됩니다. 자선단체 BackCare UK에 따르면, 영국에서는 요통이 약 900만 명의 사람들에게 영향을 미치지만, 여전히 해결법은 파악하기 어렵습니다. 문제는 만성 요통의 약 85%가 의사들에 의해 "비특이적"으로 묘사되는데, 이는 (디스크나 근육이 당겨지는 것과 같은) 정확한 원인이 없다는 것을 의미하며, 치료를 극도로 어렵게 만든다는 것입니다. 게다가 조사에 의해 우리가 요통에 대처하기 위해 사용한 많은 접근법들이 효과적이지 않다는 것이 점점 더 밝혀지고 있습니다.」

Answer 12.① 13.①

14 글의 요지로 가장 적절한 것은?

One way to define *organization* is to identify its common elements. First, an organization is composed of people. Without people and their interaction, an organization could not exist. Whether as salaried, hourly, or contract employees or volunteers, these organizational members interact with one another and the organization's clients and customers in purposeful goal-directed activity. Interaction in organizations is purposeful because people interact with organizations with a goal in mind. For example, cashiers at the grocery store expect that they will scan the products that customers bring to their checkout lanes. Customers visit the grocery store to buy items and expect products to be on the shelves in a reasonable order. Whether you are the cashier or the customer, you have an expectation about the communication that will occur as you engage in these organizational roles of store clerk and customer. The point here is that people in organizations do not act randomly. Rather, organizations are sites of controlled and coordinated activity.

① An organization can control its members with no special contract.

② An organization is composed of purposeful and coordinated interaction among people.

③ Customers are required to follow the social and organizational behavior in grocery stores.

④ Good modern organizational behavior considers the needs of other members in advance.

TIP define 정의하다 identify 식별하다 interaction 상호작용 exist 존재하다 salaried 봉급을 받는 contract 계약자 volunteer 자원봉사자 organizational 조직적인 purposeful 목적이 있는 interaction 상호작용 cashier 계산원 shelf 선반 reasonable 합리적인 order 질서 occur 발생하다 randomly 무작위로 coordinate 조정하다

글의 전반부에서 조직의 정의에 대해서 언급하면서 조직은 상호작용 없이 존재할 수 없다고 하였으므로 ②번이 답이 된다.

① 조직은 특별한 계약 없이 구성원을 통제할 수 있다.

② 조직은 사람들 간의 목적적이고 조정된 상호작용으로 구성된다.

③ 고객들은 식료품점에서의 사회적, 조직적 행동을 따라야 한다.

④ 좋은 현대적 조직행동은 다른 구성원들의 요구를 미리 고려한다.

「조직을 정의하는 한 가지 방법은 조직의 공통 요소를 식별하는 것입니다. 첫째, 조직은 사람들로 구성되어 있습니다. 사람들과 그들의 상호작용 없이 조직은 존재할 수 없습니다. 월급쟁이, 시간제, 계약직 직원이든 또는 자원봉사자이든, 조직 구성원들은 서로 상호작용하고, 중대한 목표 지향적인 활동 속에서 조직의 고객 및 손님과 상호작용합니다. 조직 내에서의 상호작용은 사람들이 목표를 염두에 두고 조직과 상호작용하기 때문에 목표 지향적입니다. 예를 들어, 식료품점의 계산원들은 고객들이 계산대로 가져오는 상품들을 스캔할 것으로 예상합니다. 고객들은 물건을 사기 위해 식료품점을 방문하며 제품이 합리적인 순서로 진열되어 있기를 기대합니다. 당신이 계산원이든 고객이든, 당신은 점원과 고객이라는 조직적인 역할에 참여할 때 발생하는 의사소통에 대한 기대를 합니다. 여기서 요점은 조직 내 사람들이 무작위로 행동하지 않는다는 것입니다. 오히려, 조직은 통제되고 조정된 활동을 하는 장소입니다.」

15 글의 제목으로 가장 적절한 것은?

Asthma can take a toll on the body leading to long-term problems. Frequent asthma attacks make individuals more susceptible to disease. When the body repeatedly gets less oxygen than it needs, every cell in the body is forced to work harder to compensate. Over time, this can weaken the whole body and make people with asthma more susceptible to contracting other diseases. Chronic inflammation, too, can stress the body and make it more vulnerable to disease. In addition, over a period of time, inflammatory chemicals can erode the lining of the lungs, destroying and damaging cells. Frequent asthma attacks can lead to a barrel-chested appearance. People with asthma repeatedly use muscles to breathe that people without asthma use only after strenuous exercise. These muscles, which surround the neck, ribs, collarbone, and breastbone, help expand the rib cage in order to allow more air to be taken in. When these muscles are used often, the lungs become permanently overinflated and the chest becomes contorted, resulting in a barrel-chested appearance.

① Physical effects of asthma

② How to avoid germ and illness

③ Self-protection from asthma attacks

④ Destruction of immune system by asthma

TIP asthma 천식　take a toll 피해를 주다　susceptible 민감한　compensate 보상하다　weaken 약하게 하다　contract 병에 걸리다　inflammation 염증　vulnerable 상처받기 쉬운　in addition 게다가　inflammatory 염증성의　erode 침식시키다　barrel-chested 튼튼한 가슴의　appearance 모양　breathe 호흡하다　strenuous 열심인　collarbone 쇄골　breastbone 흉골　rib cage 흉곽　permanently 영구적으로　overinflated 지나치게 팽창한

첫 문장이 주제문으로서, 천식이 신체적으로 어떤 영향을 미칠 수 있는지를 설명하고 있는 글이다.

① 천식의 신체적 영향

② 세균과 질병을 피하는 방법

③ 천식 발작으로부터의 자기 보호

④ 천식에 의한 면역체계의 파괴

「천식은 신체에 장기간의 문제로 이어지는 타격을 줄 수 있다. 잦은 천식 발작은 사람들을 질병에 더 취약하게 만든다. 몸이 필요한 것보다 적은 산소를 반복적으로 섭취할 때, 몸의 모든 세포는 보상하기 위해 더 열심히 일하도록 강요받는다. 시간이 지남에 따라, 이것은 몸 전체를 약하게 하고 천식을 앓고 있는 사람들을 다른 질병에 걸리기 더 쉽게 만들 수 있다. 만성 염증 또한 신체에 스트레스를 주고 질병에 더 취약하게 만들 수 있다. 게다가, 일정 기간 동안, 염증성 화학물질은 폐의 내벽을 침식시켜 세포를 파괴하고 손상시킬 수 있다. 빈번한 천식 발작은 가슴이 잘 발달된 모습을 초래할수 있다. 천식이 있는 사람들은 호흡하기 위해서 천식이 없는 사람들이 격렬한 운동 후에만 사용하는 근육을 사용한다. 목, 갈비뼈, 쇄골, 가슴뼈를 둘러싸고 있는 이 근육들은 더 많은 공기가 유입되도록 늑골을 확장시키는 데 도움을 준다. 이 근육들이 자주 사용되면, 폐가 영구적으로 과도하게 부풀어 오르며 가슴이 뒤틀려, 가슴이 잘 발달된 모습을 초래하게 된다.」

Answer 14.② 15.①

16 글의 주제로 가장 적절한 것은?

> The term blended learning has been used for a long time in the business world. There, it refers to a situation where an employee can continue working full time and simultaneously take a training course. Such a training course may use a web-based platform. Many companies are attracted by the potential of blended learning as away of saving costs; employees do not need to take time out of work to attend a seminar; they can work on their course in their own time, at their own convenience and at their own pace. Companies around the world have moved parts of their in-house training onto e-learning platform, and use sophisticated tools such as learning-management systems in order to organize the course content. The mode of delivery may include CD-ROM, web-based training modules and paper-based manuals.

① the development process of blended learning
② the stability of a blended learning system
③ the side effects of blended learning in current society
④ the benefits of blended learning in the business world

TIP refer to 지칭하다 simultaneously 동시에 seminar 세미나 convenience 편리함 in-house 사내의 sophisticated 복잡한 delivery 전달
글의 전반부에서 많은 기업이 비용을 절감하는 방법으로 블렌디드 러닝의 가능성에 매력을 느낀다고 나와 있으므로 ④번 보기가 가장 정답에 가깝다.
① 블렌디드 학습의 발달 과정
② 블렌디드 학습 시스템의 안정성
③ 현대 사회의 블렌디드 학습의 부작용
④ 비즈니스 세계에서의 블렌디드 학습의 이점
「블렌디드 러닝이라는 용어는 비즈니스 세계에서 오랫동안 사용되어 왔습니다. 종업원이 풀타임으로 계속 일하는 것과 동시에 트레이닝 코스를 수강할 수 있는 상황을 말합니다. 이러한 트레이닝 코스는 웹기반으로 하는 플랫폼을 사용할지도 모릅니다. 많은 기업이 비용을 절감하는 방법으로 블렌디드 러닝의 가능성에 매력을 느끼고 있습니다. 종업원은 세미나 참석을 위해 직장에서 나와 시간을 할애할 필요가 없습니다. 직원은 자신의 시간, 편리함, 페이스에 따라 코스를 밟을 수 있습니다. 전 세계 기업들이 사내 트레이닝의 일부를 e-러닝 플랫폼으로 옮기고, 그 과정의 내용을 정리하기 위해서 학습 관리 시스템과 같은 복잡한 도구를 사용합니다. 전달 방식에는 CD-ROM, 웹 기반 트레이닝 모듈 및 종이 기반 매뉴얼이 포함될 수 있습니다.」

17 주어진 글 다음에 이어질 글의 순서로 가장 적절한 것은?

> Imagine swallowing a robot so tiny it would take a microscope to see it. Scientists are working on ways to build very tiny objects called nanorobots. Nanorobots are built by arranging atoms one at a time.

(A) Doctors may even be able to send messages to nanorobots with sound waves to check how many cells they have destroyed.
(B) These nanorobots would destroy the cancer cells and leave healthy cells alone.
(C) In the future, it may be possible to program nanorobots to find cells in the human body that cause illnesses like cancer.

① (B) — (A) — (C)　　　　　② (B) — (C) — (A)
③ (C) — (A) — (B)　　　　　④ (C) — (B) — (A)

TIP swallow 삼키다　tiny 작은　microscope 현미경　arrange 배열하다　atom 원자

주어진 문장에서 나노로봇에 관한 전반적인 설명과 함께, (C)에서 암과 같은 질병을 일으키는 세포를 발견할 수 있다는 내용이 나오고, (B)에서 암세포만 파괴한다는 내용이 이어지며, (A)에서 얼마나 많은 암세포를 파괴했는지 확인할 수 있다는 내용으로 봐서 (C) − (B) − (A) 순서라는 것을 알 수 있다

「그것을 보기 위해 현미경이 필요할 만큼 너무나 작은 로봇을 삼킨다고 상상해 보세요. 과학자들은 나노로봇이라고 불리는 아주 작은 물체를 만드는 방법을 연구하고 있습니다. 나노로봇은 한 번에 하나씩 원자를 배열하여 만들어집니다. (C) 미래에는 나노로봇이 암과 같은 질병을 일으키는 세포를 발견하도록 프로그램할 수 있을지도 모릅니다. (B) 이 나노로봇들은 암세포를 파괴하고 건강한 세포를 그대로 둘 것입니다. (A) 의사들은 나노로봇이 얼마나 많은 세포를 파괴했는지 확인하기 위해 음파를 가지고 나노로봇에 메시지를 보낼 수도 있습니다.」

Answer　16.④　17.④

18 주어진 문장이 들어갈 위치로 가장 적절한 것은?

That's how you forget how to do something – forget a fact or a name, or how to do a maths calculation, or how to kick a ball at a perfect angle.

Each time you repeat the same action, or thought, or recall the same memory, that particular web of connections is activated again. (①)Each time that happens, the web of connections becomes stronger. And the stronger the connections, the better you are at that particular task. That's why practice makes perfect. (②)But if you don't use those connections again, they may die off. (③)If you want to relearn anything, you have to rebuild your web of connections – by practising again. (④)After a brain injury, such as a stroke, someone might have to relearn how to walk or speak. That would be if the stroke had damaged some neurons and dendrites which help to control walking or speaking.

TIP   **relearn** 재학습하다   **stroke** 뇌졸중   **neuron** 뉴런   **dendrite** 수상 돌리

들어가야 할 문장은 수학 계산을 하는 것과 같은 방법을 잊어버리는 등의 내용으로, ③번 앞에 연결이 끊어질 수 있다는 내용의 구체적인 내용이다.

「같은 동작이나 생각을 반복하거나 같은 기억을 상기할 때마다, 그 접속의 특정 웹이 다시 활성화됩니다. 그것이 발생할 때마다, 접속의 거미줄은 더 강해집니다. 그리고 연결이 강할수록, 당신은 특정 작업에 더 잘 대처할 수 있습니다. 그래서 연습이 완벽을 만드는 것입니다. 하지만 그 연결을 다시 사용하지 않으면, 끊어질 수도 있습니다. (당신이 사실이나 이름과 같은 어떤 것을 하는 방법 또는 수학 계산을 하거나, 완벽한 각도로 공을 차는 방법 등을 잊어버리는 것입니다.) 만약에 당신이 어떤 것을 재학습 하기를 원한다면, 다시 연습하여 접속 웹을 재구축해야 합니다. 뇌졸중과 같은 뇌손상 후, 누군가는 걷거나 말하는 법을 다시 배워야 할 수도 있습니다. 그것은 뇌졸중이 걷거나 말하는 것을 조절하는 데 도움이 되는 뉴런과 수상돌기에 손상을 입혔을 경우일 것입니다.」

19 밑줄 친 문장 중 글의 흐름상 어색한 것은?

Fish is an excellent source of protein that, up until the middle of the twentieth century, must have seemed limitless. ① <u>Nation states control fishing with quotas.</u> Fish has formed an important component in the human diet in many regions and is the only major exploitation in which humans are still acting as hunters. ② <u>Almost 17 percent of the world's requirements for animal protein is provided by the oceans and, globally, we eat on average approximately 13kg of fish per person (FPP) each year.</u> In the industrialized world this rises to approximately 27kg FPP each year, with Japan consuming 72kg FPP. ③ <u>In developing regions the consumption rate is approximately 9kg FPP.</u> Ocean productivity is not uniform and over 90 percent of the global fish catch occurs within 200 miles of land. ④ <u>In addition to such an excessive fish catch in the coast, only about 20 countries account for almost 80 percent of the global catch.</u>

> **TIP** **protein** 단백질 **limitless** 무한한 **component** 요소 **exploitation** 이용 **excessive** 과도한 **account for** 차지하다
> 생선은 중요한 단백질 공급원이며, 전 세계적으로 각 나라에서 어느 정도의 어획량을 차지하는 지를 설명하는 글로서 ①번의 쿼터로 조업을 통제한다는 내용은 주제와 어울리지 않는다.
> 「생선은 20세기 중반까지만 해도 무한해 보였던 훌륭한 단백질 공급원이다. ① 각국은 쿼터로 조업을 통제한다. 물고기는 많은 지역에서 인간의 식단에서 중요한 요소가 되었고, 인간이 여전히 사냥꾼으로 활동 중인 유일한 주요한 착취이다. ② 동물성 단백질에 대한 세계 요구량의 거의 17%가 바다에 의해 제공되고 있으며, 세계적으로 우리는 매년 한 사람당 평균 약 13kg의 생선을 먹고 있다. 선진국에서는 매년 약 27kg FPP까지 상승하고 있으며, 일본은 72kg FPP를 소비하고 있다. ③ 개도국에서는 약 9kg FPP를 소비하고 있다. 해양의 생산성은 균일하지 않고 전 세계 어획량의 90% 이상이 육지에서 200마일 이내에서 발생한다. ④ 게다가 연안에서의 이러한 과도한 어획량 외에도, 약 20개국만이 전 세계 어획량의 거의 80%를 차지한다.」

Answer　18.③　19.①

20 글의 내용과 일치하지 않는 것은?

> Some research has shown that vegetables lose some of their nutritional value in the microwave. For example, microwaving has been found to remove 97% of the flavonoids—plant compounds with anti-inflammatory benefits—in broccoli. That's a third more damage than done by boiling. However, one 2019 study looking at the nutrient loss of broccoli in the microwave pointed out that previous studies varied the cooking time, temperature, and whether or not the broccoli was in water. It found that shorter cooking times (they microwaved the broccoli for one minute) didn't compromise nutritional content. Steaming and microwaving could even increase content of most flavonoids, which are compounds linked to reduced risk of heart disease. "Under the cooking conditions used in this study, microwaving appeared to be a better way to preserve flavonoids than steaming," the researchers wrote. Yet they also found that microwaving with too much water (such as the amount you'd use to boil) caused a drop in flavonoids.

① Shorter microwaving times can help to preserve nutrients of vegetables.
② According to some research, microwaving can cause damage to vegetable nutrients.
③ There is no straightforward answer as to whether microwaving vegetables leads to greater nutrient loss than other methods.
④ The nutrient loss of broccoli depends on cooking time and temperature but not on the amount of water used for microwaving.

> **TIP** nutritional 영양의 remove 제거하다 compound 성분 anti-inflammatory 항 염증의 benefit 이익 previous 이전의 vary 다르다 compromise 타협하다 steam 증기를 분출하다 reduce 줄이다 appeare ~인 것 같다 preserve 보존하다
> 글의 마지막 부분에서 많은 물로 전자레인지에 데우는 것이 블라보노이드의 감소를 야기한다고 했기 때문에, ④번 보기는 본문의 내용과 일치하지 않는다.
> ① 전자레인지의 짧은 시간은 채소의 영양분을 보존하는데 도움을 줄 수 있다.
> ② 어떤 연구에 따르면, 전자레인지는 식물성 영양소에 피해를 줄 수 있다.
> ③ 전자레인지 채소가 다른 방법보다 더 큰 영양소 손실을 초래하는지에 대한 직접적인 답은 없다.
> ④ 브로콜리의 영양소 손실은 조리 시간과 온도에 따라 달라지지만 전자레인지에 사용되는 물의 양에 따라 달라지지 않는다.
> 「몇몇 연구는 채소가 전자레인지에서 영양 가치를 일부 잃는다는 것을 보여 주었다. 예를 들어, 전자레인지로 요리하는 것은 브로콜리에서 97%의 플라보노이드(항염증 효과가 있는 식물 화합물)를 제거하는 것으로 밝혀졌다. 그것은 끓이는 것보다 3분의 1 정도 더 손상되는 것이다. 하지만, 전자레인지에서 브로콜리의 영양소 손실을 조사한 2019년의 한 연구는 이전의 연구들은 요리 시간, 온도, 그리고 브로콜리가 물속에 있는지가 달랐다고 지적했다. 그것은 짧은 조리 시간이(그들은 브로콜리를 1분 동안 전자레인지로 요리했다) 영양 성분을 손상시키지 않는다는 것을 발견했다. 찜과 전자레인지로 요리하는 것은 심지어 심장병의 위험 감소와 연관된 화합물인 대부분의 플라보노이드의 함량을 증가시킬 수 있다. "이 연구에서 사용된 요리 조건 하에서, 전자레인지는 찌는 것보다 플라보노이드를 보존하는 더 좋은 방법인 것으로 보인다."라고 연구원들은 작성했다. 하지만 그들은 또한 너무 많은 물(끓일 때 쓰는 만큼)로 전자레인지에 데우는 것은 플라보노이드의 감소를 야기한다는 것을 발견했다.」

Answer 20.④

서원각과 함께

기업체 시리즈

한국관광공사

인천교통공사

한국폴리텍대학

한국서부발전